# 新校長學

## 創新進升九論

鄭崇趁　著

# 作者簡介

鄭崇趁　1953 年生　臺灣雲林縣人

- 學歷

  國立政治大學教育學博士（1999）

  國立高雄師範大學教育學碩士（1989）

  國立臺灣師範大學教育學學士（1986）

  省立臺北師範專科學校畢業（1974）

- 經歷

  國民小學教師五年（1976～1981）

  教育部行政職務十九年（1982～2000），

  經任幹事、秘書、組主任、專門委員

  國立臺北教育大學專任教師（2000～），經任主任秘書、教育政策與管理研究所所長、教育經營與管理學系系主任、研發長

  國立臺北教育大學教育經營與管理學系教授（2006～）

- 榮譽

  高等考試教育行政人員（1981）

  教育部 1991 年及 2000 年優秀公務員

  教育部木鐸獎（2019 年，111 教育發展協進會推薦）

- 專長

  教育經營學、校長學、教師學、教育計畫、教育評鑑、家長教育學

  知識教育學、智慧創客教育、KTAV 教學模式、教育 4.0、新五倫價值教育、進升領導、素養教育解碼學、新育、新教育、元素構築、知識遞移、知能創價、築梯論、動能論、順性揚才觀、全人發展說、人道、師道、學道、識道、臺灣版學習羅盤

・著作

新校長學：創新進升九論（2022）

素養教育解碼學：元素構築・知識遮移・知能創價（2020）

教育 4.0：新五倫・智慧創客學校（2018）

知識教育學：智慧人・做創客（2017）

教育經營學個論：創新、創客、創意（2016）

家長教育學：「順性揚才」一路發（2015）

教師學：鐸聲五曲（2014）

校長學：成人旺校九論（2013）

教育經營學：六說、七略、八要（2012）

教育經營學導論：理念、策略、實踐（2011）

教育的著力點（2006）

國民中小學校務評鑑指標及實施方式研究（2006）

教育計畫與評鑑（增訂本）（1998）

教育與輔導的軌跡（增訂本）（1998）

教育與輔導的發展取向（1991）

# 序

## 現代校長當學「創新教育、進升領導」

本書是作者撰寫的第二本「校長學」專書，書名定為《新校長學：創新進升九論》。作者在 2013 年出版第一本「校長學」專書，當時主張：校長當學「成就人、旺學校」，是以書名定為《校長學：成人旺校九論》。時間相隔九年，這段時間「臺灣教育」最重要的發展有四個新課題：「能力取向」教育進升「素養取向」教育；「教育 3.0」進升「教育 4.0」；發現「新育」與「演繹法」；發明「學習食譜」及「臺灣版學習羅盤」（教育理論模組，類似教育智慧型手機）。這四大因素正悄悄地「創新、進升」臺灣的教育產業。校長是領航教育產業開展的「舵手」，因此作者進一步主張：現代校長當學「創新教育、進升領導」，撰寫了「創新進升九論」，標示為「新校長學」。

本書最大的特質在：將「創新」和「進升」綁在一起，主張「創新進升教育」及「創新進升領導」，教育與領導都可以同時創新與進升。有進升的創新，才是真創新；有創新的進升，也才是真進升。本書示範將「創新教育」的九大課題，連結「進升領導」的九個使力焦點（九論），嘗試將校長學的知能模組撰寫成「立體的知識模型」。校長學習作者的第一本「校長學」專業系統知識，得以進升自己成為「3.0 的校長」，創新經營學校進升為「教育 3.0」學校（能力化・有特色品牌學校）；校長學習作者的第二本「新校長學」專業知能模組（系統知識的進升），得以進升自己成為「4.0 的校長」，創新經營學校進升為「教育 4.0」學校（素養化・新五倫・智慧創客學校）。

就校長學的學術知能而言，本書有六個較有價值的貢獻：(1)定調校長學主軸內涵：從「成就人、旺學校」到「創新教育、進升領導」，兩本專書 18 章的知能結構，已足夠提供進一步「實證研究」的學術基模；(2)開展新教育四道：新育與素養教育（元素構築、知識遞移、知能創價）演繹創新「新教育四道」：人道教育、師道教育、學道教育、識道教育；(3)研發臺灣版學習羅盤：用建構素養的八大核心元素「真、善、美、慧、力、行、教、育」，暨「人道、師道、學道、識道」教育學理，研發完成「臺灣版學習羅盤」；(4)開發演繹法雛形風貌：如

「新育」→「新、心、欣、馨」的教育；「演繹法」→演「易、譯、意、義、毅、繹」六法；(5)引導校長產出智慧動能：「成就人才能旺學校」以及「創新教育需要進升領導」的具體實踐事項，有效引導新校長產出智慧動能，創新進升學校教育新境界（3.0→4.0）；(6)驗證知識創新「人、知識、教育」三者生命的事實：教育用「知識」教人，本書的知識是作者「知能創價」的新作品，也是作者「新生命（新知能模組）」的體現；用這套新知識來辦教育的校長們，他們自己的生命及學校教育的生命也都是新的，新知能創新「活教育」。

是以，「活教育」來自「人、知識、教育」三者新生命的交織。三者新生命的「交互作用、整合發展」→「系統重組、創新進升」→「生生不息、永續循環」，共同「構築、遞移、創價」，又產出了《新校長學：創新進升九論》。

本書尚有不足之處，敬請　方家

不吝指正

鄭崇趁　寫於崇玉園

2022 年 1 月 1 日

# 目次

# 導讀：

## 新校長學「知能素養」的六大軸脈分析

## 壹、校長學「知能素養」的「系統重組、創新進升」

本書將校長學的「系統知識」進升為「知能模組」，將核心知識內涵由「成就人、旺學校」進升為「創新教育、進升領導」，是以書名定為「新校長學」，副標題為「創新進升九論」。九章的章名如下：第一章「新知識教育暨認識論領導」；第二章「新價值教育暨實踐論領導」；第三章「新智慧教育暨動能論領導」；第四章「新創客教育暨作品論領導」；第五章「新創新教育暨模組論領導」；第六章「新進升教育暨築梯論領導」；第七章「新人道教育暨適配論領導」；第八章「新師道教育暨典範論領導」；第九章「新新育教育暨六育論領導」。章名的前半段標示「創新教育」的課題，後半段提列「進升領導」的九論。

是以，本書「創新教育」的九大課題是：知識教育、價值教育、智慧教育、創客教育、創新教育、進升教育、人道教育、師道教育、新育教育。這九大教育課題都是進升師生素養知能最核心的焦點，本書論述其最佳定義及最妥適實踐（運作）版本，因此在每一課題之前，均加上「新」字，強調「新教育、新課題、新版本」，每一章都真的在「創新教育」。本書「進升領導」的九大使力論點是：認識論、實踐論、動能論、作品論、模組論、築梯論、適配論、典範論、六育論。這九大使力論點都是針對每章前段「創新教育」的需要，找到的「進升領導」使力論點，九章整體配對，都有「創新進升」使力論點，所以書名的副標才使用：「創新進升九論」。

創新教育的「九大課題」暨進升領導的「使力論點」，除了逐章兩兩配對外，尚得「跨章」整合配對，開展成下列六大「教育軸脈」：(1)「知識價值」教育與領導；(2)「智慧創客」教育與領導；(3)「創新進升」教育與領導；(4)「人道師道」教育與領導；(5)「學道識道」教育與領導；(6)「新育六育」教育與領導。作者運用這六大教育軸脈來導讀本書（九章）的核心知識內涵，說明如下。

## 貳、「知識價值」教育與領導

本書第一章的重要內容是「創新的知識教育」及「進升的認識論領導」，第二章的重要內容是「創新的價值教育」及「進升的實踐論領導」，兩章「創新進升」之教育學理與實踐作為，會繼續產生「交互作用、整合發展」效應，並繼續產出「系統重組、創新進升」功能價值，它們就「創新進升」了教育的第一條軸脈：「知識價值」教育與領導。

「創新的知識教育」及「創新的價值教育」，兩者同時實施，交織互動、交互整合、螺旋重組，產出新的「知識價值教育」。新「知識價值教育」已發現了五大基礎：(1)能力、素養、智慧、創客、價值的源頭，都來自知識；知識是萬德、萬物、萬事的核心元素；(2)知識是有生命的（活的），知識生命滋長的歷程是：新知識（真）→含技術（善）→組能力（美）→展價值（慧）→成智慧（力）→達創客（行）→行道德（教）→通素養（育）；知識生命滋長的歷程也稱之為知識價值化歷程；(3)知識價值教育有廣狹兩義：狹義的知識價值教育專指知識價值化歷程；廣義的知識價值教育則指人、知識、教育、百業、文明之價值化（1.0→2.0→3.0→4.0）產業級別任務的探索；(4)人類共好的生活品質曰價值，價值是一種「共好慧能」，價值教育已有明確的版本：價值論述→價值回饋→價值實踐→價值評量；(5)知識的價值教育已發現了新興學門的軌跡，包括：①知識教育學：智慧人、做創客；②知識生命史：存有、被知、遞移、創新；③知識解碼學：元素、組件、系統、模式。

「進升的認識論領導」來自「知識領導」的創新與進升，指實踐「知識教育」及「知識領導」，要從進升的力點「認識論領導」著力才能成功。「進升的實踐論領導」則來自「價值領導」的創新與進升，指實踐「價值教育」及「價值領導」，要從進升的力點「實踐論領導」著力才能成功。因此，「認識論」及「實踐論」是新「知識價值教育」，共同的「進升領導」使力論點，也是新「知識價值領導」的開展論點。作者永續累增「教育領導」及「校長領導」的研究，已為新「知識價值領導」發現了下列五大基礎，以銜接兩本校長學的價值實踐：(1)知識價值領導是「知識領導」和「價值領導」交織整合之後的「創新進升」教育領導新模式（第一條軸脈）；(2)知識價值領導是「知識生命」為基底的價值領導，具有六大特質：①定位知識的價值領導；②遞移知識的價值領導；③創價知識的價值領導；④創新生命的價值領導；⑤順性揚才的價值領導；⑥適配幸福的價值領導，此六大特質的掌握可導引校長領導之各項專業實踐作為（鄭崇趁，2020，頁 327-352）；(3)認識論領導及實踐論領導的創新進升，也已發現新學門的軌跡，例如：「知識認識學：【學道】與【識道】循環系統」，「知能創價學：知識、能力、素養、創價」；(4)用「人道、師道、學道、識道」的學理基礎，建構「臺灣版學習羅盤」指標系統；(5)校長「人生價值的實踐」，得優先實踐「成就人」四論；校長「教育價值的實踐」，得優先實踐「旺學校」五論。

## 參、「智慧創客」教育與領導

本書第三章的重要內容是「創新的智慧教育」及「進升的動能論領導」，第四章的重要內容是「創新的創客教育」及「進升的作品論領導」，兩章「創新進升」的教育學理與實踐作為，彼此之間會繼續產生「交互作用、整合發展」效應，也會繼續產出「系統重組、創新進升」功能價值，它們就「創新進升」

了教育的第二條軸脈：「智慧創客」教育與領導。

「創新的智慧教育」及「創新的創客教育」同時實施，彼此交織互動、交互整合、螺旋重組，又產出新的「智慧創客教育」。新「智慧創客教育」已發現了下列五大基礎：(1)「智慧創客教育」的探討與實踐，屬於知識生命大循環的中段：「慧（展價值）」→「力（成智慧）」→「行（達創客）」三大核心教育元素的生命展現，是態度、情意、素養教育的新核心課題；(2)智慧創客教育得共同使用「KTAV 教學模式」及「KTAV 單元學習食譜」為教育實踐工具；(3)新智慧教育的定義是：〔「新知識（K・真）」→「含技術（T・善）」→「組能力（A・美）」→「展價值（V・慧）」〕四位一體的教育；(4)新創客教育的定義是：〔研發「有創意」學習食譜→教導「能創造」操作學習→建構「再創新」知能模組→完成「做創客」實物作品〕四創一體的教育；(5)新「智慧創客教育」模式是：用智慧（KTAV）→做中學（操作體驗）→有作品（做創客）→論價值（價值評量）→定人生（作品定位人生）。

「進升的動能論領導」來自「智慧領導」的創新與進升，指實踐智慧教育及智慧領導，都要從它的進升力點「動能論」著力才能成功。「進升的作品論領導」則來自「創客領導」的創新與進升，指實踐創客教育及創客領導，都要從它的進升力點「作品論」著力才能成功。因此，「動能論」及「作品論」是新「智慧創客教育」共同「進升領導」的使力論點，同時也是新「智慧創客領導」的開展論點。作者已為新「智慧創客領導」，發現了下列五大基礎：(1)智慧創客領導是「智慧領導」和「創客領導」交織整合之後的「創新進升」教育領導新模式（第二條軸脈）；(2)智慧創客領導的定義是校長解析知識價值化歷程，帶領師生經營「智慧人、做創客」的領導作為，其具有六大特質：①「新知能模組」的領導；②「新智慧元素」的領導；③「新創客作品」的領導；④「新學習食譜」的領導；⑤「新價值評量」的領導；⑥「新教育價值」的領導（鄭崇趁，2018，頁 67-84）；(3)創新「個人智慧動能」的領導之主要方法有：「自我實現說」與個人化願景定位，暨「生命價值說」與階段任務設定等；(4)

進升「集體智慧動能」的領導之主要方法有：「任務型團隊」激勵發揮專長優勢，暨「研究型團隊」示範演繹產品結構等；(5)創新進升的「作品論」領導主要有兩個方法：學校每年舉辦「智慧創客嘉年華會」，選出師生百大作品；暨畢業生展出「智慧創客」代表作品10件，「用作品」表達實踐「智慧人、做創客」的新教育目標；師生都能營造「適配幸福人生」。

## 肆、「創新進升」教育與領導

本書第五章的重要內容是「創新的創新教育」及「進升的模組論領導」，第六章的重要內容是「創新的進升教育」及「進升的築梯論領導」，兩章「創新進升」的教育學理與實踐作為，彼此之間會繼續產生「交互作用、整合發展」效應，也會繼續產出「系統重組、創新進升」功能價值。它們就接續「創新進升」了教育的第三條軸脈：「創新進升」教育與領導。

「創新的創新教育」及「創新的進升教育」同時實施，彼此交織互動、交互整合、螺旋重組，又產出新的「創新進升教育」。新「創新進升教育」已發現了下列五大基礎：(1)創新的教育意涵有六：發現新的知識產品、因果關係、系統結構、方法策略、意義價值、進升力點；(2)創新的定義為：「賦予存在（to being）」到「作物生新（new being）」的歷程；此一歷程的運作元素為：「實→用→巧→妙→化→生」，依循此一歷程永續經營，人間百業均可創新；(3)進升的教育本質（特質）有六：進升教育新元素組件、系統模組、覺識方法、動能價值、使力焦點、文明文化；(4)進升的定義是：開展教育新境界的存有（new being，設定1.0→4.0發展任務指標），進升歷程的教育元素為：「盼→願→深→識→悟→達」，依循此一歷程永續經營，人間百業均可「產業升級」；(5)創新進升教育已有明確的實踐事項，例如：「教育經營學」系列學門，都是經營系統知識的創新與進升；「教育境界學與教育4.0」系列學門，則屬「使命價值、任務目標」的創新與進升；又如：「進升教育」十五項實踐作為，也都含有「有創新，才能真進升」的新教育意涵。

「進升的模組論領導」來自「創新領導」的創新與進升，指實踐「創新教育」及「創新領導」時，都要從進升力點「模組論」著力才能成功。「進升的築梯論領導」來自「進升領導」的創新與進升，指實踐「進升教育」及「進升領導」時，都要從進升力點「築梯論」著力才能成功。因此，「模組論」及「築梯論」是新「創新進升教育」，共同「進升領導」的使力論點，同時也是新「創新進升領導」的開展論點。作者已為新「創新進升領導」發現了下列五大基礎：(1)創新進升領導係指：校長領導師生教育行為產生進升式的質量創新與改變，是帶動邁向教育 4.0（境界說）的核心領導作為；(2)創新進升的「模組論」領導指：本書第五章揭示的「五軸・五鑰」及本書章名的「九論」，都已發展成可直接操作「知能模組、系統循環」的「立體知識」；其中的「五鑰」指：「價值教育」、「KTAV學習食譜」、「進升型主題計畫」、「新育」、「臺灣版學習羅盤」；(3)教師對學生的「築梯論」領導，得優先領航築「生活好習慣、學習有要領、閱讀優策略、社團亮專長、品格樂服務、作品成創客」之梯（六梯）；(4)校長對教師的「築梯論」領導，得優先示範築「人生目標、階段任務、計畫進升、校本課程、卓越專長、教材系統」之梯；(5)「模組論」之「可操作、立體型」知識，以及「築梯論」之「階梯式、能進升」教材方案，對教育產業的創新及升級貢獻最大。

## 伍、「人道師道」教育與領導

本書第七章的重要內容是「創新的人道教育」及「進升的適配論領導」，第八章的重要內容是「創新的師道教育」及「進升的典範論領導」。兩章「創新進升」的教育學理及實踐作為，彼此之間會繼續產生「交互作用、整合發展」效應，也會繼續產出「系統重組、創新進升」功能價值。它們就接續「創新進升」了教育的第四條軸脈：「人道師道」教育與領導。

「創新的人道教育」及「創新的師道教育」同時實施，彼此交織互動、交互整合、螺旋重組，又產出新的「人道師道教育」。新「人道師道教育」已發現了下列五大基礎：(1)人道者，人之所以為人之道也；人道有六個新教育意涵：生命有意義、生活有價值、生長有到位、生新有作品、生涯有貢獻、生態有尊嚴；(2)「三創三進」成為「新人道教育」的特質：創新人的生命→創新人的經驗→創新人的知識→進升人的能力→進升人的素養→進升人的價值；(3)素養教育世代，師道的新意涵指：能夠「創新進升」學生「經驗、知識、能力、素養、智慧、創客、價值」的教師；(4)新師道的「角色責任」也已「創新進升」為：傳道→授業→解惑→領航→構築→遞移→創價；傳生命創新之道→授知識藝能之業→解全人發展之惑→領適配生涯之航→內構新知能模組・外築新價值行為→師生知識遞移→共同知能創價；(5)新的「人道師道教育」，需有「4.0 教育」的新師資培育政策以為搭配，本書亦提供八個「創新進升」的政策調整建議。

「進升的適配論領導」來自「人道領導」的創新與進升，指實踐人道教育及人道領導時，都要從進升力點「適配論」著力領航才能成功。「進升的典範論領導」來自「師道領導」的創新與進升，指實踐師道教育及師道領導時，都要從進升力點「典範論」使力領航才能成功。因此，「適配論」及「典範論」是新「人道師道教育」，共同「進升領導」的使力焦點，同時也是「人道師道領導」開展論點。作者已為新「人道師道領導」發現了下列五項基礎：(1)教師對學生的「適配論」領導，得優先專業示範「適配的進路選擇」、「適配的目標設定」、「適配的經營策略」等八項適配實踐要領；(2)校長對教師的「適配論」領導，亦得優先示範領航「人生四大適配」、「策訂適配校本特色課程」等六項適配領導實踐事項；(3)教師對學生的「典範論」領導，得優先專業示範下列事項：①揭示教育創新生命的事實；②詮釋知識生命流動的軌跡；③示範優勢專長的知能運用；④教導學科知能的智慧學習；⑤產出德行作品的創客表現；⑥實施價值實踐的素養評量；(4)校長對教師的「典範論」領導，得優先領航下列事項：①「活教育・有生命」的校長；②「教素養・能實踐」的校長；

③「論價值・展慧能」的校長；④「能演繹・高境界」的校長；⑤「演新育・新六育」的校長；⑥「用羅盤・創效能」的校長；⑦「行四道・達至德」的校長；(5)人道師道領導在：永續經營「智慧人、做創客」，人人擁有「適配幸福人生」。

## 陸、「學道識道」教育與領導

作者研發「臺灣版學習羅盤」，發表〈展新育、能演繹、行四道、達至德：建構「學習羅盤」的教育學理與指標系統〉（鄭崇趁、鄭依萍，2021），本專文收錄於 111 教育發展協進會的 2021 年度專書《邁向未來教育創新》第二章（頁 21-40）。作者首次使用「行四道、達至德」教育專有名詞，「行四道」指校長及教師要實施「人道、師道、學道、識道」四道教育，四道教育更能實踐素養教育精神，幫助學生「達至德」。「達至德」指教育學生達「全人發展」的六至德：智慧人、做創客、新領導、優教師、能家長、行國民。本書第一章、第七章、第八章持續深化「行四道→達至德」核心內涵，並「創新進升」它們為兩大教育新軸脈：「人道師道教育與領導」暨「學道識道教育與領導」。

新「學道識道教育」，作者已發現了下列五大基礎：(1)「學道」的系統運作模組指：學習遷移→學習地圖（含學習步道）→學習食譜→學習羅盤；(2)「識道」的系統運作模組指：元素構築→知識遞移→知能創價→全人發展；(3)學習食譜（知識遞移 KTAV 教學模式），是「智慧教育」、「創客教育」、「價值教育」三者共用的「教與學」實用工具；(4)「臺灣版學習羅盤」，是引導「新育」、「演繹法」、「素養直接教」、「校本特色課程」開展工具，同時也是「創新進升」教育方法論的重要突破；(5)「學道識道教育」的整合實踐，優化「人道師道教育」品質績效與價值境界，創新教育新系統模組（四道），進升教育新境界：3.0→4.0。

新「學道識道領導」，作者也已發現了下列基礎：(1)「學道領導」的核心技術在：發現「知識遞移說（KTAV模式）」次級系統的學理與操作技術；目前已發現：①知識解碼要領：編序、鷹架、步驟、流程、原型、元素、成因、脈絡、次級、系統、次要、變項；②知識螺旋技術：內化、外化、交流、對話、新化、活化、深化、優化、同化、調適、融入、存有；③知識重組元素：真（致用知識）、善（經營技術）、美（實踐能力）、慧（共好價值）、力（行動意願）、行（德行作品）、教（創新知能）、育（進升素養）；④知識創新價值：真實、體驗、生新、創價、均等、適性、民主、永續、傳承、創新、精緻、卓越；(2)「識道領導」的核心技術在：發現「素養知識能量」來自「知識生命滋長」的 56 個教育元素，這 56 個教育元素即「真、善、美、慧、力、行、教、育」八大核心元素，及其次級系統元素 8 ＋ 6×8 ＝ 56 個，所「構築、遞移、創價、進升」而成（臺灣版學習羅盤的四個迴圈）；(3)臺灣版學習羅盤的第二個迴圈（遞移軌道），開展完成「九大素養直接教」的九張KTAV學習食譜【範例】，足供學校編撰校本課程教材之用；亦得開展輸入「師生本位」、「學科本位」、「社團本位」、「證照本位」核心教材，師生得適時點閱學習，增益核心知識及技術遞移流量；(4)臺灣版學習羅盤的第三個迴圈（創價軌道），開展完成「進升素養知能教學」的七張 KCCV 規劃食譜【範例】，專文內容揭示「知能創價軌跡」，食譜示範高階知能運作模組循環，逐步提高學生「智慧創客作品」質量；(5)臺灣版學習羅盤的第四個迴圈（進升軌道），以全人發展 12 個角色責任為任務指標，登錄學生學習階段重要「智慧創客」作品，創新進升邁向「適配幸福人生」（善用學習羅盤演繹「人道、師道、學道、識道」，演繹人生、演繹知識、演繹教育）。

## 柒、「新育六育」教育與領導

本書強調有「新育」之後的「校長學」稱「新校長學」，第九章專論：新「新育」教育暨「六育論」領導。有新育之後的「教育本質」深化為：育人之德→育人之智→育人之體→育人之群→育人之美→育人之新。六育對人之功能價值會產生「交互作用、整合發展」新效應，也會產出「系統重組、創新進升」新價值意涵。本書用第六個新教育軸脈名之：「新育六育」教育與領導。

本書第九章的主軸仍在：「創新的新育教育」及「進升的六育論領導」，兩者之間的「交互作用、整合發展」暨「系統重組、創新進升」，已為「新育六育」的教育發現了下列五項基礎：(1)新育有四義（意）：「新、心、欣、馨」的教育，完整唸它是：新的教育、心的教育、欣的教育、馨的教育；(2)「新育六育」的教育建立在「知識生命」的滋長循環之上，例如：新知識（真）→含技術（善）→組能力（美）→展價值（慧）→成智慧（力）→達創客（行）→行道德（教）→通素養（育）【內隱知識生命大循環（含前半段的小循環）】；又如：真（致用知識・K）→善（經營技術・T）→美（實踐能力・A）→慧（共好價值・V）→力（行動意願・M）→行（德行作品・P）→教（創新知能・E）→育（進升素養・D）【外顯知識生命大循環（含前段 KTAV 知識遞移小循環）】；(3)「新育六育」的教育優先使用有「新」的 24 個教育名詞，例如：新德育、新智育、新體育、新群育、新美育、新新育（新六育）；新覺識・K→新動能・C→新創意・C→新價值・V（KCCV 知能創價大循環模式）；又如：新五倫→新四維→新智慧→新創客→新教育→新臺灣【創新進升「教育產業」經營模式】；(4)發現「新、心、欣、馨」教育的實踐作為（16 項），也創新進升「新六育」的 18 項新教育課題與進升論點；(5)示範策訂「新育・新教育」運動實踐計畫（綱要・範例），有明確的「計畫目標」→「經營策略」→「實踐項目」（24 項），用系統結構嚴謹方案，帶動學校教育產出新動能。

「新育六育的領導」也可使用「新育六育領導」軸脈稱它，本書也已發現了下列基礎：(1)認同「新育」的存有，並用「新六育」的實踐作為來領導學校發展，稱之為「新育六育領導」；(2)校長及教師常對學生舉例說明：教育創新學生生命的事實，接受教育中的學生，每天的「心理、生理」生命都是新的（教育有第六育・新育）；(3)校長領導教師優先發展「新育・新六育」校本特色課程，促進新育的觀念與作為，普遍融入教師領域學科教學；(4)校長常對教師示範講解「知識生命」滋長軌跡，及其進出「人、事、物」的教育功能與價值貢獻（兼及新六育知識的價值貢獻）；(5)校長領導教師參照「新育・新教育」運動實踐計畫（綱要・範例），策訂校本實踐方案（24 項選擇 8→12 項優先實踐），領導校園啟動「新育能量」的「知識流動・遞移」，進而「知能創價→智慧創客」，共同邁向「智慧人、做創客」，大家都有適配幸福人生。

## 捌、結語：用「知識生命」彩繪「校長人生境界」的教育使命，稱新校長學

「校長」的教育使命有四：「成就人」→「旺學校」→「創新教育」→「進升領導」，就像校長人生的四境界：第一個境界「成就人」，校長要己立立人，成就自己之後，更要成就每一位教師及學生；第二個境界「旺學校」，校長要暢旺學校，讓學校成為家長及學生喜歡就讀的學校；第三個境界「創新教育」，校長要創新學校教育內涵，創新進升學校成為「具有特色品牌學校（3.0）」；第四個境界「進升領導」，校長能夠對學校師生實施「進升領導」，創新進升學校成為「新五倫・智慧創客學校（4.0）」。

作者第一本校長學的專書《校長學：成人旺校九論》，核心內容在：「立己達人四論」及「暢旺學校五論」，觀照「校長人生」第一境界及第二境界的實現，完備「成就人、旺學校」教育使命。本書是作者第二本校長學專書，時間相隔九年，這九年中作者又接續出版了六本書，最重要的發現與突破是：知識是有生命的，「知識生命」的滋長經由教育與學習的途徑進出人的身心，然後循著「識道」→「學道」→「師道」→「人道」永續循環軌跡，開展「元素構築→知識遞移→知能創價→全人發展→智慧創客」等教育經營核心知能（善技術）的發揮，成就了當前人類的文明與文化。是以，本書運作「知識生命」的滋長軌跡，觀照「校長人生」第三境界及第四境界的實現，完備「創新教育、進升領導」的教育使命，定名為《新校長學：創新進升九論》。

# 第一章　新「知識」教育暨「認識論」領導

本書稱「新校長學」，係指有了「新育」以後的「校長學」。作者於 2013 年出版《校長學：成人旺校九論》一書，是原來的校長學，且已將該書列為進升教育 3.0「經營教育四學」系列叢書之一。素養取向教育暨「教育 4.0」、「進升領導」的持續深耕，讓作者於 2020 年出版《素養教育解碼學：元素構築・知識遞移・知能創價》一書，該書最大的貢獻在：發現了「新育」，以及作者寫書的方法為「演繹法」。有了「新育」及「演繹法」兩大元素加入，再撰寫出版同一主題名稱的學門，都會加上「新」字，故本書全名為「新校長學：創新進升九論」，代表「有新育」以後「創新教育」、「進升領導」的新校長學。

本章是全書的第一章，先談「創新的知識教育」暨用「認識論」的進升領導實踐，才能真正創新學校師生的知識教育，帶領學校進升為教育 4.0（素養化）的學校。全章共分四節論述說明：第一節、知識的教育意涵與特質，解析知識的五大教育意涵，及「具物性」、「有生命」、「喜構築」、「能遞移」、「可創價」五大特質。第二節、新「知識教育」的發展與實踐，分析新知識教育的四大學門：知識教育學、知識生命學、知識解碼學、知識認識學，並簡介其目前已有的成果。第三節、「學道」：學習知識方法的創新，用「學習遷移」→「學習地圖」→「學習食譜（KTAV 食譜）」→「學習羅盤」建置師生明確的學習軌道。第四節、「識道」：認識知識生命的軌跡，用「元素構築」→「知識遞移」→「知能創價」→「全人發展」四大動能循環學建識道，齊備新教育之道：「人道、師道、學道、識道」，並建構學習羅盤指標系統。

## 導論

本書有四個對「教育知識」的基本觀點（是作者探討「知識教育學」後發現的「知識教育原理」）：(1)人的「能力素養」都來自「知識（知識生命的滋長）」；(2)教育用「知識」創新人的生命，人再用「新知能」經營「活的教育」；(3)教育的新興學門、新理論、新方法、新能量、新價值，都是「人、知識、教育」三者「新生命」的交織構築而來的；(4)活教育生命交織的「要領策略」有兩個層次：「交互作用、整合發展」（3.0）及「系統重組、創新進升」（4.0）。本書每一章的【導論】，在揭示每章四個教育名詞的「重要意涵」及「創新進升」使力焦點。

本章為全書第一章，探討教育知能的源頭——「知識」，暨獲取知識的方法論——「認識論」；章名定為：新「知識」教育暨「認識論」領導；另兩個教育名詞是：「創新的知識教育」及「進升的認識論領導」。本章的「重要發現」與具有「創新進升」的價值論述，摘述如下。

1. 發現「知識」的新教育意涵：(1)知識是教育的實體；(2)教育用知識創新人的生命；(3)知識進出人身，產出人的新「知、識、能、量、素、養」；(4)知識乃萬德、萬事、萬物之母；(5)知識能夠自主學習。
2. 知識具有五大特質：知識具物性、知識有生命、知識喜構築、知識能遞移、知識可創價。
3. 創新的「知識教育」，發現五個新興學門的軌跡：(1)知識教育學：智慧人、做創客；(2)知識生命史：存有、被知、遞移、創新；(3)知識解碼學：元素、組件、系統、模式；(4)知識認識學：「學道」與「識道」循環系統；(5)知能創價學：知識、能力、素養、創價。
4. 建構「學道」的運作模式：學習遷移→學習地圖（含學習步道）→學習食譜（KTAV‧知識遞移理論）→學習羅盤。
5. 建構「識道」的運作模式：元素構築→知識遞移→知能創價→全人發展。

6.研發「臺灣版學習羅盤」，整合「人道、師道、學道、識道」的有效教學工具。

## 第一節　知識的教育意涵與特質

知識來自「萬物」之名，廣義的知識浩瀚無垠，概分為五大類：物理現象的知識、事理要領的知識、生命系統的知識、人倫綱常的知識、時空律則的知識。教育機制即在啟動人「生命系統的知識」來學習這五大類知識。狹義的知識指人類已經習得，並且能夠滋長為能量素養的知識。人類從六個管道習得知識：感、知、覺、識、悟、達，由這六個管道獲得的知識也都有名稱：感覺而來的知識（感）、知覺而成的知識（知）、概念建構的知識（覺）、現象詮釋的知識（識）、領悟進升的知識（悟）、物我合一的知識（達）。建構核心素養的知識，有八大教育元素：真、善、美、慧、力、行、教、育，它們的知能名稱（也是知識的一種）是：真（致用知識）、善（經營技術）、美（實踐能力）、慧（共好價值）、力（行動意願）、行（德行作品）、教（創新知能）、育（進升素養）。是以，「知識」本身也是有生命的，知識經由「教育」、「學習」進入人的身體之後，只要「著床」成功，就會附隨著人的生命，而有知識自己的生命。知識在人身內滋長的軌跡是：新知識（真）→含技術（善）→組能力（美）→展價值（慧）→成智慧（力）→達創客（行）→行道德（教）→通素養（育）。

是以，「知識」、「教育」與「人」的關係最是縝密。校長領導全校教師經營學校教育事業，應了解「知識」的教育意涵與特質。知識的教育意涵，主要有五，扼要說明如下。

### 一、知識是教育的實體

教育用什麼教人成長？答案是「知識」，教育用「知識」教育所有的人，政府設學校、聘教師、頒課程、教學生，都在教「知識」，國小→國中→高中→大學→碩士班→博士班，一言以蔽之，都是在經營「知識傳承與創新」的教育事業。是以，知識是教育的實體，教育的「人、事、時、地、物、空」等知識的實相，它本身就是「知識」的名稱之一，「教」與「學」都是用「知識」與「知識」互動的歷程，語言與文字也都是知識的符號，人類離開知識就無法互動。知識是教育實體與工具，我們沒有深入了解「知識的性質」，就不知道各種知識之間的關聯性與相對重要性，得到的知識有限，又欠缺駕馭知識的能量，只得在紅塵滾滾中度一生，難有適配幸福人生。「學歷」雖然不一定等於「學力」，但擁有碩博士高級學位的人，他們的「知識基模」與「價值行為」的質量表現，會獲得較高的「肯定」與「認同」都是事實。知識是教育的實體，「知識」也是影響人類是否功成名就真正的因素（實體）。

## 二、教育用「知識」創新人的生命

「食物」、「空氣」、「水」三者共同創新人的生理生命，醫生提醒我們，我們的生理生命，每天都是「新的」，我們身體的細胞，每天都有千百萬個細胞死亡，也有千百萬個細胞增生，只是他們的長相幾乎沒有差異，我們很難「有感覺」（但飢膚受傷復原較明顯，會有感覺）。教育則用「知識」創新人的心理生命。知識類似食物，經由教育學習進入身體後，具有「養分性質」的「教育元素」就會與原來既有「知」、「能」螺旋融合，互動重組，建構「新知能模組」，只要「既有知能模組」中的「真、善、美、慧、力、行」任何一個元素被更新，我們的心理生命就是新的。是以，我們人的生命，每天都是新的，生理生命是新的，心理生命也是新的，因為「教育」、「學習」、「人與人互動」都有「知識」的遞移與對流，每天都有「新知識」進到身體之內，人的心理生命每天也都是新的。這也是鄭崇趁（2020）發現「新育」（第六育）並能完成《素養教育解碼學：元素構築・知識遞移・知能創價》一書的緣由。

## 三、知識進出人身，產出人的新知、識、能、量、素、養

對人來說，知識是外來的，進出身體是一種內構外築的價值元素轉換作用，會融合重組新的「知、識、能、量、素、養」元素，這些新元素累增其質量到一定程度，就能系統化、模組化、外顯化、價值化，成為人看得見的價值行為：新知識、新能量（力）、新素養、新德行（智慧人）、新作品（做創客）。知識進入身體成功（前半段），稱為「知識遞移」，觀察重點在「新知能模組」是否內構成型；知識再從身內跑出身外（後半段），稱為「知能創價」，觀察重點就會分兩段：立即的「知能創價」，可完成當下單元學習的「德行、作品」；永續的「知能創價」，可彩繪人生更高價值的「德行、作品」。「智慧人、做創客」的「知識、能量、素養」伴隨著人的一生，讓每一個人都能全人發展，表現出成功的角色責任：新領導、優教師、能家長、行國民。

## 四、知識乃萬德、萬事、萬物之母

當前人類的文明與文化，是人類用「知識」創造出來的，知識持續的經由「教育」與「學習」，進出人的身體，進入成功稱為「知識遞移」，出來有價值稱為「知能創價」。知識遞移流量大，是知識生命的小循環（教師用知識創新學生知識）；知能創價則擴展知識生命的大循環，人類共同成就世界上大家所能看到的「萬德、萬事、萬物」，這些人類生活的總稱曰文化，在人類文化中，具前瞻性、領先性、高價值的行為任務表現就稱為文明，文明具有進升性，文化具有含容性。是以，知識乃萬德、萬事、萬物之母，人類共同的「萬德、萬事、萬物」建構當前人類的文明與文化，「知識」也是文明文化之母。

## 五、知識能夠自主學習

十二年國民基本教育課程綱要將九大素養分成三大向度：「自主行動」→「溝通互動」→「社會參與」，國內教育人士界定它們的核心價值是：「自

發」→「互動」→「共好」，強調「自主學習」的重要性，了解知識「性質」與「價值」後是可以「自主學習」的，有時學生「自主學習」的收穫還要大於正式的課堂教學。是以，教師的「教學」內容要兼及單元知識的「性質」與「價值」，以擴展學生「自主學習」的意願與能量。作者之所以倡導使用「KTAV 單元學習食譜」係因為「新知識（K・真）」、「含技術（T・善）」、「組能力（A・美）」、「展價值（V・慧）」四位一體的教與學，兼及「解碼」單元知識的「性質」與「價值」，有利於學生後續的「自主學習」。

知識的教育意涵如上述五點，由這五點的明確意涵，可以演繹出「知識」的特質。知識具有五大特質：具物性、有生命、喜構築、能遞移、可創價，概要說明如下。

1. 知識具物性：萬物之名曰知識，知識的本質是「物的名稱」，也是「物的一種」，物本身是不動的，所以知識本身不動，當人不用它，它就不動，人用它來作溝通對話的工具，或表達成知識產品（完事、作物），它才開始流動、遞移、創價。
2. 知識有生命：知識進入人的身體後，就附隨著人的生命而有了自己的生命，知識的生命有小循環及大循環的軌跡。教師用知識創新學生的知識是知識生命的小循環（學生學會教師提供的知識），KTAV 教學模式可以呈現知識生命小循環軌跡，所以稱知識遞移模式。教師帶著學生用「學到的知識及能力（量）」共同「知能創價」是知識的大循環模式。知識的大小循環模式，證明「知識有生命」，端看學習者如何養「知識的生命」。作者養「知識的生命」養得很好，所以能指導超過 200 位的碩士畢業生，超過 30 位的博士畢業生，博碩士論文本身就是「知識生命力」的展現。
3. 知識喜構築：素養是「知識」的教育元素「內構外築」而成的，先「內構新知能元素模組」，再「外築新任務價值行為」。知識會附隨人的「行動意願」喜歡「內構外築」的「構築」，「喜構築」能量豐沛之後，知能系統重組模組化、外顯化、價值化，成為「智慧人、做創客」，達成全人發展的任務指標。

4. 知識能遞移：知識能從「教者身上」或「教材內容」遞送轉移到「學習者身上」，稱為知識遞移，其運作技術包括「知識解碼」→「知識螺旋」→「知識重組」→「知識創新」，因為「知識能遞移」，所以學習者學到的知識，包括：「新知識」→「含技術」→「組能力」→「展價值」→「成智慧」→「達創客」，是「有智慧的人（智慧人）」及「有作品的人（做創客）」，知識能遞移到學習者身上，並且幫助學習者成為「智慧人、做創客」。

5. 知識可創價：知識的最終使命在創新學習者的生命價值暨教育價值。知識進入人的身體和既有的知能融合，創新學習者的生命價值，繼而用「新知能模組」和教師一起共同創新當下的「教育價值」，教師則用新教材、新方法（KTAV 食譜）教學，學生學習滿意，教師遞移知識成功，師生完成的教育作品豐厚滿堂。知識可創價，知識藉由教育和學習，永續創新學習者的生命價值和教育價值。知識「具物性」、「有生命」、「喜構築」、「能遞移」、「可創價」，知識是「教育」和「學習」的「實體」與「工具」。知識創新人的「生命」、彩繪人的「生涯」、演繹人的「人生」，「知識」伴隨著人的一生，從來沒有離開過。

## 第二節　新「知識教育」的發展與實踐

「知識」的教育，探討知識的性質、教育意涵與特質。新「知識教育」則指「知識教育」的新作為發展脈絡，西洋教育哲學有：「知識論」、「認識論（epistemology）」及「教授學（pedagogy）」，中文「知識教育」的探討，向來停留在哲學領域，多以「知識論」和「認識論」為主。作者出版《知識教育學：智慧人・做創客》（鄭崇趁，2017）一書突破僵局，開始有了新「知識教育」的專書，稱為新「知識教育」。該書共分四篇二十四章，章名足以反映新「知識教育」內涵。《知識教育學：智慧人・做創客》一書的知識系統，如圖1-1所示。

知識教育學：智慧人・做創客

| 知識本質篇 | 技術經營篇 | 能力實踐篇 | 價值詮釋篇 |
|---|---|---|---|
| 1.知識本體說 | 7.經營國家的知識及技術 | 13.智慧人的教育 | 19.知識的教育價值 |
| 2.知識先天說 | 8.經營教育的知識及技術 | 14.做創客的教育 | 20.技術的經營價值 |
| 3.知識管理說 | 9.經營學校的知識及技術 | 15.新領導的教育 | 21.能力的實踐價值 |
| 4.知識遞移說 | 10.經營教學的知識及技術 | 16.優教師的教育 | 22.價值的人生意涵 |
| 5.知識智慧說 | 11.經營教養的知識及技術 | 17.能家長的教育 | 23.智慧的共榮價值 |
| 6.知識創客說 | 12.經營知識教育的知識及技術 | 18.行國民的教育 | 24.創客的定位價值 |

圖 1-1　《知識教育學：智慧人・做創客》一書的知識系統

這本新「知識教育」的專書，對「教育學」產生了五大價值貢獻：(1)揭示教育新願景：如智慧人、做創客、新領導、優教師、能家長、行國民；(2)定義教育新思維：如素養展能力、翻轉成創客、創新要智慧、集體講價值、知識能遞移；(3)研發教育新理論：如知識遞移說、新五倫及其核心價值；(4)統整教育新方法：如KTAV單元學習食譜、四位一體的智慧教育、四創一體的創客教育；(5)開展教育新價值：如知識乃教育之母（實體），知識遞移說及 KTAV 模式提高（創新）教學績效品質及價值（引自鄭崇趁，2018，頁 85）。

新「知識教育」的發展與實踐，除了原本的「知識教育學」外，尚須開展「知識」為主體，「教育」領域攸關的新學門，持續深入研發，例如：「知識生命學」、「知識解碼學」、「知識認識學」、「知能創價學」等，茲將這五個「新學門」的核心知識及技術介紹說明如下。

## 一、知識教育學：智慧人‧做創客

探討知識經由教育對人的影響之系統知識，稱為知識教育學。國內第一本「知識教育學」專書已經正式出版，其核心知識及技術，及其對教育學的價值貢獻已如前述。今後的「知識教育學」，會依據其他新「知識教育」學門的發現，及本章第三節「學道」、第四節「識道」實務現場（各級學校師生）使用後的滿意度及回饋意見，進行「新知識教育學」後續版本的研發（系統知識與技術、動能、價值的再建構）。

## 二、知識生命史：存有、被知、遞移、創新

探討廣義知識的「存有→被知→遞移→創新」的大循環生命史，暨狹義知識（被人學會的知識）之「知識遞移（KTAV小循環）」、「知能創價（KCCV大循環）」知識生命演繹歷程，稱為知識生命史。廣義知識的大循環與狹義知識的小循環是否一致？「理、工、農、醫」學門與「教育、文法商」學門，專門知識的生命大小循環是否也都有規律的法則？這些循環旋律是「單一模組系統」或「多元模組系統」？期待各領域學門的專家學者，對「知識論」及「認識論」有興趣、意願學者，用「實徵研究」或演繹自身專門學能的方法，來找到各專門學能「知識生命」的發展軌跡。

## 三、知識解碼學：元素、組件、系統、模式

探討專門領域知識的元素、組件、系統、模式，及其「系統結構」的系統知識及技術，稱之為知識解碼學。作者出版《素養教育解碼學：元素構築‧知識遞移‧知能創價》（鄭崇趁，2020）一書，就是「知識解碼學」的案例。該書用「元素構築、知識遞移、知能創價」三個「善技術」解開「素養教育」的密碼。該書的重要發現是：(1)素養由 8 ＋ 48 ＝ 56 個教育元素「內構、外築」而成；(2)德、智、體、群、美五育之後有第六育，這個關鍵元素是「新」、「新

育」，有「新育」加入才能完整演繹知識生命的小循環：育人之德→育人之智→育人之體→育人之群→育人之美→育人之新；(3)九大素養可以直接教，使用「KTAV 學習食譜」，把「新知識（K・真）」→「含技術（T・善）」→「組能力（A・美）」→「展價值（V・慧）」四種教育元素（組件）找齊（發展完成），九大素養都可以直接教；(4)素養的教育元素運用得當即可「知能創價」，能將「能力取向世代」的教育專有名詞，全面進升為「素養取向世代」的（知識教育）專有名詞。

## 四、知識認識學：「學道」與「識道」循環系統

探討人類「認識知識→獲取知識→運用知識→創新知識」的軌跡系統稱為「認識論（epistemology）」，將「認識論」研究的初步成果，定位成「學道」與「識道」兩大學習知識系統，稱之為知識認識學，它是「認識論（epistemology）」及「教授學（pedagogy）」整合後再進升的學門。本章主張「認識論領導」的「知識系統」實體，將「原本兩個學門」的學理整合較為實用的學門——「知識認識學」，並研發「學道」與「識道」兩個可操作循環「核心技術（策略）」引導教師的「教」與學生的「學」，開展「認識論」亦可操作學習的軌跡（軌道），我們創新它的學名，稱為「知識認識學」。「學道」與「識道」的實質內容，將在第三節及第四節中詳述。

## 五、知能創價學：知識、能力、素養、創價

知識對人類最大的貢獻是幫助人類「知能創價」，探究「知識學習→知能融合→知能創價→智慧創客」的系統知識與技術要領之學術，稱為知能創價學。建構中的「知能創價學」，可能有四大進升力點：(1)知能融合技術的進升：研發大步驟的核心技術並整合定位；(2)知能創價目標的進升：由「創新生命價值及教育價值」進升到創新知識教育攸關的「人、事、時、地、物、空」價值；(3)知能素養模組的進升：如「新育、新六育」、「人道、師道、學道、識道」、

「新學習食譜、學習羅盤」都是新知能素養模組；(4)智德統整軌跡的進升：如「新KTAV單元學習食譜」暨「學習羅盤」的研發，都是智德統整的有效軌跡：「KTAV學習食譜」用智慧創客教育及價值評量統整智德學習；「學習羅盤」用「元素構築」到「全人發展」統整智德教育（參考鄭崇趁，2018，頁367-368，並加入新元素）。

## 第三節　「學道」：學習知識方法的創新

本書取名「新校長學」，是指教育界有了「新育」以後再發表出版的校長學。新育，新的教育，係指「素養取向」的教育、「適向教育 4.0」的教育、《知識教育學：智慧人・做創客》的教育，以及「創新領導、創客教師、創意經營」的教育（詳鄭崇趁，2020，頁419）。本書副標題為「創新進升九論」，意指教育 3.0 世代，校長當學「成就人、旺學校」；教育 4.0 世代，校長當學「創新教育、進升領導」。以本章為例，〔新「知識」教育暨「認識論」領導〕之前半段〔新「知識」教育〕，係指校長當推動實施創新的「知識教育」；後半段〔「認識論」領導〕，則指校長當運作進升型的「認識論」，來領導學校教師「先認同認識論學理」，才能有效實踐創新的「知識教育」。

進升型的「認識論」到底是什麼？就學理技術的研發而言，它們指的就是第二節所揭示的五個新學門，包括：(1)知識教育學；(2)知識生命史；(3)知識解碼學；(4)知識認識學；(5)知能創價學。這五門新學門都是「認識論」深度與高度的開展，適合大學畢業以上的研究生（碩士、博士學程）研修。就學校教育「教與學」的實務而言，作者主張：綜合前述五大新興學門現有發現之學理，建構「學道」與「識道」，用兩條較明確的「知識學習」軌道，導引師生的有效「教與學」，實踐所謂「行動舖軌，達教育育才之善」。本節論述「學道」之建構與運作實踐，第四節再論述「識道」之建構與實踐作為。

「學道」者，「學之所以為學」之道也，「有效學習」之軌道也。「學之所以為學」之道是較「傳統」的詮釋，最經典的作品是朱熹「白鹿洞書院學規」中的「為學之序」：博學之、審問之、慎思之、明辨之、篤行之。當時的學道是「博學→審問→慎思→明辨→篤行」五大步驟（也可稱五大策略或技術要領）。當代的學道要「融進」兩大要素：一為「新認識論」的發現；二為要有工具性質般的「知識系統模組」融入。是以，作者主張「當代的學道」是：(1)關注「學習遷移」→(2)善用「學習地圖（含學習步道）」→(3)喜愛「學習食譜」→(4)運作「學習羅盤」，扼要說明如下。

## 一、關注「學習遷移」：新舊學習共本質元素的同化遷移效應

「舊經驗」帶動「新學習」成功的影響程度，稱為學習遷移，例如：會打桌球的人再學習打網球，他學會的「成功率」與「技術水準」會比一般人高且快，因為兩種球類的運動型態與核心技術十分類似，具有共本質元素，兩者的學習遷移（彼此交流運作）大。心理學上的「類化原則」（類似的刺激，引起相同的反應），是學習遷移的基本原理。關注「學習遷移」的教與學，可以大幅提升學生學習的「效能」與「效率」，其具體的作為有四：(1)揭示兩者共本質元素：有相同教育元素者，較容易遷移；(2)指出彼此共本質價值：具有相似核心價值者，也能擴大遷移效果；(3)分析核心技術的同與異：類似的技術要領，知道其區別異同者，亦可穩定遷移效果；(4)演繹彼此的關係與結構：新關係及新系統結構，本身就是「遷移」的效應之一。

## 二、善用「學習地圖」：課程地圖與學習步道的學習實踐

國中小校本課程的體驗場域規劃稱為課程地圖（也有學校直接稱為學習地圖），大學系所學程的必選修課程學科學分表及修課規範，也稱為「課程地圖」，學生依規定實際選修學科與學分，則為「學習地圖」。目前，國中小流行建置學生各種「學習步道」，並且結合「智慧行動學習」（QR Code），也是

廣義的「學習地圖」運用。教師輔導學生，依據學校「課程地圖」規劃學生自己的「學習地圖」，能夠拓增「學習遷移」能量，協助優勢智能明朗化，提早達成學習目標，完備畢（結）業條件，或取得專門職能證照。

善用「學習地圖的經營要領」，下列事項得參照：(1)善用學校空間，設置精緻教育主題學習地圖（含學習步道）：如空地、空餘教室、大樓牆壁、廊道等；(2)善用社區文明文化，設計文史生態課程與學習地圖：如大稻埕學習地圖、象山生態學習地圖；(3)善用城市資源，設計多軌優質主題學習地圖：如臺北捷運一日遊學習地圖、臺北 101 一日遊學習地圖；(4)善用師資專長，設計個殊領域（學科）專門主題學習地圖：如唐詩誦學習地圖（新北市福和國中），踢毽子學習地圖（臺北市西園國小）。

## 三、喜愛「學習食譜」：智慧教育、創客教育、價值教育的整合實踐

何福田（2010）出版《三適連環教育》一書，強調「適性」、「適量」、「適時」，三適連環的教育與學習效果，主張研發「滿足個體的學習食譜制度」。作者出版《知識教育學：智慧人・做創客》（鄭崇趁，2017）一書，研發 KTAV 教學模式及 KTAV 單元學習食譜，教育界開始有正式版本的「學習食譜」。作者出版《素養教育解碼學：元素構築・知識遞移・知能創價》（鄭崇趁，2020）一書，採用進升版的 KTAV 單元學習食譜，示範規劃「九大素養」直接教的「校本學習食譜」，提供學校得以依循「學習食譜」，編製「素養直接教」的校本特色課程與教材。進升版的「KTAV 學習食譜」（樣張），如圖 1-2 所示；KTAV 單元學習食譜來自知識遞移（KTAV）教學模式，如圖 1-3 所示。

作者認為教育要成功，具有績效價值，決定在師生「知識遞移」流量大，也就是學生能夠快速的學會教師所提供之「教材知識」。這個模式稱之為「知識遞移（KTAV）教學模式」，主張教材的「新知識（K・真）」、「含技術（T・善）」、「組能力（A・美）」、「展價值（V・慧）」四者要一起教，是知

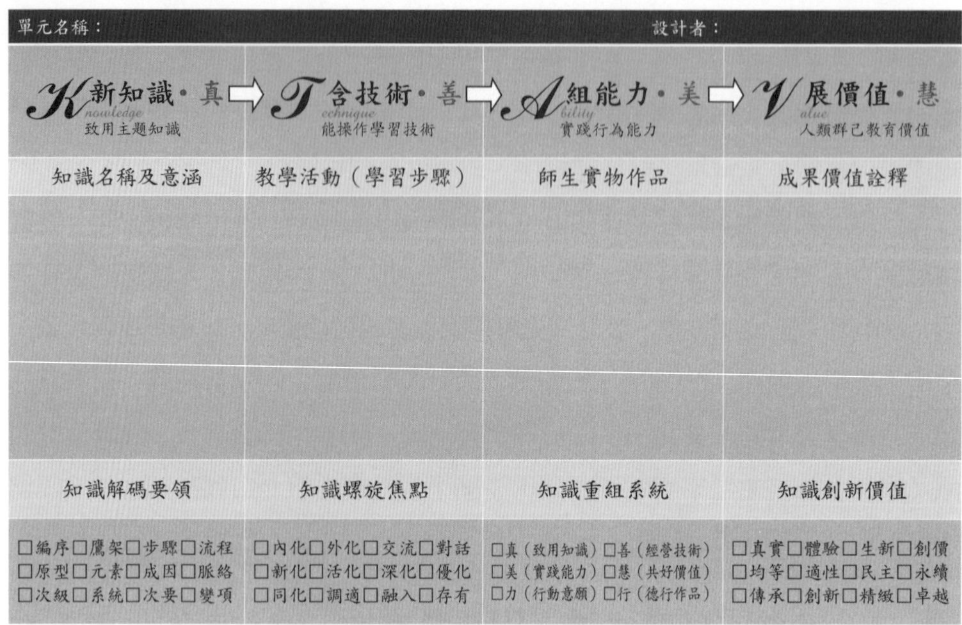

| 單元名稱： | | 設計者： | |
|---|---|---|---|
| K新知識·真<br>nowledge<br>致用主題知識 | T含技術·善<br>echnique<br>能操作學習技術 | A組能力·美<br>bility<br>實踐行為能力 | V展價值·慧<br>alue<br>人類群己教育價值 |
| 知識名稱及意涵 | 教學活動（學習步驟） | 師生實物作品 | 成果價值詮釋 |
| | | | |
| | | | |
| 知識解碼要領 | 知識螺旋焦點 | 知識重組系統 | 知識創新價值 |
| □編序□鷹架□步驟□流程<br>□原型□元素□成因□脈絡<br>□次級□系統□次要□變項 | □內化□外化□交流□對話<br>□新化□活化□深化□優化<br>□同化□調適□融入□存有 | □真（致用知識）□善（經營技術）<br>□美（實踐能力）□慧（共好價值）<br>□力（行動意願）□行（德行作品） | □真實□體驗□生新□創價<br>□均等□適性□民主□永續<br>□傳承□創新□精緻□卓越 |

圖 1-2　KTAV 單元學習食譜

資料來源：引自鄭崇趁（2020，頁 142）

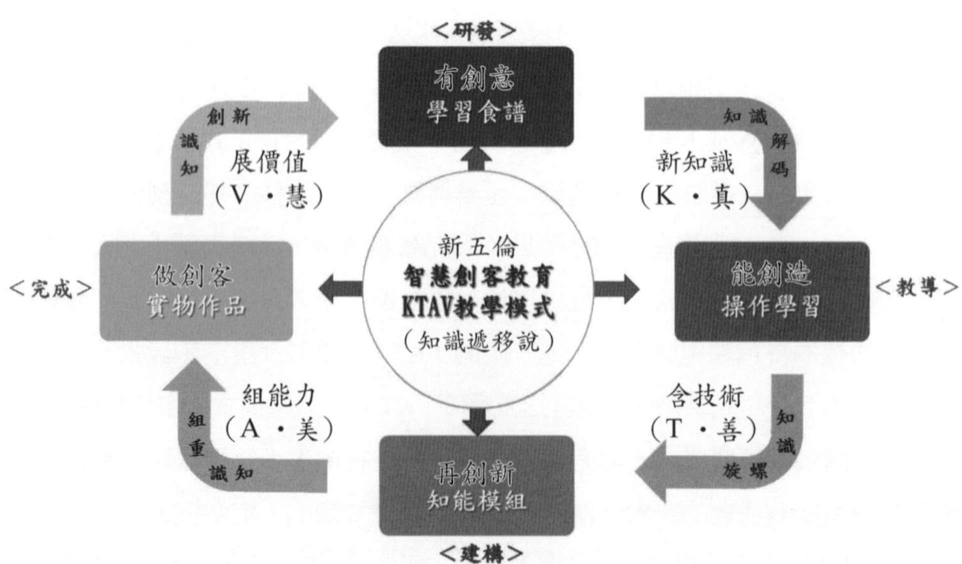


圖 1-3　知識遞移（KTAV）教學模式

資料來源：引自鄭崇趁（2020，頁 141）

識生命的小循環。運作知識遞移的技術（知識解碼→知識螺旋→知識重組→知識創新），能夠有效幫助「智慧教育（真、善、美、慧四位一體）」、「創客教育（四創一體）」、「新五倫價值教育（實作價值評量）」的整合實踐，規劃一個嶄新的「教與學旋律」（口訣）：用智慧（KTAV）→做中學（體驗操作）→有作品（做創客）→論價值（價值評量）。作者更認為「素養可以直接教」，只要找到九項素養的「新知識（K・真）」及「含技術（T・善）」，再串聯其「組能力（A・美）」及「展價值（V・慧）」，任何的「知能素養」就可以「直接教、直接學」。「KTAV 學習食譜」是知識生命的小循環，更可以用來解碼「萬人、萬德、萬事、萬象」（人類作品）的知識來源，並且用「知識→技術→能力→價值（知識表象）」或「真、善、美、慧（知識能量）」四位一體呈現。

## 四、運作「學習羅盤」：「人道、師道、學道、識道」教育知識的模組循環系統學習

鄭崇趁、鄭依萍（2021）發表〈展新育、能演繹、行四道、達至德：建構「學習羅盤」的教育學理與指標系統〉專文，臺灣的教育界開始有了「學生學習羅盤」。它的全貌如圖 1-4 所示。

建構「學習羅盤」的教育學理包括「四組」新教育理念：(1)展「新育」：開展「新育」的教育實踐，實施「新、心、欣、馨」的教育；(2)能「演繹」：能參照新發現的「演繹六脈（方法技術）」，演繹「學道」與「識道」；(3)行四道：實施「新教育」之道：人道、師道、學道、識道；(4)達至德：完備全人發展之六達德：智慧人、做創客、新領導、優教師、能家長、行國民。

建構「學習羅盤」的任務指標系統，包括能「動能循環」四個經營策略：①元素構築→②知識遞移→③知能創價→④全人發展（等同於「識道」的軌跡）。「①元素構築」：8 大元素帶動 48 個次級系統元素，內構外築；內構新知能元素模組，外築新任務價值行為。「②知識遞移」：師生 KTAV 模式教與

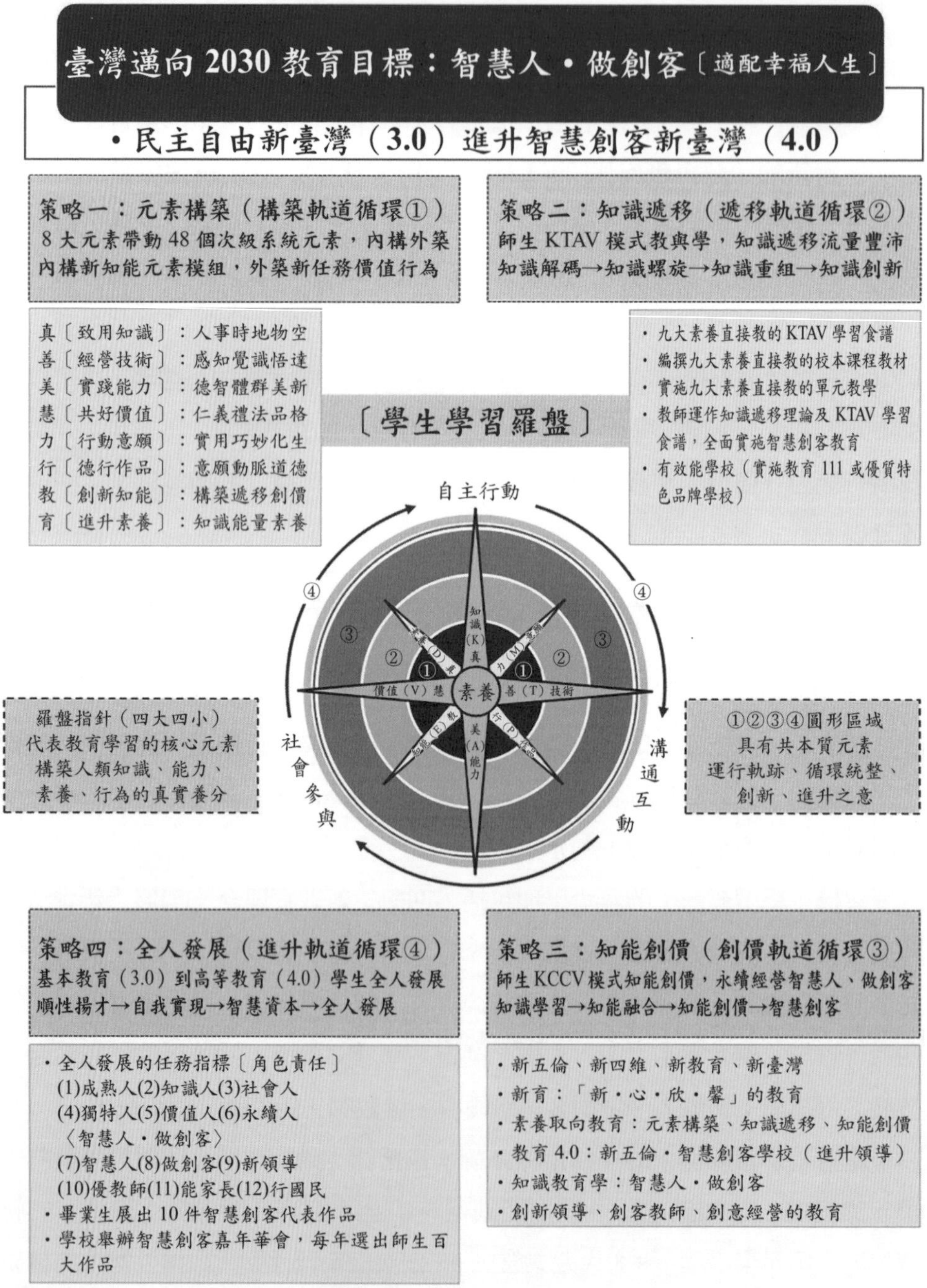
臺灣邁向 2030 教育目標：智慧人・做創客〔適配幸福人生〕
・民主自由新臺灣（3.0）進升智慧創客新臺灣（4.0）
策略一：元素構築（構築軌道循環①）
8 大元素帶動 48 個次級系統元素，內構外築
內構新知能元素模組，外築新任務價值行為
策略二：知識遞移（遞移軌道循環②）
師生 KTAV 模式教與學，知識遞移流量豐沛
知識解碼→知識螺旋→知識重組→知識創新
真〔致用知識〕：人事時地物空
善〔經營技術〕：感知覺識悟達
美〔實踐能力〕：德智體群美新
慧〔共好價值〕：仁義禮法品格
力〔行動意願〕：實用巧妙化生
行〔德行作品〕：意願動脈道德
教〔創新知能〕：構築遞移創價
育〔進升素養〕：知識能量素養
〔學生學習羅盤〕
・九大素養直接教的 KTAV 學習食譜
・編撰九大素養直接教的校本課程教材
・實施九大素養直接教的單元教學
・教師運作知識遞移理論及 KTAV 學習食譜，全面實施智慧創客教育
・有效能學校（實施教育 111 或優質特色品牌學校）
自主行動
溝通互動
社會參與
知識(K)真
價值(V)慧
素養
善(T)技術
美(A)能力
羅盤指針（四大四小）
代表教育學習的核心元素
構築人類知識、能力、
素養、行為的真實養分
①②③④圓形區域
具有共本質元素
運行軌跡、循環統整、
創新、進升之意
策略四：全人發展（進升軌道循環④）
基本教育（3.0）到高等教育（4.0）學生全人發展
順性揚才→自我實現→智慧資本→全人發展
・全人發展的任務指標〔角色責任〕
(1)成熟人(2)知識人(3)社會人
(4)獨特人(5)價值人(6)永續人
〈智慧人・做創客〉
(7)智慧人(8)做創客(9)新領導
(10)優教師(11)能家長(12)行國民
・畢業生展出 10 件智慧創客代表作品
・學校舉辦智慧創客嘉年華會，每年選出師生百大作品
策略三：知能創價（創價軌道循環③）
師生KCCV模式知能創價，永續經營智慧人、做創客
知識學習→知能融合→知能創價→智慧創客
・新五倫、新四維、新教育、新臺灣
・新育：「新・心・欣・馨」的教育
・素養取向教育：元素構築、知識遞移、知能創價
・教育 4.0：新五倫・智慧創客學校（進升領導）
・知識教育學：智慧人・做創客
・創新領導、創客教師、創意經營的教育

圖 1-4　學生學習羅盤

資料來源：鄭崇趁設計、呂紹弘美編（2021）

學，知識遞移流量豐沛；著力運行「知識解碼→知識螺旋→知識重組→知識創新」循環模組。「③知能創價」：師生 KCCV 模式知能創價，永續經營智慧人、做創客；著力運行「知識學習→知能融合→知能創價→智慧創客」循環模組。「④全人發展」：基本教育（3.0）到高等教育（4.0），完備學生全人發展 12 角色責任，達成「順性揚才→自我實現→智慧資本→全人發展」進升軌道循環。

「羅盤指針」（四大四小，如圖 1-5 所示），代表教育學習的核心元素（真、善、美、慧、力、行、教、育），係構築人類知識、能力、素養、價值行為的真實養分。①②③④圓形動能軌跡，具有共本質元素運行軌跡、循環統整、創新進升之意。就整個羅盤而言，「指針」具有用「元素、價值」來「定位、方向」，是認識知識生命的「源頭」，「圓形軌跡」則有「群組、動能」並「循環、進升」，是認識知識生命的「脈動」，是「人道、師道、學道、識道」的整合實踐工具。

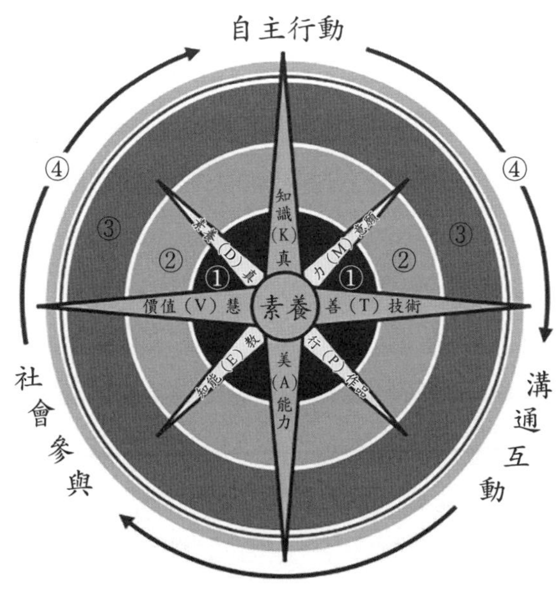


圖 1-5　學生學習羅盤（中間示意圖）

資料來源：鄭崇趁設計、呂紹弘美編（2021）

## 第四節　「識道」：認識知識生命的軌跡

作者出版《素養教育解碼學：元素構築・知識遞移・知能創價》（鄭崇趁，2020）一書，用「元素構築」、「知識遞移」、「知能創價」三個「核心技術」解開「素養教育」的密碼。在多次向博士生或「校長、主任學員」講解「知識的生命與素養的教育元素圖解」（如圖 1-6 所示）時，發現這張圖解已清楚標示「知識生命的軌跡」，是以將這張圖的四個核心「著力點」：「元素構築→知識遞移→知能創價→全人發展」串聯起來，命名為「識道」，認識「知識生命軌跡」之道，亦即「識之所以為識」之道。

「識道」乃「知道」的進升（上位概念）。覺察自己「知道」很多知識，稱為知道；覺察自己「覺識」到知識生命的軌跡及其「系統結構」的存在，稱為「識道」。識者：認識、覺識也；道者：知識進出人身產出的「生命軌跡」

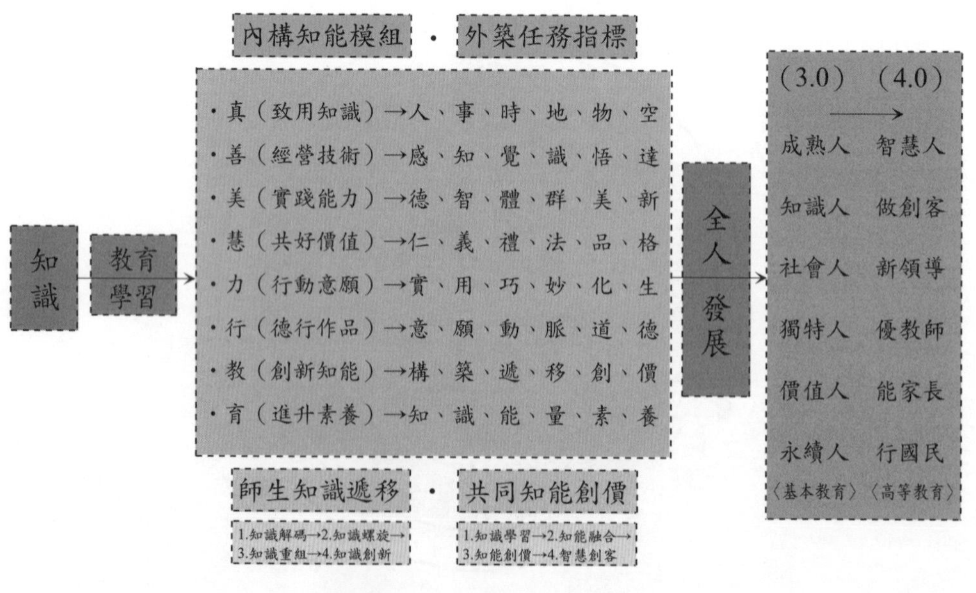


圖 1-6　「識道」的源頭

資料來源：引自鄭崇趁（2020，頁 19）

之道也。簡單一點的描述，就是認識知識生命的軌跡，曰「識道」。本書主張的「識道」有四大「經營策略（善技術）」：(1)元素構築→(2)知識遞移→(3)知能創價→(4)全人發展。簡要說明其「指標系統」與運作要領（核心技術）如下。

## 一、「元素構築」的教與學

素養的教育元素共有 8 ＋ 48 ＝ 56 個，由 8 大核心元素（真、善、美、慧、力、行、教、育）帶動其次級系統元素（共 48 個），先「內構」後「外築」：內構「新知能元素模組」，再外築「新任務價值行為指標」。內構「新知能模組」指外顯知識的內部化，身外的「知識（含技術）」進入人身，就會與身體本來既有的「知、能」交流對話，螺旋重組，然後產生「新的能量」，而新的能量再與既有的「知、能」重組建構成新的「知能模組」，「新知能模組」的量能豐沛之後，才會系統化、模組化、能力化，並準備「外顯化」，是以內構的「新知能模組」就是「外築任務指標（德行、作品）」的內在動能。內構「知能模組」的「教與學」方法有：「引起動機」、「價值論述」，以及直接使用「KTAV 學習食譜」教學。直接使用「KTAV 學習食譜」教學，可以引導學生「新知識→含技術→組能力→展價值」四位一體的學習，這四位一體的學習恰似直接粹取「真、善、美、慧」四大教育元素的養分。鄭崇趁（2020，頁109-123）將「內構」視為「思考」的行為，教與學的「內構要領」介紹七種思考：邏輯思考、系統思考、策略思考、創新思考、進升思考、模組思考，以及價值思考。讀者均可參採使用。

「外築任務指標（價值行為）」有廣義及狹義兩種：狹義指單元教學的「教學目標」達成；廣義則指所有的「教育活動」共同的使命，在促進人的「全人發展」。狹義教學目標的達成，係指學生單元教學所習得的「知識、能力、素養」用具體的「德行」及「作品」表達出來。廣義的「創新生命、全人發展」指十二個角色責任的達成，可稱之為「達至德」或「十二達德」：成熟人、知識人、社會人、獨特人、價值人、永續人、智慧人、做創客、新領導、優教師、能家長、行國民。基本教育階段（國中小、高中）在「開八德」（前面八德），達「智慧人、做創客」兩至德。高等教育階段則累加進升「達六德」（後面的六至德）。「外築新任務指標系統」指外築的新方法，包括：新行為、新目標、新流程、新配料、新元素、新組件、新系統、新產品、新標準等。在實際的教與學歷程中，這些「外築」（目標行為）的技術要領，可再統整為下列六項：(1)解碼元素組件；(2)建立系統模式；(3)尋繹開展脈絡；(4)實踐目標任務；(5)策定行動方案；(6)進升德行作品（參閱鄭崇趁，2020，頁 109-203）。

## 二、「知識遞移」的課程與教學

「知識遞移」係指「教材的知識」或「老師身上的知識」能夠「遞送、轉移」到學習者身上，成為學習者會用的「知識、能力（量）、素養」。是以，作者將「知識遞移」訂為「識道」的第二個經營策略，放置在「學習羅盤」的第二個圓形動能軌道，其「外築任務行為指標」為臺灣十二年國民基本教育課程綱要的九大素養。在「學習羅盤」上的運作動能系統指標為：(1)九大素養直接教的 KTAV 學習食譜（鄭崇趁，2020，第二篇「九至十七章」）；(2)編撰九大素養直接教的校本課程教材；(3)實施九大素養直接教的單元教學；(4)教師運作知識遞移理論及KTAV學習食譜，全面實施智慧創客教育；(5)有效能學校（實施教育 111 或優質特色品牌學校）。

學習者的「知識遞移」流量豐沛，才能完備「九大素養」，然後「知能創價」，邁向「全人發展」。在「師生知識遞移」階段，「KTAV 教學模式」及「KTAV單元學習食譜」是幫助學生有效學習最重要的工具，它能夠「統整新課程設計」→「聚焦新單元教學」→「引領新智慧創客」→「實踐新價值評量」→「開展新五倫・智慧創客學校」→「邁向教育 4.0」。

## 三、「知能創價」的運行與實踐

「知能創價」係指「知識＋能力（量）」創新「生命＋教育」的價值，是教育重要的本質之一，我們從國小一直學到大學，有那麼多「知識」與「能力（量）」進出人的身體，它們所為何來？它們就是要創新人自己生命的價值，以及創新教育績效成果的價值。創新人生命的價值，主要在提升人的「知能素養」，有能量追求自我實現（活出自己），並為組織及國家社會產出「動能貢獻」（智慧資本論）。創新教育價值，主要在「新課程教材」及「新教學方式（方法）」對整體教育機制永續地「傳承→創新→進升」教育知識及技術。

作者將「知能創價」列為「識道」的第三個策略，它本身也有四個核心技術：(1)知識學習→(2)知能融合→(3)知能創價→(4)智慧創客。在「學習羅盤」上的運作動能系統指標為：(1)新五倫、新四維、新教育、新臺灣，(2)新育：「新、心、欣、馨」的教育；(3)素養取向教育：元素構築、知識遞移、知能創價；(4)教育 4.0：新五倫・智慧創客學校（進升領導），(5)知識教育學：智慧人、做創客；(6)創新領導、創客教師、創意經營的教育。

「知識遞移」策略②使用「KTAV 學習食譜」，「知能創價」策略③使用「KCCV 規劃食譜」，兩者都以「價值」收尾，兩個策略的「創新知識價值」仍有「層次」上的不同，策略②「知識遞移」（知識生命小循環），它的創新價值指的是前段價值：創新自己的「知能模組（生命價值）」及單元學習後的知識教育價值（產出的作品與德行行為表現）。策略③「知能創價」（知識生命大循環），它的創新價值指的是後段（永續）價值：創新自己的「自我實現及智慧資本（生命價值）」及累增的「知能素養」對「家業、本業、志業、共業」永續的「知能創價」。

## 四、「全人發展」的任務指標及經營力點

識道的第四個「策略」為「全人發展」，全人指發展完整的人，用十二個「角色責任」來表達人的發展任務指標：成熟人、知識人、社會人、獨特人、價值人、永續人、智慧人、做創客、新領導、優教師、能家長、行國民。這十二個角色責任也符合「德育」的用語，亦可稱之為達德或至德。故人可以達成

之德，可以「完成達到」的「至德」。是以，鄭崇趁、鄭依萍（2021）主張基本教育階段（前 12 年，3.0 世代）在開八德（開前面八德）達兩至德：「智慧人、做創客」；高等教育階段（4.0 世代）續開 12 達德，達六至德：智慧人、做創客、新領導、優教師、能家長、行國民。開達德乃開啟可達之德，達至德乃完備達成的至德。

學校辦學，校長領導全校教師，經由課程教學及校際性教育活動，孕育學生全人發展，核心的教育經營「理念策略」是：「順性揚才→自我實現→智慧資本→全人發展」（請參考鄭崇趁，2020，頁 143-158，「身心素質與自我精進」素養的教育）。「學習羅盤」上標示的經營力點有二：(1)為畢業生展出 10 件智慧創客代表作品；(2)為學校舉辦智慧創客嘉年華會，每年選出師生百大作品。用智慧教育及創客教育的具體實踐，來表達全人發展的教育目標：「智慧人、做創客」。這個全人發展的新教育目標：「智慧人、做創客」，從國小到大學都適用。

「學道」與「識道」是作者新開發的教育產品（有正式穩定版本之意）。學道者，「學之所以為學」之道，指有效學習的重要軌道：「學習遷移」→「學習地圖」→「學習食譜」→「學習羅盤」。尤其是「學習食譜」及「學習羅盤」都是「知識生命」運行模組循環的系統設計，是進升教育 3.0 及教育 4.0 的重要學習工具。識道者，「識之所以為識」之道，指認識「知識生命軌跡」的核心歷程（也是道的一種）：「元素構築」→「知識遞移」→「知能創價」→「全人發展」。接著，用臺灣版的「學習羅盤」整合「行四道」（人道、師道、學道、識道）的教育學理，開展為羅盤「指針」及四大圓形動能的「策略命名」，是幫助學校規劃校本特色課程及引導師生「知識遞移」及「知能創價」的最重要工具。

# 第二章　新「價值」教育暨「實踐論」領導

「價值」者，人類共好的生活品質也。人與人在一起共同生活，做事、創物、拿物做事、食衣住行育樂，凡有「共好」結果者，就稱為「價值」。價值是一種共好的「慧能」，「慧能」滋長在每一個人的身上，教育的主要功能之一就是在喚醒每一個人的「慧能」，慧能（共好價值）的量夠多（到位），人就會成為「智慧人、做創客」。智慧人用德行表達它的價值行為，智慧人必然做創客，用身上學到「新知識→含技術→組能力→展價值」四位一體，產出新的學習作品，創新自己的「生命價值」（智慧人），也創新自己的「知識價值」與「教育價值」（有作品、做創客）。

「價值教育」係指探究「人」、「知識」、「教育」三者互動縝密關係的「慧能」（共好價值）系統知識。是以，五大類知識經由「教育」與「學習」進到人身之後，都會滋長「共好價值」的「慧能」，在教與學歷程中，觀照「慧能元素」的運用者，稱為「價值教育」。「價值教育」已有明確的版本可供遵循，鄭崇趁（2018，頁 113-127）認為「價值教育」包括「價值論述」→「價值回饋」→「價值評量」→「價值實踐」四個策略，前兩者以校長、教師為主體；後兩者以「學生」為主體。也就是：(1)價值論述（策略）：如論述「事務本身」價值、論述「辦好這事」價值、論述「完成實踐」生命價值、論述「潛在價值」之存有；(2)價值回饋（策略）：如會議發言價值回饋、經驗分享價值回饋、績效表現價值回饋、競賽活動價值回饋；(3)價值評量（策略）：如由學生檢閱完成作品之價值、學習歷程之價值、生命創新之價值、教育教學之價值；(4)價值實踐（策略）：如教育機制及教學歷程都能「揭示價值」→「體認價值」→「實踐價值」→「創新價值」，可稱之為實踐價值策略。

本章分四節論述：第一節、價值的教育意涵與特質，分析五大類知識在「教育、學習」上的核心價值，暨共好價值（慧能）本身的特質。第二節、新「價值教育」的發展與實踐，解析「知識價值化」、「教育價值化」、「文明價值化」暨「人的價值化」發展及實踐策略。第三節、「人生價值」的實踐，從「成就人」四論實踐校長的人生價值：自我實現論、智慧資本論、角色責任論、專業風格論。第四節、「教育價值」的實踐，從「旺學校」五論實踐校長辦學的教育價值：計畫經營論、組織創新論、領導服務論、溝通價值論、評鑑品質論。

## 導論

本章為全書第二章，因第一章確認了「知識有生命」，知識滋長的歷程又稱之為「知識價值化」歷程，是以本章探討「價值」及實踐價值的「實踐論」，結合「創新教育」及「進升領導」的需求，章名就定為：新「價值」教育暨「實踐論」領導。另兩個新教育名詞是：「創新的價值教育」及「進升的實踐論領導」。本章的「重要發現」與具有「創新進升」的價值論述，摘述如下。

1. 定義「價值」及「價值教育」：價值者，人類共好的生活品質也。人與人在一起共同生活，做事、創物、拿物做事、食衣住行育樂，凡有「共好結果」者，就稱為「價值」。價值是一種共好的「慧能」。「價值教育」係指探究「人」、「知識」、「教育」三者互動緊密關係，產出「慧能」（共好價值）的系統知識。
2. 「價值教育」已有明確「教與學」歷程（版本）：價值論述→價值回饋→價值評量→價值實踐。「價值實踐」則含括：揭示價值→體認價值→實踐價值→創新價值（鄭崇趁，2018）。
3. 創新的「價值教育」在：校長領導師生找出「教育知識」的「核心價

值」，本章揭示四大類教育系統知識的核心價值，供參考運用，含括：(1)五大類知識的核心價值；(2)德育及群育（新五倫・新四維）的核心價值；(3)態度與情意的核心價值；(4)組織與任務的核心價值。

4. 進升的「價值教育」在「知識・教育・文明・人」四個層面「價值化」的探討，本章運用「境界說 1.0→4.0」價值指標系統，研發「知識價值化」、「教育價值化」、「文明價值化」、「人的價值化」之明確版本。
5. 校長「人生價值」的實踐，本章建議優先實踐「成就人」四論，以銜接兩本校長學的價值實踐：(1)「自我實現論」→成就人的尊嚴價值；(2)「智慧資本論」→激發人的動能貢獻；(3)「角色責任論」→實踐人的時代使命；(4)「專業風格論」→領航人的品味文化（鄭崇趁，2013）。
6. 校長「教育價值」的實踐，本章建議優先實踐「旺學校」五論，以銜接兩本校長學的價值實踐：(1)「計畫經營論」→帶動學校精緻發展；(2)「組織創新論」→活化組織運作型態；(3)「領導服務論」→創化專業示範模式；(4)「溝通價值論」→深化多元參與脈絡；(5)「評鑑品質論」→優化歷程績效品質（鄭崇趁，2013）。

## 第一節　價值的教育意涵與特質

「價值」這個名詞，本身也是「知識」的一種，我們把人與人之間互動結果產生的「共好慧能」稱之為「價值」，是指對所有的人都好的慧能。人生在世，不只與人互動，人要拿物做事，人每天都要與「人、事、時、地、物、空」互動，也要與「家」、「學校」、「任職單位」、自己所屬的「社會」、「國家」、「自然」、「生態」系統互動。人的一生同時存在於不同層級的組織系統，在不同的組織系統中產生「人、事、時、地、物、空」「共好慧能」者，也都稱之為「價值」。價值的教育意涵，係指「萬人、萬德、萬事、萬物」及「組織、任務」都有「共好慧能（價值元素）」存在，揭示這些單位「知能互動重組」之後應有的核心價值，做為參與成員「心向（價值化）」指標。這些「價值（知識）」就具有明確教育意涵。以前的「學校教育」，「價值教育」未能普及化，主要原因在於教育領導人（校長、教師）不善於「價值論述」，不善於揭示「萬事、萬物、組織、任務」的核心價值，運作「價值領導」。

是以本節先揭示「教育機制」中的重要「知識系統」之「核心價值」，提供教育領導人（校長、教師）實施「價值教育」時參照。

## 一、廣義「五大類知識系統」的核心價值

廣義的知識包括：「物理現象的知識」、「事理要領的知識」、「生命系統的知識」、「人倫綱常的知識」、「時空律則的知識」，教育在啟動「生命系統的知識」來學習這五大類知識，是一種「知識學習知識」的歷程，知識與知識相互學習，相融在一起都會有共好價值（慧能）滋長。五大類知識在教育上的核心價值，如表 2-1 所示。

表 2-1　五大類知識之教育核心價值表

| 知識類別教育 | 核心價值 |
| --- | --- |
| 1. 生命價值的教育 | 健康、成熟、智慧、素養 |
| 2. 人倫價值的教育 | 真善、美慧、仁義、禮法 |
| 3. 生態價值的教育 | 平衡、共融、永續、互益 |
| 4. 時空價值的教育 | 秩序、節奏、旋律、循環 |
| 5. 事物價值的教育 | 立德、立功、立言、行道 |

表 2-1 將原本「事理要領的知識」及「物理現象的知識」兩者合併，稱為「事物價值的教育」。人類的生活本質，每天都在「拿物做事」，「事物」的核心價值在幫助人可以「立德」、「立功」、「立言」、「行道」。意味著沒有「事物知識」的共好價值（慧能），人類經營不了「永恆價值」的志業。另外還加了「生態價值的教育」，係因人在大宇宙中，除了與「人」互動之外，

尚需其他生靈萬物互動，揭示「人與人」互動的價值稱為「人倫價值的教育」，揭示「人與生靈萬物」互動的價值則稱為「生態價值的教育」。「人倫教育」的核心價值為「真善、美慧、仁義、禮法」（德育及群育的精華），「生態教育」的核心價值為：「平衡、共融、永續、互益」。而原本「生命教育」的核心價值為「健康、成熟、智慧、素養」，「時空教育」的核心價值則為「秩序、節奏、旋律、循環」。五大類知識經由教育，創新人的生命價值、創新教育價值，並且創新知識本身的價值（讀者可參考鄭崇趁於2017年、2020年兩本書中有關「價值篇章」的論述）。

## 二、德育及群育的核心價值

宋朝大儒朱熹創「白鹿洞書院」，在書院的大門揭示「學規」，包括：五教之目、為學之序、修身之要、處世之要、接物之要，史稱「白鹿洞書院學規」，是我國「品德教育」的經典教材，大要如下：

- 父子有親、君臣有義、夫婦有別、長幼有序、朋友有信。（五教之目）
- 博學之、審問之、慎思之、明辨之、篤行之。（為學之序）
- 言忠信、行篤敬、懲忿窒欲、遷善改過。（修身之要）
- 正其義不謀其利，明其道不計其功。（處世之要）
- 己所不欲，勿施於人；行有不得，反求諸己。（接物之要）

以當代的「六育」教育目標來看「白鹿洞書院學規」，這個學規揭露了「德育」、「智育」、「群育」及「美育」的核心價值，但沒有談及「體育」及「新育」。「為學之序」是智育，核心價值為：博學、審問、慎思、明辨、篤行（五大學習行動價值，類似學習之道）。「修身之要」及「處世之要」是德育，核心價值為：忠信、篤敬、窒欲、遷善、正義、明道。「接物之要」強調人互動的美育，核心價值有點像佛教的戒律：「己所不欲，勿施於人；行有不得，反求諸己」。如果「創新進升」為「正向」領導的用語，其核心價值宜為「己立立人，己達達人」（立己又達人，世界更美妙）。「五教之目」是群育（人倫綱常的知識），朱熹將「群育」列為教育的總目標，又稱「五倫之教」，其核心價值為「親、義、別、序、信」。

「五倫（親、義、別、序、信）」、「四維（禮、義、廉、恥）」、「八德（忠、孝、仁、愛、信、義、和、平）」及「青年十二守則（忠勇為愛國之本、孝順為齊家之本、仁愛為接物之本、信義為立業之本、和平為處世之本、禮節為治事之本、服從為負責之本、勤儉為服務之本、整潔為強身之本、助人為快樂之本、學問為濟世之本、有恆為成功之本）」，這些係民國初年到60年代之間的教育「核心價值」，當代的臺灣教育在2000年頒行九年一貫課程綱要，課程目標進升為「十項（帶得走的）基本能力」；2019年執行十二年國民基本教育課程綱要，課程目標再進升為「九項核心素養」，前者稱為「能力取向」的教育，後者則稱為「素養取向」的教育。在這兩階段，課綱的實質內容已不再揭示「五倫」、「四維」、「八德」及「青年十二守則」文字用語，「核心價值」到底在哪裡？教育人員好似失去了「依準」，教育好像「失根的蘭花」，外表雖然亮麗，德育及群育的根（核心價值）卻不明確。是以，作者自2014年起倡導「新五倫及其核心價值」，2020年起倡導「新四維2.0～4.0」版本，作為「德育」及「群育」的新「類別」及新「核心價值」。其大要如表2-2及圖2-1所示。

表2-2　新五倫暨其核心價值

| 新五倫（類別） | 核心價值 |
|---|---|
| 第一倫　家人關係 | 親密、觀照、支持、依存 |
| 第二倫　同儕關係 | 認同、互助、合作、共榮 |
| 第三倫　師生關係 | 責任、創新、永續、智慧 |
| 第四倫　主雇關係 | 專業、傳承、擴能、創價 |
| 第五倫　群己關係 | 包容、尊重、公義、博愛 |

資料來源：引自鄭崇趁（2020，頁405）

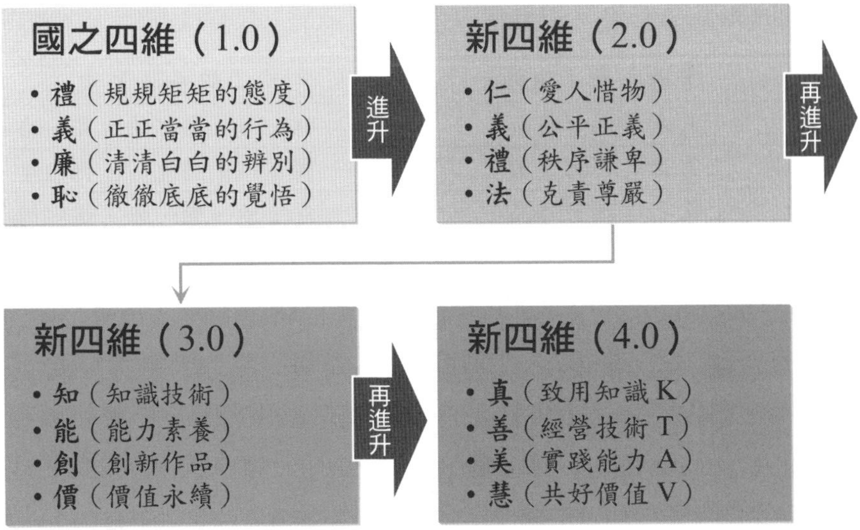

**國之四維（1.0）**
- 禮（規規矩矩的態度）
- 義（正正當當的行為）
- 廉（清清白白的辨別）
- 恥（徹徹底底的覺悟）

進升

**新四維（2.0）**
- 仁（愛人惜物）
- 義（公平正義）
- 禮（秩序謙卑）
- 法（克責尊嚴）

**新四維（3.0）**
- 知（知識技術）
- 能（能力素養）
- 創（創新作品）
- 價（價值永續）

再進升

**新四維（4.0）**
- 真（致用知識 K）
- 善（經營技術 T）
- 美（實踐能力 A）
- 慧（共好價值 V）

圖 2-1　國之四維進升版本

資料來源：引自鄭崇趁（2020，頁 408）

## 三、態度與情意的核心價值

態度與情意的「教與學」再度受到關注，因為它們都是影響「素養」內容與品質的重要元素。但「好的態度」與「優的情意」是什麼？教師們很難明確的「直接」教給學生。是以，作者建議先解構（解碼）「態度教育」與「情意教學」的元素及組件，再從其元素及組件尋繹教育的核心價值。

「態度」係由「慧（共好價值）」、「力（行動意願）」、「行（德行作品）」三大教育元素暨其次級系統的（3×6 ＝ 18）個元素共構而成的「價值行為表現」，這些「元素」及「組件」的名稱（教育意涵）即為「態度」本身的核心價值（如表 2-3 所示）。

表 2-3　態度形成的教育元素與核心價值

| | 建構元素（組件） | 次級系統元素 |
|---|---|---|
| 態度 | 1. 慧（共好價值） | 仁、義、禮、法、品、格 |
| | 2. 力（行動意願） | 實、用、巧、妙、化、生 |
| | 3. 行（德行作品） | 意、願、動、脈、道、德 |

從表 2-3 的教育元素中，我們可以直接尋繹「態度」組成（建構）之「核心價值」命名，它們是「共好」、「價值」、「行動」、「意願」、「德行」、「作品」；它們也可以是「仁義」、「禮法」、「品格」、「實用」、「巧妙」、「化生」、「意願」、「動脈」、「道德」。這些「教育元素」的「價值意涵」請參閱《素養教育解碼學：元素構築・知識遞移・知能創價》一書之第四章、第五章、第六章（鄭崇趁，2020，頁 67-108）。

鄭崇趁（2014，頁 209-224）認為，教師「春風化雨」的第三個意涵，指的是情感教育（情意教學）。教師像春風，春風有情，能教育學生面對「七情俱的情緒」，發展「致中和的情感」，孕育「成風範的情操」，造就「全人格的性情」。是以「情意教學」與「全人格教育」包括三個核心操作變項：「情緒」→「情感」→「情操」，其核心價值圖解如圖 2-2「七情俱」→「致中和」→「成風範」→「全人格」四者，此即為情意教學的「核心價值」。

## 四、組織與任務的核心價值

當代企業組織（單位）都會運作「願景領導策略」，將「願景領導」三個核心變項「Vision（願景）」、「Mission（任務）」、「Core Value（核心價值）」賦予具體內容後，繪圖呈現這一單位（組織）的「發展願景」。圖 2-3「國立臺北教育大學研究發展處的任務目標與核心價值」係作者的「真實作品」，其懸掛在學校研究發展處「小會議室」的牆壁上，當時（2011 年）作者是首任研發長，有責任為學校研究發展處定位，是以請同仁用電腦，將作者撰

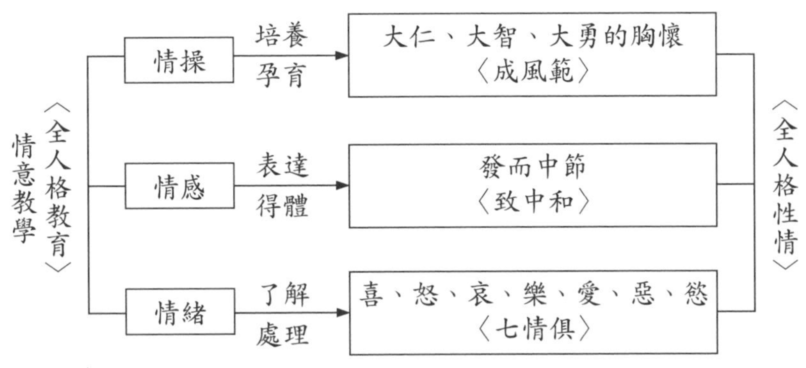


圖 2-2　情意教學的核心價值圖示

資料來源：進升自鄭崇趁（2014，頁 220）

Vision：敦愛篤行，傳承創新，精緻大學

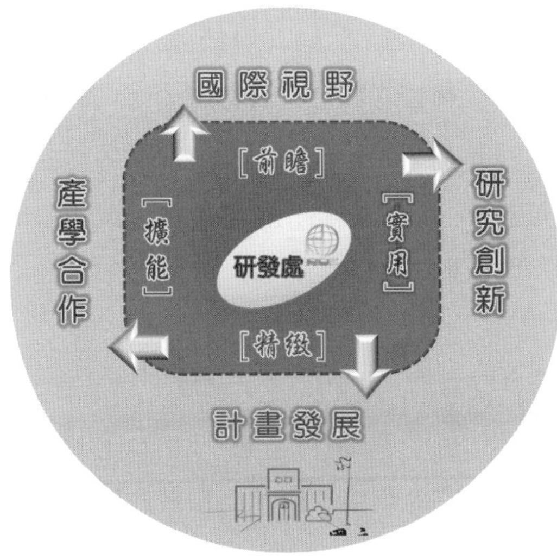


Mission：計畫發展
研究創新
產學合作
國際視野

Core Value：
精緻、實用、擴能、前瞻

圖 2-3　國立臺北教育大學研究發展處的任務目標與核心價值

資料來源：鄭崇趁（2014，頁 106）

述的文字內容，設計了這般圖樣。

Vision（願景）是學校的願景，林新發校長主持的國立臺北教育大學，當時的願景是：孰愛篤行，傳承創新、精緻大學。研究發展處是學校一級單位，它的主要任務（Mission）有四：計畫發展、研究創新、產學合作、國際視野。順著這四大任務，作者為它設定的核心價值（Core Value）為：精緻、實用、擴能、前瞻。「精緻」是學校「計畫發展」的價值，「實用」是學校教師「研究創新」的價值，「擴能」是「產學合作」的價值，「前瞻」則是「國際視野」的價值。這四個核心價值可以引導研究發展處同仁及參加會議的貴賓，聚焦「言論」與「作為」的價值意識，知道「為何辛苦為何忙」。

「教師」的核心價值為何？鄭崇趁（2014）認為，當代教師的「任務」有「教學」、「研究」、「輔導」、「服務」，是以教師的核心價值為：「專業」、「精緻」、「責任」、「價值」。當代教師的價值特質是：(1)專業自主的教師（教學）；(2)精緻研發的教師（研究）；(3)責任楷模的教師（輔導）；(4)價值創新的教師（服務）。是以，「組織」與「人」的核心價值會隨著「時空」、「階層」與「任務」的發展而流動變遷，因此教育領導人（行政首長、校長、處室主任），都要依「組織（單位）」階段任務的開展，而揭示公告其「核心價值」，詮釋組織任務的價值意涵，就稱之為「價值論述」或「價值領導」，而實施含有「價值」元素的「單元教學」，就稱為「價值教育」。

## 第二節　新「價值教育」的發展與實踐

價值是「共好」的「慧能」，在教育的歷程中，揭示「學習教材」之「價值」，稱為「價值教育」。任何教育活動也都是有價值的，領導人或教師將「價值論述→價值回饋→價值評量→價值實踐」的價值取向作為融入所有的教育活動中，稱為「新價值教育」。當前的「新五倫價值教育」、「新四維價值教育」、「智慧創客教育（KTAV）教學模式」、「KTAV 學習食譜」、「知識遞移理論」、「知能創價理論」、「KCCV知能創價模式」、「KCCV規劃食譜」等，都含有「共好慧能」教育元素的滋長，也都具有廣義「新價值教育」的意涵。

新「價值教育」還有「更新」的重要發展趨勢，探討「人」、「教育」、「知識」、「文明」四個「教育主軸」攸關「變項」「價值化」的探討與研究。本節概要說明「知識價值化」、「教育價值化」、「文明價值化」、「人的價值化」發展軌跡。

## 一、知識價值化的發展軌跡

知識具有物性，浩瀚無垠的知識，當它靜止不動的時候，「知識本身」就沒有「價值」可言，所以有人說：「圖書館就是知識的墳墓」、「雲端則是當代資訊的墳墓」（雲端的訊息更複雜，太多資料訊息還稱不上知識）。知識「被用」以後就產生「新生命」，知識附隨者「用它」的「人、事、時、地、物、空」而滋長它（知識）自己的生命。知識生命滋長的歷程，我們稱之為「知識價值化」的發展軌跡。鄭崇趁（2017，2018，2020）的三本著作都在發現「知識價值化」的發展軌跡，並運用此一「知識生命系統」，論述《知識教育學：智慧人・做創客》、《教育 4.0：新五倫・智慧創客學校》、《素養教育解碼學：元素構築・知識遞移・知能創價》。是以，「知識價值化」（知識生命系統）的發現，可以成就「萬人、萬物、萬事、萬德」的存有，與詮釋它們之所以存在的價值。知識價值化歷程（知識生命史）如圖 2-4 所示。

圖 2-4 原稱之為「素養教育 KCCV 知能創價模式」，這一個知識系統模式代表「知識生命的大循環」，也代表「知識價值化」的歷程。知識生命的大循環，指核心教育元素的大循環：「真→善→美→慧→力→行→教→育」八大元素的永續循環。這些元素都是有「新價值」的，從「內構知能模組」（內圈）看它，其「價值化」的歷程是：「新知識（真）」→「含技術（善）」→「組能力（美）」→「展價值（慧）」→「成智慧（力）」→「達創客（行）」→

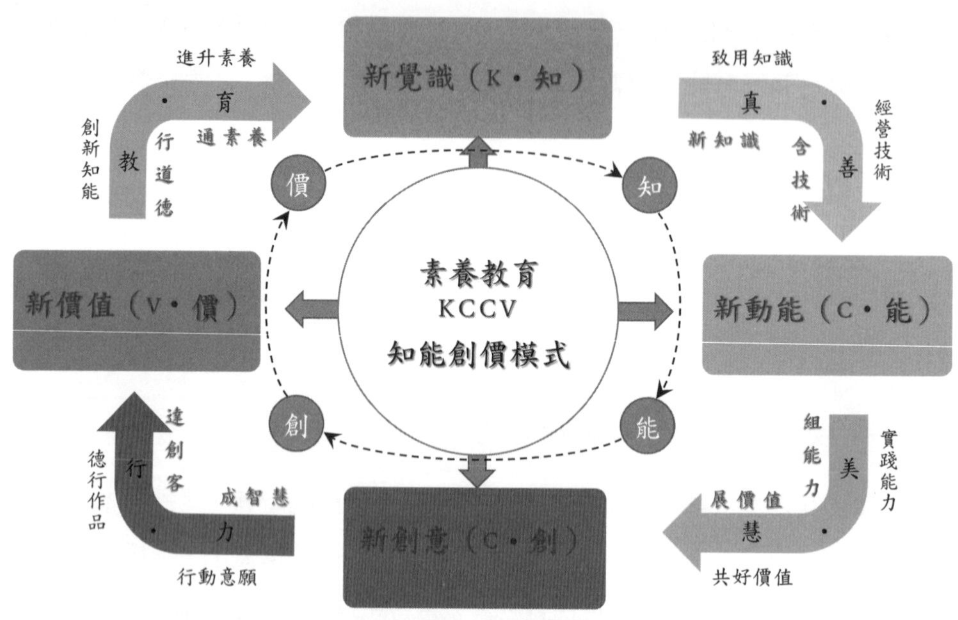


圖 2-4　知識生命循環與知識價值化（KCCV）模式

資料來源：修改自鄭崇趁（2020，頁 281）

「行道德（教）」→「通素養（育）」。從「外築價值行為」（外圈）看它，其「價值化」的歷程是：「真・致用知識」→「善・經營技術」→「美・實踐能力」→「慧・共好價值」→「力・行動意願」→「行・德行作品」→「教・創新知能」→「育・進升素養」。這一知識生命循環（價值化）歷程，如若以「四位一體」的模式來命名，它是一個「新覺識（K・知）」→「新動能（C・能）」→「新創意（C・創）」→「新價值（V・價）」，也稱之為「知能創價」模式，蘊含「知識能遞移（創新人的生命價值）」、「知識能創價（創新人與知識・教育新價值）」的兩大功能（本質）。

## 二、教育價值化的發展軌跡

教育目的、目標、任務、功能、願景、取向的探討，都是「教育價值化」研究的一環。現存「教育機制」是教「人之所以為人」事實的實踐，它們是經營「人類共好生活品質」最核心的工具。它們之所以「存在」，是因為國家的「人民」需要它，凡是能解決「人民生命、生活、生涯需求者」，都具有「價值（慧能）」意涵。本節選用「教育 4.0 的任務指標」，來介紹教育價值化的發展軌跡。「教育 4.0 進升的任務指標」，如表 2-4 所示。

表 2-4　教育 4.0 進升的任務指標

| | |
|---|---|
| 教育 1.0<br>〈經驗化〉 | 私塾、書院時期<br>〈脫文盲、求功名〉 |
| 教育 2.0<br>〈知識化〉 | 學校教育公共化時期<br>〈知識人、社會人〉 |
| 教育 3.0<br>〈能力化〉 | 特色品牌學校時期<br>〈獨特人、永續人〉 |
| 教育 4.0<br>〈素養化〉 | 新五倫・智慧創客學校時期<br>〈智慧人、做創客〉 |

資料來源：引自鄭崇趁（2018，頁 2）

從教育 1.0 進升到教育 4.0，是教育境界四個層次的「價值化」。教育 1.0 是「經驗化」境界時期，人類用累積的「經驗」來辦教育，代表的教育機構是「私塾、書院」，其教育目的是「脫文盲」（平民而言）及「求功名」（科舉應考）。教育 2.0 是「知識化」境界時期，人類用「系統知識」來辦教育，是當代學校教育公共化時期的教育，其教育目的在培育「知識人」及「社會人」。教育 3.0 是「能力化」境界時期，強調學校教育，在教給學生帶得走的十項「基本能力」，是特色品牌學校時期的教育，其教育目的在培育「獨特人」及「永續人」。教育 4.0 是「素養化」境界時期，強調學校教育在教給學生「九項核心素養」，是新五倫‧智慧創客學校時期的教育，其教育目的在培育「智慧人、做創客」。就臺灣教育發展的歷史觀察：民國初年以前的教育，可謂教育 1.0 世代。1968 年實施九年國民義務教育，是進升教育 2.0 世代。2000 年頒行九年一貫課程綱要，是進升教育 3.0 世代。2019 年啟動十二年國民基本教育課程綱要，是進升教育 4.0 世代。

「教育 1.0 至教育 4.0」是教育「價值化」的巨觀發展指標，是教育「境界」層次的進升，有「教育 4.0」的價值化版本，校長就應具備「進升領導」的素養能力。廣義的「教育 4.0」，係指教育分項與議題（如課程教學、校長領導、智慧教育、創客教育、師資素養、資源統整、體驗學習等）都可以設定「1.0 至 4.0」的價值化版本，然後由校長領導幹部擬訂該分項（議題）之「進升型主題計畫」，並頒行實踐，創新進升學校教育。由「2.5 教育」進升為「3.0 教育」，再由「3.0 教育」進升「4.0 教育」，領導人實質地創新進升學校教育，就是「教育價值化」的具體實踐。

## 三、文明價值化的發展軌跡

工業 4.0 的發展軌跡對人類文明的影響最大，作者用「工業 4.0」的價值化來代表文明價值化的發展軌跡。「工業 1.0 至工業 4.0」的價值化發展軌跡，摘要如表 2-5 所示。

文明價值化的啟示：(1)文明普及化才能成為人類重要文化；(2)文明具有進升性，文化具有含容性。進升性乃「改變升級」之意，含容性乃「漸進普遍」之意；(3)文明價值化需要「工具」與「制度」的創新；(4)「工具」與「制度」都是「知識」的一種，都是各專門領域「知識」創新進升而來，「知識」能否創新進升，端賴專門領域從業人員滋養其「知識生命」的成果，也是「知識價值化」建構而來；(5)「知識」的傳承與創新是「學校教育」最核心的本質功能，「教育價值化」才能促進各專門行業「用知識」創新其「工具」與「制度」；「教育機制」本身也就是培育各專門行業人才「知識創新」能量的「工具」與

表 2-5　「工業 1.0 至工業 4.0」的價值化發展軌跡（摘要表）

| 階層進升 | 價值化主軸 | 人類新文明文化 |
|---|---|---|
| 工業 1.0 | 機械化<br>（1776 年起） | ‧瓦特發明蒸氣機起<br>‧「引擎」帶動人類新文明文化 |
| 工業 2.0 | 電氣化<br>（1870 年起） | ‧電燈與電力能源加入機械化<br>‧「機電整合」進升家電、高鐵、飛機新文明 |
| 工業 3.0 | 自動化<br>（1950 年起） | ‧機電功能自動化<br>‧機器人取代勞力密集，產品產製流程自動化 |
| 工業 4.0 | 智慧化<br>（2011 年起） | ‧AI、物聯網、大數據<br>‧APago 戰勝世界棋王、智慧型手機普及化 |

資料來源：修改自鄭崇趁（2020，頁 306）

「制度」；(6)是以「知識價值化」、「教育價值化」、「文明價值化」、「人的價值化」，都是「知識生命軌跡」在不同層面的「工具」及「制度」上之滋長。「知識」是成就宇宙間「萬人、萬德、萬事、萬物」（文明與文化），最原始的「元素、組件」。

## 四、人的價值化的發展軌跡

教育在教「人之所以為人」，人之所以為人的具體指標在「人獲至（達到）全人發展」。全人發展的十二個角色責任是：成熟人、知識人、社會人、獨特人、價值人、永續人、智慧人、做創客、新領導、優教師、能家長、行國民（請參考鄭崇趁 2012 年、2017 年、2018 年、2020 年系列著作）。知識經由教育與學習進出人身，幫助人發展成「人之所以為人」。鄭崇趁（2021）主張，「教育與學習」是有明確軌道的，主要有四道：人道、師道、學道、識道，受教者行四道就可達至德（全人發展）。這一「價值化」的發展軌跡，如圖 2-5 所示。

從圖 2-5 觀察：「人的價值化」軌跡得有兩種詮釋：第一種「價值化」指「全人發展」十二個角色責任（任務指標）的「達成、到位」；第二種「價值化」指四道向全人發展的「教育學習」作為：行四道就能「達至德」。「行四

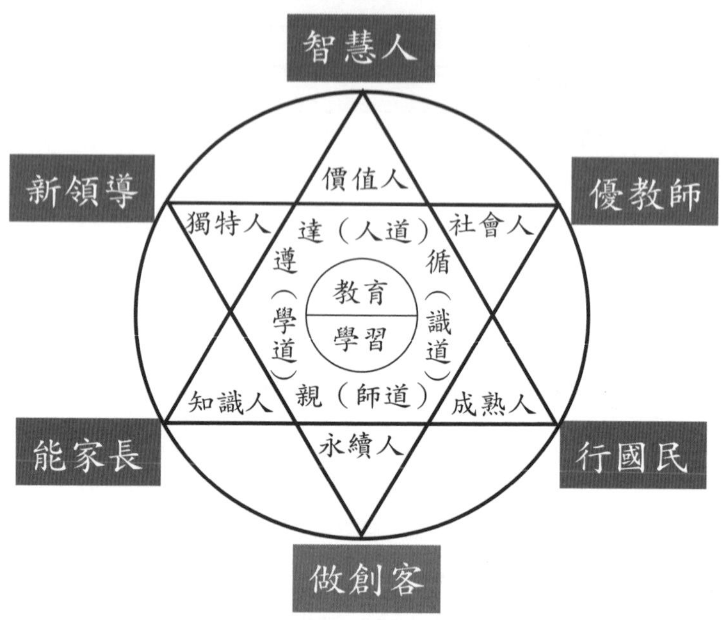


圖 2-5　「人的價值化」發展軌跡圖示

道」的具體實踐，都在促進「人的價值化」（「學道」及「識道」的重要意涵請參閱本書第一章）。

## 第三節　「人生價值」的實踐：「成就人」四論

當代校長的使命有四：「成就人」→「旺學校」→「新教育」→「領進升」。作者於 2013 年出版的校長學，當時僅主張：校長當學「成就人」與「旺學校」，是以書名定名為《校長學：成人旺校九論》。本書則主張：校長當學「創新教育」與「進升領導」，是以新書命名為：《新校長學：創新進升九論》。並定位第一本書是「邁向教育 3.0」的「校長學」；本書則定位為「邁向教育 4.0」的「新校長學」。兩本書是「連貫的」、「接續的」，具有「個別的」及「整體的」系統結構，都在幫助「人的價值化」（校長、教師、學生）、幫助「組織的價值化」（學校、處室、領域課程）、幫助「教育的價值化」（教育績效價值明確、進升人類文明文化）。

本章為「新價值教育暨實踐論領導」，第一節及第二節敘明「創新的價值教育」，第三節及第四節則在「用實踐論」來力行「進升式」的「價值領導」。是以，第三節談「人生價值」的實踐，作者引用第一本書的「成就人」四論來領航實踐「人的生命價值」。第四節談「教育價值」的實踐，則引用第一本書的「旺學校」五論來領航實踐「教育績效價值」。

「成就人」四論的章名及副標為：(1)「自我實現論：成就人的尊嚴價值」；(2)「智慧資本論：激發人的動能貢獻」；(3)「角色責任論：實踐人的時代使命」；(4)「專業風格論：領航人的品味文化」。作者曾賦予這四論的「價值實踐」意涵（鄭崇趁，2017，頁 186-189）：(1)自我實現論是「活出自己」的價值實踐；(2)智慧資本論是「生命創價」的價值實踐；(3)角色責任論是「完成使命」的價值實踐；(4)專業風格論則是「品味生涯」的價值實踐。本書係「新校長學」，以下為「創新進升」成就人四論的「人生價值」實踐。

## 一、自我實現論：「活出自己」生命價值的實踐

自我的「理想抱負」與「現實生活」吻合適配稱「自我實現」。自我實現就是「活出自己」的人，活出自己想要的「人生」，對人來說，「生命最有價值」。校長是學校的首長，是學校的領航人，首要任務要實現校長自己的自我實現（當上校長，有理想抱負辦好自己的學校，活出自己）。次要任務在促成學校人員的自我實現（激勵教師及幹部追求自我實現，提升自我實現能量，帶動學生及家長也自我實現，大家都能在「教」與「學」中活出自己）。第三個任務在增益學校組織的自我實現（例如：經營學校成為有特色品牌學校，推動處室進升型主題教育計畫，依教師意願專長實踐專業社群目標，活化個殊組織功能等），學校及次系統組織單位也都能活出自己，都能彰顯單位個殊性的優勢亮點。校長「自我實現論」的進升領導，在領航帶動學校的「人與組織」都

能實踐自我實現學理，活出自己，亮點爭輝，共好慧能（價值）在學校獲致最豐沛開展。

校長運作「自我實現論」的經營要領，下列六項較優先：

1. 推動「個別化」的願景領導及本位經營：用師生自己的願景結合自己本分任務的本位經營，增益自我實現，活出自己。
2. 策定「階段性」的價值目標並實踐篤行：高遠的「理想抱負」劃定「階段性」可完成目標，及「期限內」實踐篤行，漸進式、築梯式完成它。有階段性自我實現，才能累增「理想抱負」的自我實現。
3. 系統思考動能規劃及責任績效：人的能量都是有限的，「學能」與「產能」平衡發展效能最大，需要系統規劃才能有效實踐「階段性責任績效」。
4. 力行「有質感」的品味生活中自我實現：每天生活「有質感」是真實自我實現的起點，力求每日的生活是「自在的」、「價值的」、「溫情的」、「美感的」，就是「有品的人生」；「有品的人生」能為自己的「自我實現」奠定最厚實的基石。
5. 推行「新育」：創新生命的教育、「新、心、欣、馨」的教育，是幫助每一個人自我實現的「新動能」。
6. 介紹「演繹法」在教育學上的運用：幫助教育人員演繹「知識」、演繹「教育」、演繹「人生」、演繹自己的自我實現。

## 二、智慧資本論：「生命創價」的價值實踐

「自我實現，活出自己」，係為自己創價；「智慧資本，生命創價」，則是為隸屬的「組織系統」創價，對自己生活所隸屬的組織群體，例如：家庭、學校、任職單位，共同執行任務群組，產出動能貢獻。概指人要為自己而活（自我實現），同時也要為組織而活（智慧資本）。為自己創價的同時，也要為組織創價。人要「有能力（能量）」、「有專長（優勢）」、「願意做（認

同）」、「能創價（實踐）」，才是組織單位及國家社會的「有效智慧資本」。

校長運作「智慧資本論」的經營要領，以下列六項最優先：(1)宣導「智慧」是人類最珍貴的「資本」：它是自我實現的「知識能量」，它是學校效能的「人力資源」，它是社會組織的「發展動能」，它是教育成就的「知識系統」；(2)強化智慧資本的基礎（素養能力）：師生都要具備九大核心素養，並掌握「教與學」焦點的知識及技術，教知識、教價值、教智慧、教創客、教創新、教進升，整體而言，在教人道、教師道、教學道及教識道；(3)轉動智慧資本的軸心（價值認同）：認同教育事業成人興國的價值，認同政策計畫活絡教育的價值，認同課程教學活絡知識螺旋的價值，認同教育產品傳承智慧的價值；(4)暢旺智慧資本的貢獻（實踐力行）：願意盡力帶好每位學生，願意發展自編授課教材，願意參與競賽活動暨標竿認證，願意系統管理智慧傳承；(5)價值行銷與計畫實踐：運作「價值教育」，喚醒智慧動能，策訂「進升型主題計畫」，導引學校「人與組織」的價值實踐；(6)實施「智慧創客」教育，揭示「智慧人、做創客」新教育目標：畢業生都能展示「智慧創客」代表作品10件，學校每年舉辦一次「智慧創客」嘉年華會，每年選出師生百大作品，並實施智慧管理與傳承創新。

## 三、角色責任論：「完成使命」的價值實踐

學校校長的角色責任來自四大教育元素的交織：「教育目標」、「法定職能」、「辦學理念」、「社會期望」，這四大元素交織建構校長的六大角色責任（使命）：(1)教育理論的實踐家；(2)行政效能的經理人；(3)課程教學的規劃師；(4)輔導學生的示範者；(5)資源統整的工程師；(6)專業風格的領航人。六大角色責任的「認同、實踐、完事、產物」，即為校長「完成使命」的價值實踐。校長完成六大使命，可以達成「傳道」、「授業」、「解惑」、「領航」四大核心價值（素養）實踐：(1)傳學為人師之道；(2)授經營教育之業；(3)解知能創價之惑；(4)領智慧創客之航。

本節接續論述完成這「六大使命」的個別價值實踐，開展「價值教育」的

深度與高度，提供教育領導人參照：(1)教育理論的實踐家：「智慧、實踐」價值。理論是教育前輩留給後人最珍貴的「智慧」，教育理論在學校中實踐，具有「智慧、實踐」兩項核心價值；(2)行政效能經理人：「效能效率、創新進升」價值。組織的效果稱效能，個人的效果稱效率，兩者兼具都有「創新、進升」的核心價值；(3)課程教學規劃師：「統整生新、遞移創價」價值。課程是教學內容，校本特色課程具有「統整、生新」的核心價值；教學是教育方法，優質教學的核心價值在「遞移、創價」，知識遞移與知能創價的催化；(4)輔導學生示範者：「楷模示範、同理接納」。展現同理學生，接納處境，循循善誘，共融成長，專業示範楷模風格之價值實踐；(5)資源統整工程師：「知能創價、智慧創客」價值，例如：臺北市優質學校「資源統整」向度4.0版，其檢核「項目指標」已明訂為「親師合力」、「資源系統」、「知能創價」、「智慧創客」四個具有「價值實踐」的項目指標；(6)專業風格的領航人：「專業示範、風格領航」價值。教育事業是專門專業的行業，校長領航辦學，最需展現「專業示範」與「風格領航」之價值。

## 四、專業風格論：「品味生涯」的價值實踐

《校長學：成人旺校九論》（鄭崇趁，2013）一書將原本的校長「六大角色責任」中之「專業風格的領航人」單獨另立一章撰寫，稱之為「專業風格論」，副標題為「領航人的品味文化」，其主要的目的在彰顯「校長」職務之「個殊」與「責任」。各級學校「校長」社會地位崇高，是所有教育人員最嚮往的職位，也是人間百業中，最具「專業風格」的代表性人物，有必要專章論述。「專業風格」來自校長「職能」、「專長」、「生活」、「實踐」四大元素交織的行為表現。它的定義是「專業行為表現」與「日常生活實踐」融合，讓一般人感受到的主流典範，稱之為「專業風格」。「品味生涯」是「專業風格」的基礎，「專業風格」也是「品味生涯」的實踐，兩者實為人的一體兩面。從教育職能看它是「專業風格」，從生活日常看它，則為「品味生涯」，都是

人類的「價值化行為表現」，兩個名詞都是具有「價值」成分的專有名詞。

專業風格論用「五種人」來描繪校長的專業風格，這五種人是：(1)教育人；(2)有能人；(3)厚德人；(4)質感人；(5)品味人。這五種人的價值意涵是：(1)「教育人：傳希望、益人間」：描述校長在生活實踐上的整體專業風範，傳承人類希望，增益人間文化；(2)「有能人：通事理、講要領」：從職能與專長訴求上，彰顯校長表現的效能效率，通達教育事理，講求要領，淑世濟眾；(3)「厚德人：重倫常、送溫情」：統整校長「職能」與「實踐」交織的個殊化道德規範與品格情操，重視人際倫常，傳播人間溫情；(4)「質感人：常共鳴、賦價值」：分析校長的「專長」與「生活」融合之後的品質程度，人際互動，能有高度共鳴，豐富生活價值；(5)「品味人：具殊相、成風格」：探討校長整體「生活」與「實踐」後的文化典範，賦予品味殊相，形成獨特風格。

## 第四節　「教育價值」的實踐：「旺學校」五論

「旺學校」是校長四大使命中的第二大使命，指校長「暢旺校務」是本分職責的「核心工作」。校長要從「計畫、組織、領導、溝通、評鑑」五大行政核心歷程，創新進升學校的「教育價值」，是以《校長學：成人旺校九論》（鄭崇趁，2013）一書第二篇「暢旺校務篇」，用五章的篇幅撰寫「旺學校」五論，這五論的章名及副標都具有「教育價值」意涵，這五論是：第五章「計畫經營論：帶動學校精緻發展」；第六章「組織創新論：活化組織運作型態」；第七章「領導服務論：創化專業示範模式」；第八章「溝通價值論：深化多元參與脈絡」；第九章「評鑑品質論：優化歷程績效品質」。是以，本節接續「旺學校」五論，來創新進升當代校長對於「教育價值」的詮釋與實踐。

## 一、「計畫經營論」新教育價值：精緻、實用、擴能、進升

計畫經營論原本強調五個經營重點：(1)優質教育計畫是帶動學校「精緻」發展最核心的「經營策略」，是以學校要策定優質的校務中長程發展計畫及重要的主題教育計畫，帶動學校精緻發展；(2)優質教育計畫要符合下列特質：①有理論理念的支持；②「目標、策略、項目」具有系統結構；③是學校的最需要，且做得到的計畫；④有配套措施及品質保證機制；⑤能夠帶動學校師生創新學校教育新價值；(3)擬訂「優質教育計畫」的「技術、方法、要領」是可以學習的，能增進首長及核心幹部「計畫素養知能」，有利於學校「優質教育計畫」作品的產出；(4)學校每年訂頒 5～10 項主題教育發展計畫，並篤行實踐，貫徹計畫績效價值，對學校及師生最具教育價值；(5)選送「優質教育計畫（方案）」參加各種競賽活動，也是經營學校特色品牌教育的有效策略。

當代的「計畫經營論」再融入「新育」、「演繹法」、「學道」、「識道」的新教育元素後，「計畫經營論」得創新下列「新教育價值」：(1)精緻：新計畫帶動學校持續「精緻」發展，學校的環境設施、課程教學、人與活動都愈來愈精緻；(2)實用：新計畫是學校最需要，可以做到、好用的提升教育品質工具，具有「實用」的教育價值；(3)擴能：學校師生的教育能量得藉新主題計畫，有效地為校內組織及校外（社區、跨區、國際）提供教育活動及交互支持服務，具有「擴能」的新教育價值；(4)進升：進升型的主題教育計畫，可以幫助學校由「教育2.0」進升「教育3.0」，再由「教育3.0」進升「教育4.0」，「進升」是計畫方案的新教育價值。

## 二、「組織創新論」新教育價值：創新、活化、智慧、創客

組織創新論原本主張校長宜領導學校組織的五大創新價值：(1)創新是「賦

予存在（to being）」的歷程，任何行業只要「實→用→巧→妙→化」均可創新，「知識先天論」適用「創新知識」的發現；(2)創新的教育意涵是：①發現新的知識產品；②發現新的因果關係；③發現新的深層結構；④發現新的方法策略；⑤發現新的意義價值；(3)經營目標價值的創新：①註解目標的新價值；②解析領域（學科）學生的素養能力與價值；③論述教育活動的價值；④闡明環境資源的新目標價值；⑤個人化願景領導與創新教育的整合匯通；(4)經營人力資源的創新：①創新教育人員核心知能素養；②創新教育人員群組進修；③分享教育人員創新產品；④創新學校環境資源設施；⑤創新課程教學教材教案；(5)經營運作方式的創新：①職務編配：順應意願專長；②賦權增能：精簡行政流程；③創新目標：帶動階段產能；④品質績效：創新標準程序；⑤激勵創新：定期競賽展演。

「組織創新論」結合目前已創新的教育「新元素」，例如：「新育」與「演繹法」（鄭崇趁、鄭依萍，2021），得以永續產出下列新教育價值：(1)創新：教育事業永遠在創新「人與組織」的生命，人是活的、知識是活的、教育也是活，這三者的生命每天都是新的，「創新」永遠是教育的核心價值；(2)活化：教育具有「活化」人的生命與作為的價值，「活化」的歷程是「實→用→巧→妙→化→生」的永續循環；(3)智慧：「智慧人」已成為「新教育」目標，有智慧的教師用智慧理論（KTAV 食譜）編撰智慧教材，教導學生「有智慧」地學習，成為有智慧的人；(4)創客：「做創客」也已成為「創新領導、創意經營」的「新教育」目標，師生都在「做創客」，每學年有 1～3 件智慧創客作品參賽（展出），畢業生在畢業典禮週都能展出 10 件「智慧創客」代表作品。

## 三、「領導服務論」新教育價值：創化、服務、楷模、教導

領導服務論原本強調五個經營重點：(1)用專業領導提供「領導服務」，先領導再服務：校長為全校師生提供「專業示範」的服務、「系統思考」的服務、

「本位經營」的服務、「實踐篤行」的服務，以及「價值目標」的服務；(2)校長優質領導要彰顯教育領導的五大特質：①具備教育專業素養；②了解教育組織運作機制與核心技術；③掌握學校發展脈絡與師生需求；④善用學校師生專長及優勢學習；⑤形塑教育核心價值及願景領導；(3)校長「專業示範」的領導服務，包含：「會議主持技巧」、「策訂計畫技術」、「校本課程設計」、「有效群組學習」、「認輔弱勢學生」、「應變危機處理」，以及「發表研究成果」；(4)校長「系統思考」的領導服務，主要呈現在「教育決策」、「經營策略」、「方案設計」、「資源統整」、「績效責任」；(5)校長「實踐篤行」的領導服務，主要在實踐下列新領導：「價值領導（時代思維）」、「經營領導（鉅觀視角）」、「學習領導（微觀精緻）」、「方案領導（計畫帶動）」、「特色領導（品牌形塑）」。校長領導服務論的系統架構，如圖 2-6 所示。

當代的「領導服務論」持續融入新教育議題，例如：「教育 4.0（進升領導）」、「校長領導新境界：三軸・三論」（三軸是：知識價值領導、智慧創客領導、創新進升領導；三論是：新五倫價值教育、KTAV 教學模式及學習食譜、進升型主題計畫）。「領導服務論」得進升下列新教育價值：(1)創化：由原本的「創化專業示範模式」，再進升為創化「三軸三論」領導模式；(2)服務：由原本的「領導服務」模式，再進升為「素養境界」服務模式；(3)楷模：由「專業示範楷模」、「系統思考楷模」及「實踐篤行楷模」，再進升為「智慧創客楷模」、「創新進升楷模」及「三軸三論楷模」；(4)教導：楷模示範係指「楷模」的「示範」價值，「楷模」再主動些就是「教導服務」領導，校長宜主動教導四處主任及領域（學科）召集教師「素養教育解碼學」、「教育 4.0（進升領導）」及「智慧創客教育」、「價值教育」的實踐，讓學校教育的內涵結合教育的時代脈動。

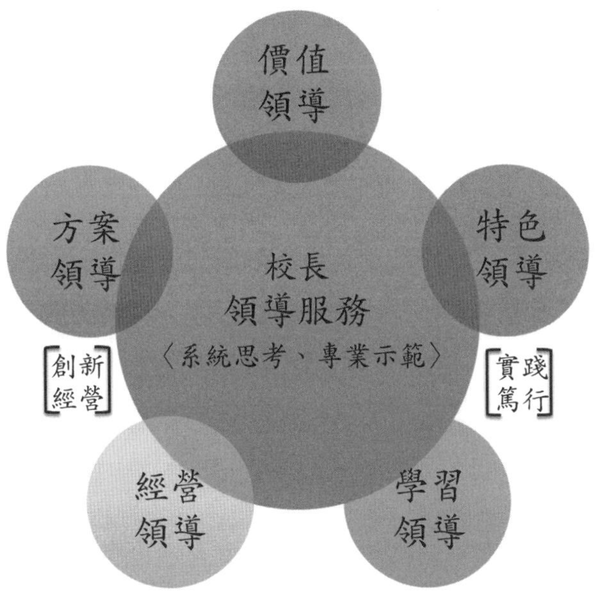


・校長在領導「人」，做好「教育人」的工作。
・以人做隱喻，「價值領導」為頭，是領導服務的總樞紐。
「經營領導」及「學習領導」為雙腳，是邁向精緻教育的領導服務。
「方案領導」及「特色領導」為雙手，是彩繪學校品牌特色的領導

圖 2-6　校長領導服務論的系統結構

資料來源：引自鄭崇趁（2013，頁 216）

## 四、「溝通價值論」新教育價值：價值、參與、共識、實踐

「溝通價值論」原本強調五個經營重點：(1)價值與溝通的關係具有五大教育內涵：①價值引導溝通的方向；②價值賦予溝通的內涵；③價值釐清溝通的輕重；④價值開展溝通的脈絡；⑤價值實現溝通的目標；(2)教育溝通有五大特質：①知識遞移的溝通；②智慧價值的溝通；③情意共鳴的溝通；④專業示範的溝通；⑤經營本位的溝通；(3)校長實踐「政策理念」的價值溝通有五大要領：

①實現教育目標的價值；②實踐教育理論的價值；③達成階段任務的價值；④突破學校發展瓶頸的價值；⑤創新學校特色的價值；(4)校長實踐「課程教學」的價值溝通須掌握五大要領：①課程統整（2000 年課綱）的教育價值；②學校本位課程的教育價值；③自編教材的教育價值；④教育產品的教育價值；⑤核心知識（能力）的教育價值；(5)校長執行「策略技術」的價值溝通，宜強調下列具體的價值：①組織學習活絡知識螺旋的價值；②實踐篤行創發專業示範的價值；③知識管理傳承核心技術的價值；④順性揚才回歸學生主體的價值；⑤圓融有度彰顯價值溝通的價值。

當代「溝通價值論」持續融入「新五倫價值教育」、「新四維價值教育」、「價值論述」→「價值回饋」→「價值評量」→「價值實踐」的新「價值教育」，將永續創新下列教育新價值：(1)價值：人類共好的生活品質曰價值，共好價值的「慧能」被教育人員關注，並且普遍運用在「智德融合」的教育歷程，價值從此成為「教育」身內之「珍貴元素」；(2)參與：教育成為多元參與的一種「集體智慧」，「參與」兩字本身是「動名詞」，也含有「共好價值」的意涵，多元參與所形成的「教育版本」，對師生具有更大的「共好價值」；(3)共識：「溝通價值論」的副標為「深化多元參與脈絡」，所謂「深化」多元參與的價值，即在「共識」價值的形成，共識價值的「深度」與「高度」將成為創新進升學校的「新覺識」與「新動能」；(4)實踐：溝通價值論的初步功能在「系統思考與解決問題」，中後段功能進升「新創意」及「新價值」的「實踐・創價」，用「新價值」引導「親、師、生」多元參與，實踐共識價值，共同「知能創價」。

## 五、「評鑑品質論」新教育價值：優化、品質、克責、尊嚴

評鑑品質論原本強調五個經營重點：(1)評鑑是經營學校五大歷程之一，具有總結回饋、檢討省思，以及品質管理的時代意涵；(2)教育評鑑的本質與功能，

已從「目標達成程度的檢核」與「績效成果的判斷」，發展到「品質保證機制」、「持續改善訴求」，以及「創新人與組織新價值的認可」；(3)受教者（學生）的品質評鑑、施教者（教師）的品質評鑑、教育組織（學校）的品質評鑑一樣重要，三者統整規劃實踐，得以創新教育新價值；(4)校務評鑑、課程評鑑、教學評鑑、方案評鑑，均應發展本位模式及在地模式；(5)教育評鑑「專業化」及「標準化」是教育學術界共同的訴求，作者強調另加「理念化」與「品質化（價值化）」，以「理念化」增益標準化及專業化深度，以「品質化（價值化）」開展教育新價值及新趨勢。

臺灣的教育評鑑機制已逐漸進化為「品質保證」機制，「評鑑品質論」迎合此一趨勢，再融合「新育」、「智慧創客教育」、「學道」、「識道」的動能展現，得為教育進升下列新價值：(1)優化：評鑑為了提升教育品質，品質保證為了維護教育「高品質」的「永續性」，都具有「優化」教育品質的「價值」，優化代表「共好慧能」的累加及進升，具有「優化」的價值；(2)品質：「品質」兩字亦具有「價值」意涵，「生活品質」、「教育品質」、「生命品質」、「生涯品質」、「教學品質」、「課程品質」、「環境品質」、「空氣品質」、「學習品質」等都含有教育價值的積極意涵；(3)克責：賦予人類應盡到的價值行為表現曰克責，「評鑑指標」及「品質保證指標」就是對人的「克責」，克以責任之價值，讓人知道「知識遞移」及「知能創價」的標準與表現程度；(4)尊嚴：人類的價值行為表現，透過「評鑑」或「品保機制」的「認可」，給予「證明」，是「專門行業」人員的「尊嚴」，讓人具有「符合專業標準」永續「專門職能」的「尊嚴」，也是「人之所以為人」的「尊嚴價值」。

# 第三章　新「智慧」教育暨「動能論」領導

中華民族是一個有智慧的民族，留下來的文化底蘊豐厚綿長，從歷代累積的「經史子集」觀察，我們是值得被尊敬的民族。這些文化底蘊，就是人類「智慧」的結晶。「智慧」一詞被人類使用了很久，但一直沒有「智慧教育」一詞出現。是以，「智慧」是天生的才德，並非教育直接要教的「知識」。迄至「工業4.0」「智慧化」的新文明文化產生後，教育界才猛然醒悟，積極規劃《邁向教育4.0：智慧學校的想像與建構》（中國教育學會主編，2018）。作者也同時出版《教育4.0：新五倫‧智慧創客學校》（鄭崇趁，2018）一書，接續《知識教育學：智慧人‧做創客》（鄭崇趁，2017）一書之後，主張教育4.0是「素養化」的教育，素養化教育的主軸是：新五倫德育、價值教育暨智慧教育、創客教育。所以「教育4.0」一書的副標題是：「新五倫‧智慧創客學校」。「智慧教育」一詞終於有較正式的「版本」在臺灣教育界流動。

「智慧化教育（學校）」與「智慧教育」，仍然有不同的教育意涵。「智慧化學校」或「智慧化教育」，指的是「智慧校園」、「行動智慧學習」、「布建智慧化學習步道（QR Code）」、「智慧化教育設備」、「未來教室」等，用「智慧型電腦、手機」AI配備的學習機制。作者主張的「智慧教育」是指：直接教給學生「智慧元素」的教育與學習，智慧的教育元素有四個：「真（致用知識‧K）」、「善（經營技術‧T）」、「美（實踐能力‧A）」、「慧（共好價值‧V）」。是以，「智慧教育」的定義有四種說法：(1)直接教給學生「智慧元素」的教育；(2)實施「知識→技術→能力→價值」四位一體的教育；(3)實施「真、善、美、慧」四位一體的教育；(4)採用「KTAV 教學模式」的教育，及「KTAV 學習食譜」的教學。這些都稱為「智慧教育」。

本章分四節闡明新「智慧」教育暨「動能論」領導：第一節、智慧的教育意涵與智慧教育的特質，分析「智慧」元素與「人及教育」的關係，並論述智慧教育的五大特質。第二節、新「智慧教育」的實踐作為，列舉智慧教育的五大經營策略，暨學校師生實踐智慧教育的具體作為。第三節、個人「智慧動能」的領導，論述校長激發師生「智慧動能」的有效方法。第四節、集體「智慧動能」的領導，解析校長領航群組團隊「智慧動能」的示範作為。

## 導論

本章探討四個教育名詞的新意涵，含括：「智慧」、「智慧教育」、「動能論」、「動能論領導」，論述主軸在於：「創新的智慧教育」及「進升的動能論領導」。本章的「重要發現」與具有「創新進升」的價值論述，摘述如下：

1. 詮釋「智慧」的元素與「智慧教育」的定義：「智慧」由「真・善・美・慧」四大教育元素組成；真是「新知識・K」，善是「含技術・T」，美是「組能力・A」，慧是「展價值・V」。「智慧教育」的定義有三種說法：(1)「真、善、美、慧」四位一體的教育；(2)「知識、技術、能力、價值」四位一體的教育；(3)使用 KTAV 教學模式及 KTAV 學習食譜的教育。
2. 釐清「智慧化校園」與「智慧教育」的不同：「智慧化校園」是指使用智慧化工具設施的學校，例如：智慧行動學習、智慧化教學設備、智慧化學習步道、智慧教室、未來教室、智慧圖書館等。「智慧教育」則指直接教給學生「智慧」的教育，或學生直接用智慧（KTAV）學習的教育。
3. 拓展「智慧」的教育意涵：智慧具有五大新的教育意涵：(1)智慧是「人類的心靈」；(2)智慧是「人類的理性」；(3)智慧是「知識的產品」；(4)

智慧是「教育的元素」；(5)智慧是「教學的工具」。

4. 創新「智慧教育」的五大特質：(1)智慧教育來自「知識生命」與「教育元素」的構築；(2)智慧教育使用「KTAV 學習食譜」，建構人的「新知能模組」，成為有智慧的人；(3)智慧教育運作「KTAV 教學模式」，誘發師生「理性教學」，產出「智慧人・做創客」；(4)智慧教育產出「德行作品」，實踐「智慧人・做創客」的新教育目標；(5)智慧教育關注「共好價值（慧能）」，成為素養教育新主軸。
5. 專業示範擬訂「新智慧教育學校實施計畫」【綱要・範例】，明確揭示「計畫目標」、四項「經營策略」、十六項「執行項目」，並組成具有「系統結構」的優質計畫。
6. 創新個人「智慧動能」的領導：(1)自我實現說與個人化願景定位；(2)生命價值說與階段目標設定；(3)動靜平衡說與節奏化生活循環；(4)演繹（毅）效能說與好習慣永續經營。
7. 進升集體「智慧動能」的領導：(1)品管圈團隊與定期進度報告；(2)任務型團隊與發揮優勢專長；(3)研究型團隊與演繹產品結構；(4)協作型團隊與喚醒意願動能。

## 第一節　智慧的教育意涵與智慧教育的特質

依據前述「智慧教育」的四項定義，智慧的本質具有五大教育意涵：智慧是人類的「心靈」，智慧是人類的「理性」，智慧是知識的「產品」，智慧是教育的「元素」，智慧是教學的「工具」。逐一說明如下。

### 一、智慧是人類的「心靈」

佛學大師玄奘的名言：「一切唯心，萬法唯識」，是佛教「唯識宗」的祖師爺。唯識宗主張：現在人類所看到的整個世界文明文化，是人類共同「心靈

（種子）」的向外「體現」。「人心」隔肚皮，我們很難理解大家的「人心」裝了多少「知識、智慧」，但當前的世界文明文化確實是人類所共創，是人類「心靈外化」的結晶，用教育的說法，即是「知識」進入人身，滋長成為人的「智慧」，人類的「集體智慧」才共同造就了今日世界的文明文化。是以，「智慧」的本質是什麼？「智慧」恰似人類的「心靈（人心）」，「心靈」是可以「教育」的；心靈表現的「智慧（價值）行為」，是人接受「教育（學習與修行）」而來的。宗教的修行需要師父（善知識）的遷引，學生的學習則需要教師的教育（教學），教育開展人類（心靈、智慧）的功能，遠遠大於宗教。因為教育與宗教最大的不同，教育主張「有為的智慧」（經國治事），宗教則通常主張「無為的智慧」（個人得道能往生極樂世界才是修行目標）。

## 二、智慧是人類的「理性」

智慧的第二個本質，很像人類的「理性」，歷來哲學家都讚嘆「人類的理性」，「理性」似乎是人類開展得最為「到位、珍貴」的智慧。春秋時代諸子百家對於「人性論」的看法：「性善說」、「性惡說」、「性善惡混說」（人性本善，但含有 3%的惡，3%的惡就像惡性腫瘤一樣，只要不被誘發，長出在身體上，它就不會污染到人性本善）。宋明理學對於「理性、心識」有較為深入的探討，理性在探討人的「心識、能量、見識」如何成為人的「理性、智慧」行為表現。宋明「理學」的名言是「心即理，理即心」，是以稱為「心識、理性」之學，但對於「理性」的主張仍然分歧，有「理性」一元論及「理性」二元論。通常主張「人性純善」者，會偏向「理性」一元論，主張「性有惡之成分」者，偏向「理性」二元論。作者認為：把「腦、心、理、性、識」五大元素都當個別元素，把它當「單一」的「整合元素」最好，並且認同它的功能使命就是扮演「覺知」的器官（元素），是統整「感覺」到「知覺」的「認識論」核心組件。只是在宋明時代，大家命名為「理學」或「心識之學」。

宋明理學時代對人類「理性」的開展論述，有三位大師：(1)陸九淵：「心即理，理即心」的代表人物，用現代的語言來描述，就是「從心開始」的教育，「內構外築」的元素構築歷程；(2)朱熹：「理性、智慧」從學習開始，白鹿洞書院學規的為學之序：博學之、審問之、慎思之、明辨之、篤行之。人類理性是「為學篤則喜見於言，進道難則憂形於色」；(3)王陽明：「致良知」與「知行合一」是人類理性的具體表現，「致良知」須「教育元素」內構而成，「知行合一」則是「良知」的外築「價值行為」。這三位理學大師對於「理性」的實踐，用現代的教育名詞詮釋，幾乎等同於「智慧」。

## 三、智慧是知識的「產品」

智慧教育的定義是：「知識→技術→能力→價值」四位一體的教育，也就是直接教給學生「智慧四大元素」的教育。建構智慧的四大元素都是「知識」進入人身之後，所滋長的「生命」；知識進入人身之後，著床成功者稱「致用知識（真）」，真的新知識再滋長為「含技術」（經營技術、善）。「新知識、含技術」再共同滋長為「組能力」（實踐能力、美）。「新知識、含技術、組能力」再共同滋長為「展價值」（共好價值、慧）。「知識（真）」→「技術（善）」→「能力（美）」→「價值（慧）」四位一體的教育元素「真、善、美、慧」建構了人的「智慧」，是以智慧是「知識」生命的產品。人的智慧用「德行、作品」來展價值，是以「知識」進入人身之後，就會附隨著人的生命而有它自己的生命。它自己的生命史是「新知識（真）」→「含技術（善）」→「組能力（美）」→「展價值（慧）」→「成智慧（力）」→「達創客（行）」→「行道德（教）」→「通素養（育）」。是以，「智慧」、「創客」、「道德」、「素養」都是「知識」生命的「產品」。「智慧是知識的產品，此一發現（觀點，也是事實），對教育人員（尤其是教師）有莫大的啟示：「智慧」不是天生的，它是可以「教的」、可以「學的」，教師教學生單元（學科）知識的時候，粹取「知識」生命的「真、善、美、慧」四大元素，直接教給學生，學生就能滋長應有的「智慧」，它們指的是使用「KTAV 單元學習食譜」的教學。KTAV 單元學習食譜的四個欄位是：「新知識（K・真）」→「含技術（T・善）」→「組能力（A・美）」→「展價值（V・慧）」。除了「知識→技術→能力→價值」四位一體的教，還要提醒（啟發）學生，學生要善予「養知識」，讓在自己身上的「新知識（真）」順利滋養出「含技術（善）」→「組能力（美）」→「展價值（慧）」，把新知識順利養出「真、善、美、慧」，它們就成了自己的「新智慧」，有了新智慧人就能夠跟著產出新「德行、作品」，實現「智慧人、做創客」的新教育目標。

## 四、智慧是教育的「元素」

智慧的第四個本質是：智慧來自教育的元素。核心素養的八大教育元素是「真、善、美、慧、力、行、教、育」，「智慧」是這八大教育元素的前四個「真、善、美、慧」所建構的。每一個大元素都還包含自己次級系統的六個元素，是以「智慧」的教育元素有 $4 + 4 \times 6 = 28$（個），如圖 3-1 所示。

圖 3-1 對於教育人員的重要啟示是：智慧可以直接教，教師編撰的教材，只要它的知識成分含有較多（濃郁）的這 28 個教育元素（養分），若期待學生展現的智慧（預期的德行、作品），學生通常會很快的表達出來（實踐德行），或很快的完成創客行為（作品創作）。圖 3-1 的知識「教育元素」本身，就是知識生命的滋長，知識先進入人身，先滋長為「真、善、美、慧」四位一體的「智慧知能模組」，然後外顯化：構築新德行作品，知識就再「跑出」身外，成為造就這些「德行、作品」的「元素」，所有教育元素都成為「知識生命」的流動。新教育目標：智慧人、做創客是人滋養「知識生命」的流動所達成的，教師帶著學生實踐「智慧教育」，就是運作這 28 個「智慧」教育元素，先內構再外築；知識遞移成功，再共同知能創價，實現「智慧人、做創客」的教育目標；「內構、外築、遞移、創價」是滋養「知識生命」的「著力點」（核心技術要領）。

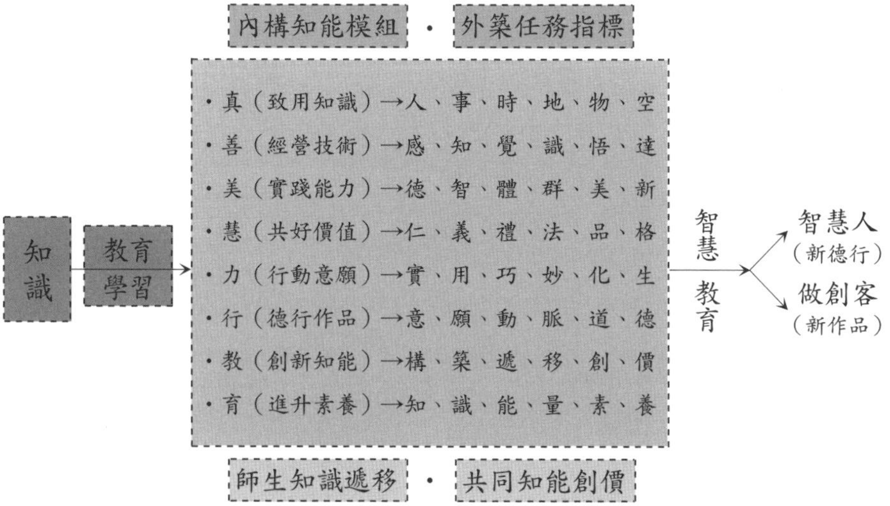

內構知能模組 ・ 外築任務指標

知識 → 教育學習 →

・真（致用知識）→人、事、時、地、物、空
・善（經營技術）→感、知、覺、識、悟、達
・美（實踐能力）→德、智、體、群、美、新
・慧（共好價值）→仁、義、禮、法、品、格
・力（行動意願）→實、用、巧、妙、化、生
・行（德行作品）→意、願、動、脈、道、德
・教（創新知能）→構、築、遞、移、創、價
・育（進升素養）→知、識、能、量、素、養

→ 智慧教育 → 智慧人（新德行）／做創客（新作品）

師生知識遞移 ・ 共同知能創價

圖 3-1　智慧的教育元素圖解

資料來源：引自鄭崇趁（2020，頁 19）

## 五、智慧是教學的「工具」

為了教學「智慧」給學生，作者設計了智慧型教學工具：「KTAV 單元學習食譜」，學習食譜的四個欄位是：「新知識（K・真）」→「含技術（T・善）」→「組能力（A・美）」→「展價值（V・慧）」。這四個欄位導引教師將單元教材知識，先「解碼」為具有「真、善、美、慧」元素（養分）的「知能元素」，然後教給學生學習。為幫助學生有效習得這些具「智慧」養分的「知能」建構，在圖表的下方附陳「知識遞移理論」的核心技術：「知識解碼要領」→「知識螺旋焦點」→「知識重組系統」→「知識創新價值」。知識遞移理論核心技術的標示引導，可以幫助教師設計正確精準的「真、善、美、慧」知能元素在學習食譜之上，促進師生「知識遞移」流量大，先創新學生的生命（新知能模組），再創新教育的價值（產出新德行、新作品）。是以，「智慧教育」的實踐，如果師生的教與學直接使用「KTAV 單元學習食譜」作工具，

「智慧」就是教學工具；整個「智慧創客教學流程」是：「用智慧（KTAV）」→「做中學（體驗學習）」→「有作品（做創客）」→「論價值（價值評量）」，此一「智慧創客教學流程」稱為 KTAV 教育（教學）模式，是素養取向教育最精緻的「教學工具」，也可稱為智慧教學工具。

作者研發「知識遞移（KTAV）教學模式」（如圖 3-2 所示）暨「KTAV 單元學習食譜」（如表 3-1），的確受到「智慧型手機」進化歷程的啟示。手機從「新元素」→「新組件」→「新系統」→「新動能」→「新模式」→「新介面」→「新體型」，就可以「創新進升」為超強功能價值的：「4.0 手機：智慧型手機」，接著帶動整個「工業 4.0」的人類新文明文化。工業產品能夠做到的，「教育產品」也應該可以做到，是以從 2015 年開始，作者不斷地尋找研究教育的「新元素」、「新組件」、「新系統」、「新模式」，並將心得與收穫寫成了三本書，這三本書就是：(1)2017 年《知識教育學：智慧人・做創客》；(2)2018 年《教育 4.0：新五倫・智慧創客學校》；(3)2020 年《素養教育解碼學：元素構築・知識遞移・知能創價》。

這三本書都有點像教育的智慧型手機，裡頭裝載（串聯）了很多教育的「新元素、新組件、新系統、新模式」。KTAV 教學模式及 KTAV 單元學習食譜，就是最關鍵的「新模式」、「新系統」、「新工具」，它們是幫助有效實施「素養取向教育」暨進升「教育 4.0」的實用工具，已有學生（博士生）形容它是「神兵利器」。

由前述「智慧」的五大教育意涵，可以接續論述（指陳）「智慧教育」的特質，作者從智慧的五大教育意涵解析「智慧教育」的特質。當代的「智慧教育」具有下列五大特質：(1)「智慧教育」來自「知識生命」與「教育元素」的構築。內構「新知能模組」成為人自己的智慧，外築「新任務價值行為」，用「新德行作品」，表達自己的智慧；(2)「智慧教育」使用「KTAV 學習食譜」建構人的「新知能模組」，用「智慧型工具」建構「有智慧」的人；(3)「智慧教育」運作「KTAV 教學模式」，誘發人的「新理性（價值行為）」。「智慧知能模組」恰似人「純淨的心靈」，也像人「新理性」的開展（表達優價值行為）；(4)「智慧教育」產出「德行作品」，實踐「智慧人、做創客」的新教育目標。師生知識遞移成功，學生先成為「智慧人」，再用「德行作品」表達做創客；(5)「智慧教育」關注「共好價值（慧能）」，成為「素養取向教育」新主軸。「共好價值（慧能）」的明確化，讓素養取向教育找到更為厚實的根（元素與組件）。

## 第二節　新「智慧教育」的實踐作為

「智慧」原本是「人心、理性」的一部分，不是教育的對象，後來發現「智慧」是「教育元素：真、善、美、慧」所構築而成的，「智慧」即成為可教的對象。「多元智慧（能）理論」（theory of multiple intelligences）（Gardner, 1983）主張，學生的潛在智慧（能）有七、八種（語文、數學、空間、音樂、肢體、人際、自省、自然觀察者），每一種的強弱能量不一，每一個人的「智能結構」都不一樣，教育在增益人的「優勢智能明朗化」，然後人用自己的「專長亮點」幫助「自我實現」並產出「智慧資本」，係屬於促進「智慧教育」的中介教育理論（強調智能的種類及潛能開發的重要性，還沒有主張智慧直接教）。美國當代「STEAM 教育」是「學科組合」教育，而非「智慧教育」。

「智慧教育」來自「知識智慧說」及「智慧人的教育」（鄭崇趁，2017，頁 97-116，頁 259-274），「知識智慧說」主張「智慧」是「知識生命：真、善、美、慧」所構築而成的。智慧來自致用知識，智慧表現經營技術，智慧彰顯實踐能力，智慧彩繪人生價值。是以，「智慧可以直接教」，實施「新知識（K・真）」→「含技術（T・善）」→「組能力（A・美）」→「展價值（V・慧）」四位一體的教育，稱之為「智慧教育」。「智慧人的教育」是「智慧教育」的具體主張，培育「智慧人」的教育，要從四個層面著力：「智慧產品的教育」、「智慧素養的教育」、「智慧實踐的教育」、「智慧生活的教育」。

鄭崇趁（2018，頁 129-148）主張，「智慧教育」的經營策略有五：(1)探討智慧「元素結構」策略：智慧是由真（致用知識・K）→善（經營技術・T）→美（實踐能力・A）→慧（共好價值・V）四大元素，且四位一體建構而成的系統結構（產品）；(2)分析智慧「運作實踐」策略：智慧來源的運作實踐是「知識遞移說」，教師運作「知識」的「解碼→螺旋→重組→創新」知識創新學生的「知識及智慧」。智慧外顯「德行、作品」的運作實踐是「知能創價說」，主要歷程在「知識學習→知能融合→知能創價→智慧創客」。師生的「知能創價」，大家都成為「智慧人、做創客」；(3)開展智慧「知能創價」策略：師生的「知能創價」更具體的詮釋是：「知識＋能力」創新「生命價值」和「教育價值」；(4)實施智慧「創客作品」策略：有智慧的人必然做創客，用德行作品來展現其智慧價值行為。是以激勵全校師生，每年選送 1～3 件作品參賽，畢業生展出 10 件智慧創客代表作品；(5)管理智慧「績效價值」策略：學校建置智慧教育管理平臺，智慧統整「豐沛的價值行為實踐（德行）」及四大類智慧創客作品（立體實物作品、平面圖表作品、動能展演作品、價值對話作品），並由核心幹部，按月輪值分享處室及領域學科智慧教育的績效價值。

前述的這些「經營策略」與「實施要領」，都是「智慧教育」核心文獻的探討，均可作為學校規劃「實踐作為」的參照。作者主張，規劃「新智慧教育的實踐作為」尚須參照考慮《素養教育解碼學：元素構築・知識遞移・知能創價》（鄭崇趁，2020）一書的新發現（如「新育」及「演繹法」），並以「新智慧教育」為主題名稱，擬訂一個進升型的「主題計畫」，列為年度優先關鍵計畫，實施四至六年後，再轉為學校經常性重點教育工作「智慧創客教育」，永續經營實踐。

是以，作者撰擬「新智慧教育學校實施計畫（綱要）」，如表 3-1 所示，提供縣（市）政府及學校擬訂年度「實施計畫」的範本（調整部分項目及內容即可頒布執行）。

表 3-1　新智慧教育學校實施計畫（綱要）（範例）

| 計畫目標 | 經營策略 | 執行項目 |
| --- | --- | --- |
| 體驗智德融合，編製智慧教材，教學中實踐新智慧教育；<br><br>匯聚師生動能，遞移知能創價，擴能中進升新素養教學。 | 一、體驗元素構築，融合智德學習 | 1. 推動「新育（第六育）」：新、心、欣、馨的教育。<br>2. 優化「新五倫、新四維」價值教育。<br>3. 布展「真、善、美、慧」智慧教育情境校園。<br>4. 選定每年一月為「智慧創客」教育月（智德融合）。 |
| | 二、研發校本教材，KTAV 教學實踐 | 5. 編選九大素養直接教教材（KTAV 學習食譜運用）。<br>6. 每領域（學科）教師至少實施 3～5 件 KTAV 單元教學。<br>7. 布建各領域（學科）智慧行動學習步道。<br>8. 出版優質校本課程教材。 |
| | 三、領航團隊動能，實現任務目標 | 9. 規劃領域（學科）教師群組進修「知識教育學」、「素養教育解碼學」、「學習食譜」、「學習羅盤」。<br>10. 創新處室教育活動，成為「智慧創客」系列教育。<br>11. 每年舉辦「智慧創客嘉年華會」，展出年度百大智慧創客作品。<br>12. 頒獎表揚畢業生展 10 件智慧創客作品績優師生。 |
| | 四、遞移知識技能，創新教育價值 | 13. 整備學校數位學習環境設施。<br>14. 使用校本「學習羅盤」，實踐「學道」、「識道」教學。<br>15. 實施價值評量並智慧管理「師生知能創價」作品。<br>16. 定期分享競賽活動與智慧創客作品績效價值。 |

表 3-1 的「執行項目」共有 16 項，學校的實踐作為得每年選定 8～12 項來具體實踐即可，唯每年的計畫中，每一個「策略」至少要有兩項以上。因為這 16 項與策略之間是有關聯的：1～4 項在實踐第一個策略，可以命名為「智德融合策略」；5～8 項在實踐第二個策略，可以命名為「教學實踐策略」；9～12 項在實踐第三個策略，可以命名為「群組動能策略」；13～16 項在實踐第四個策略，可以命名為「遞移創價策略」。這四個策略在「計畫目標」中也隱約可以看到；計畫目標的設定，要兼顧「小策略」與「小目的」。本試辦計畫，計畫目標的撰寫要領（技術）是：「小策略①，小策略②，小目的①；小策略③，小策略④，小目的②」，六句話即能敘明整個實施計畫的計畫目標，並與四個「經營策略」縝密銜接，成為優質教育計畫的「系統結構」，這樣的主題式進升型計畫也算是「有智慧的計畫」。

## 第三節　個人「智慧動能」的領導

本章章名定為：新「智慧」教育暨「動能論」領導。第一節談「智慧」是什麼，如何定義「智慧教育」，第二節論「新智慧教育」的實踐作為，兩節合起來協助校長如何用「實踐」來創新「智慧教育」。第三節及第四節屬於後半段，開始論述校長如何運用「動能論」來領導「新智慧教育」的有效實踐。動能者，行動的能量也。「動能論」係指領導人善於匯聚組織成員「智慧動能」之謂，組織成員喜愛智慧學習，並將習得的智慧付諸行動，產出豐沛的德行作品，「智慧動能」綿延常新，謂之「動能論」領導。第三節先敘明「個人『智慧動能』的領導」；第四節接敘「集體『智慧動能』的領導」。

個人「智慧動能」的領導，校長得以從下列四項作為著力點，包括：「自我實現說」與個人化願景定位；「生命價值說」與階段性目標設定；「動靜平衡說」與節奏化生活循環；「演毅效能說」與好習慣永續經營。逐一說明其核心意涵與關鍵要領如下。

## 一、自我實現說與個人化願景定位

「自我實現說」係「人性需求」的高階理論。人活著一輩子，都期待自己能夠在「學業、家業、事業、共業」上自我實現，自我的「理想抱負」與「現實成就」吻合適配，就稱之為「自我實現」，是以「活出自己」的人是「自我實現的人」。運作「自我實現說」來領導學校組織成員（幹部及教師），產出「個人智慧動能」與人性本質的高階需求吻合，是最有效的「理念策略」，尤其是自我實現說之諸多方法要領中的「個人化願景定位」最容易喚醒人的「智慧動能」。

人的「智慧動能」是將「已習得的智慧」化作具體德行作品之「積極行動意願」，也就是願意貢獻自己的智慧，積極為大家服務，並且優化自己職分之內「產品」的人。教育人員的「智慧動能」，就教師而言，展現在四個願意：(1)願意帶好每位學生；(2)願意自編教材教案；(3)願意觀照弱勢學生；(4)願意實踐方案計畫。就校長和行政幹部而言，彰顯在四大擔責：(1)策訂學校進升型主題教育計畫；(2)研發學校校本特色課程；(3)帶頭實踐智慧創客教育；(4)領航「人道、師道、學道、識道」（行四道）新教育。是以，校長的「動能論」領導，具體的操作變項是「個人化願景定位」；校長揭示「智慧動能」的八個指標後，激勵幹部及教師，定位自己（個人化）「事業願景」與自己「生命願景」的銜接與結合，最能產出足量的「智慧動能」。

## 二、生命價值說與階段目標設定

「生命價值說」是「人道」教育的源頭。人的生命只要「活著」，就有價值，活著的生命具有「生命力」、「慾求力」、「意願力」、「行動力」，這四力就是生命的價值所在。「生命力」及「慾求力」是「生之本能」，是「原始性動能」；「意願力」及「行動力」是「智慧動能」，需要「學習、模仿」或「教導、激勵」，始得誘發。臺灣人「教育普及化」的腳步快，目前的年輕人已進入高學歷的世代，然而「高學歷的人才」如果沒有「人盡其才、才盡其用」，就等同於「據德而無為」；整個國家社會擁有渾厚的「智慧資本」，但停留在「靜態的智慧資本」多，只有少數人能發揮「有效的智慧資本」，國家百業沒有興隆蓬勃發展，國力就強盛不起來。是以，校長運用「動能論」領導就是要激勵教師從「靜態的智慧資本」，進升成為「有效的智慧資本」。

校長領導學校幹部及所有教師，運作實踐「生命價值說」，各自設定自己「生活、事業」暨邁向生涯「理想抱負」的「階段目標」，並促其在期限內完成；再設定階段目標，期限內完成；每週→每月→每季→每半年→每一年，都有明確的階段任務目標被完成，誘發同仁「智慧動能」的實際展現（定期看到自己的生命價值，看到自己智慧動能的流動），智慧動能也是有生命的，它的生命長在我們後續完成的「德行、作品」身上。

## 三、動靜平衡說與節奏化生活循環

身心動靜平衡，每天的生活節奏，觀照到「動態」及「靜態」的平衡循環，例如：公教人員每天的事業工作性質，靜態的會議、文書撰寫、教學活動居多，每天至少要有一小時左右的動態運動；軍警消防人員，每天都以動態值勤為主軸，就要自訂每天固定的「靜態養能」時段。身體本身的動靜平衡，才能讓「身心效能」處於高峰階段，每天能夠運作「身心效能最高表現」來為自己和組織單位服務，其產出的「智慧動能」最大，績效價值也最大。

當代人都十分忙碌，但忙碌中的生活品質卻差異很大，有的人每天忙、茫、盲，不知道每天實際的生活是怎麼過的，而有的人卻每天忙得很有意義、很有價值，通常有關注到身心「動靜平衡」，生活循環具節奏化，旋律化者是後者，工作效能效率高，忙得很有意義、很有價值。沒有關注到生活節奏化，動靜沒有平衡調節的人，常陷於「窮忙度日」，卻不知道「為誰辛苦為誰忙」。「節奏化生活循環」也是需要「學習規劃」的，校長提供自己的生活案例、或者社會上已獲高成就人的生活案例，最具有「楷模學習」效果。

### 四、演毅效能說與好習慣永續經營

每個人每天都在「演繹」自己的生命，人的一生無論是否有豐功偉業，能否留下「立德、立言、立功、行道」四不朽，或者真的「平凡過一生」，空著來，也空著回去，都是自己「演繹」的成果。「演繹法」大致可分六種演繹：

1. 演易法：演「統整命名」，能「容易學習」（如文王演易、定爻辭）。
2. 演譯法：演「溝通傳譯」，能「交流擴能」（如翻譯世界名著）。
3. 演意法：演「尋根探源」，定「內涵脈絡」（如論文的操作型定義）。
4. 演義法：演「核心價值」，揚「共好慧能」（如三國演義、西遊記）。
5. 演毅法：演「深耕永續」，能「創新進升」（如各行各業達人）。
6. 演繹法：演「系統結構」，能「模組循環」（如人道、師道、學道、識道）。

「演毅效能說」係指第五種「演毅法」，結合人的「毅力」，永續深耕本業的人，對於本業運作的「服務品質」以及「產品品質（質量）」，多能永續「創新、進升」，業績效能能夠適時提升，是各種行業的「達人」。「毅力」是「智慧動能」的一種，這種「共好慧能」在於個人的「好習慣永續經營」；這裡的「好習慣」是含有「毅力慧能」的好習慣，包括：生活節奏的好習慣、處事標準（SOP）的好習慣、產品品質（信譽）的好習慣、服務態度（尊重包容）的好習慣。演毅生命的這些好習慣，永續經營，多能成為行業小達人，展現個人的「智慧動能」。

## 第四節　集體「智慧動能」的領導

「個人智慧動能」與「集體智慧動能」，其最大的不同在於前者是「私德」，個人智慧動能個別負責；後者是「公德」，集體智慧動能需要「團隊中」的成員，都能善盡其在團隊中的「角色責任」，才能發揮最大的「集體智慧動能」，在學術上的名稱，直接稱為「集體智慧」。臺灣近幾年有三個案例，展現了臺灣人的「集體智慧」，我們要感謝這三個案例的領導人及其團隊，它們讓臺灣人的「集體智慧動能」得到最大的發揮與匯聚。這三個案例是：(1)2018年的「世界大學運動會」，我們臺灣是小國，因為主辦優勢，及教育體育領域人才、大學生選手及其教練、全國民眾加持（買票進場激勵選手），共同發揮「集體智慧動能」，讓我們的成績奪得第三名，創史上未有之成就；(2)2020 年「新冠肺炎」襲捲全球，臺灣防疫指揮中心，領導有方、超前布署、調度合宜，臺灣人民嚴肅面對：帶口罩、勤洗手、維持社交距離，能夠維持一年四個月以上沒有社區感染，創造了「靠近中國最近，防疫最成功國家」，我們的領導（防疫指揮中心）歸功於全體國民素養的提升與發揮，從學理上來詮釋它，就是「集體智慧動能」的發揮；(3)2020 年全球防疫期間，臺灣台積電的「奈米晶圓」產品，形成全世界工業 4.0 重要產品的共同零組件，訂單倍速成長，很多國家都拜託台積電到該國設廠，台積電的重要性被譽為臺灣的護國神山。台積電的「奈米晶圓」愈做愈小，其製程世界獨步（製程的核心技術領先所有國家），且產品的「良率」百分之一百，更是世界獨步。這兩大產品的領先「標準」就是台積電所有員工「集體智慧動能」的展現，每一個員工都盡到了其職分上百分之百的「智慧動能」，整個公司的產品才能成為臺灣的護國神山。

校長如何領導學校人員的集體「智慧動能」亦已成為新興的「領導議題」。作者認為，學校的「集體智慧動能」來自教師們的「群組專業進修」團隊，不同性質的團隊要用不同的「要領」來誘發其「集體智慧動能」。列舉四種類別團隊及其核心技術（要領）如下。

## 一、品管圈團隊與定期進度報告

品管圈的制度，流行在一般企業或工廠，由於員工（作業員）多達上百人，大家的產品都一樣，為了產品的品質管理，規定三至五人成一群組，相互學習製作之技巧，並督促管理產品的品質。同一群組的成員，共同負責同一群組的產品品質責任，稱為品管圈制度。作者指導碩博士學生完成碩博士論文的撰寫，雖然每位研究生的論文題目都不一樣，但是撰寫論文的章節技巧方法卻大致相同，是以作者常將同一年度的博士生 2～4 人成一群組，碩士生 3～6 人成一群組，激勵他們找同一位指導教授指導，並與指導教授約定時間定期meeting，討論論文進度，並由指導教授發現較佳的版本技術、同組成員交互學習，多數的研究生都能在年度內完成「論文計畫」口試，以及「正式論文」口試，順利畢業，取得碩士或博士學位。

校長領導幹部及教師開發處室及領域（學科）校本課程、教材、行動研究，暨「學習步道」建置等，適合成立「品管圈」團隊，領導的要領即「定期集會」商定計畫與任務（產品）標準。並由「定期集會」指導協助解決衍生問題，激發成員「集體智慧動能」，如期完成「計畫目標產品」或「具體任務」。

## 二、任務型團隊與發揮優勢專長

學校執行教育部或教育局（處）政策帶動的「主題教育」需要成立「任務型團隊」，來帶動學校教師實踐其核心教育作為；學校要策訂「特色教育」主題計畫，也要成立「任務型團隊」；學校處室承辦的全校性大型教育活動，如運動會、開學典禮、畢業典禮、親師教育日、關鍵主題計畫的實踐等，都要成立各種「任務型團隊」。任務型團隊成員可大可小，最佳規模純校內工作任務 3～6 人最佳；含校外社區及專家學者成員，則以 8～12 人最理想。

校長領導「任務型團隊」之要領在找到對任務目標之達成具有優勢專長的教師及幹部為核心成員；然後這些成員也都能發揮自己的優勢專長，共同合力達成任務目標。個人的優勢專長能夠為自己發揮造福自我，稱之為「個人智慧動能」；個人的優勢專長能夠為「組織（群族）」發揮，且有明確貢獻者，稱之為「集體智慧動能」。任務型團隊要發揮「集體智慧動能」，關鍵在於「次級系統任務」與成員之間的「角色責任（權責分配）」更要符合成員之間的「相對優勢專長」；學理上稱為「順個人的優勢專長」，並產生交互互補助長效能，開展「集體智慧動能」，圓滿達成「任務目標」（不但完成任務，也實現預期的教育目標）。

## 三、研究型團隊與演繹產品結構

這是實際的案列，國立臺北教育大學教育經營與管理學系教師們於2019年出版了《教育領導的新議題》（林新發、朱子君主編）專書，是教育經營與管理學系研究所與大學部「系所本位」的領導學「教材」，這本教材由13位（專任教授含博士生）共同「研究、主稿」完成，是屬於「研究型團隊」所展現的「集體智慧動能」。這本書的研發期程歷經三年六個月，之所以如此的「長期」，在於原本撰寫的篇章體例經過一次重大的「創新與進升」，原本的內容結構比較鬆散與自由度較高；後來嚴格比照國內期刊與國際化標準趨勢，重新審閱排版，所以該書尚能呈現「質量均佳」的「集體智慧動能」。

是以，校長領導「研究型團隊」，其核心（關鍵）要領在於：演繹產品系統結構。當前的大學教師已經全面博士化；中小學教師也已經全面碩士化；中小學教師亦有3～5%擁有博士學位，透過「研究」來展現「集體智慧動能」已非基本條件問題，而是動能誘發的「著力點」與「方法技術」問題。作者認為最佳的經營策略是：演繹產品本身的系統結構。研究型團隊的本質在用現有「已發現」的知識來研發（演繹）「新發現」的知識，這些新發現的新知識，一定要有新的系統結構，才能名之為「真的」新知識。至於「教育知識」有哪些「系統結構」可用？介紹六種供參：(1)思考的系統結構：「系統思考」（觀照全面→掌握關鍵→形優輔弱→實踐目標）；(2)計畫的系統結構：「目標→策略→項目」緊密關係的系統結構或PDCA系統結構模式；(3)評鑑的系統結構：CIPP指標設定模式；(4)素養教育的系統結構：元素構築（8 + 48 = 56元素）→知識遞移（KTAV）→知能創價的循環模式（KCCV）；(5)「學道」的系統結構：①學習遷移→②學習地圖→③學習食譜→④學習羅盤之運用；(6)「識道」的系統結構：①元素構築→②知識遞移→③知能創價→④全人發展。運作學習羅盤的系統化知能學習創價，達全人發展（識之所以為識之道；認識知識生命軌跡之道）。

## 四、協作型團隊與喚醒意願動能

臺灣各行各業都流行著「志工制度」，尤其是「醫院」、「學校」與「社會福利機構」的志工人數相當龐大。就學校而言，幾乎每一個國中小都有志工參與校務，小規模學校有 20～30 名志工，中型規模學校則有 30～60 名志工，大型規模學校常有 100～200 名志工。這些志工性質的團隊，名之曰「協作型團隊」，意指協助學校半專業教育事務的「志願服務團隊」。廣義的協作型團隊，尚包括「校與校」策略聯盟所成立的「協作型團隊」，例如：偏鄉學校策略聯盟共同實驗活化課程或教育主題計畫，所成立的「協作型團隊」，協作概指「協調合作，協力促成」之意。

校長領導協作型團隊，最難彰顯其「集體智慧動能」，其原因在於「參與者意願有限，參與者行動更有限」，多數的志工與協作參與者，他們之所以參與，團隊立意、方向與任務目標，個殊性太大，很難匯聚其「智慧動能」。是以，協作型團隊的領導，校長要從下列四項要領（技術）著力經營：(1)策定實施計畫：明確揭示計畫目標與協作（任務）事項、運作方式與績效價值，喚醒參與動能；(2)實施培訓機制：半專業及專業教育活動與工作事項，如何「協作完成它」仍須進行參與培訓，模擬協作最佳「標準作業程序」（SOP），才能產出「智慧動能」價值最大化；(3)定期展示價值績效：協作事務無論大小，協作人員的價值績效最希望被看到、被讚賞肯定，定期展示其作品、德行價值成果，能夠誘發其永續經營意願；(4)獎勵績優協作人員：記功嘉獎、頒給榮譽獎狀、公開表揚，並開闢舞臺，讓績優人員有機會分享其初心與價值實踐，更能匯聚「集體智慧動能」。

# 第四章　新「創客」教育暨「作品論」領導

知識經濟時代的核心價值是「創新」，是以各行各業的「產品」都在追求「創新」，唯有創新的產品（也是知識的一種），才能維持該行業「永續經營」的競爭力。在所有的行業別中，「創新產品」最卓著的行業是「工業」；工業知識（作品）的創新已經由「工業 1.0（機械化）」進升「工業 2.0（電器化）」，再由「工業 2.0」進升「工業 3.0（自動化）」，而在 2011 年，德國宣布「工業 3.0」再進升「工業 4.0（智慧化）」世代。是以，現代智慧型手機、智慧型電腦、智慧型機器人、AI 產品及大數據、物聯網、區塊鏈、程式語言等的流行，稱為工業 4.0 世代、AI 世代，或 AI 創客世代。

2005 年 *MAKE* 雜誌出刊，掀起了全球性的「自造者運動」（makers movement）、2009 年的自造者嘉年華會宣傳海報上標示：「從自造者到創客」。教育界開始用「偉大的創客」來詮釋比爾蓋茲（Bill Gates）、賈伯斯（Steve Jobs），以及羅琳（J. K. Rowling，《哈利波特》作者）三個人對人類的貢獻，「創客教育」也逐漸被使用。用「創客實踐」來詮釋原本的「創新知識」及「創意經營」，對教育最大的啟示是：教育事業就是「創客的教師」及「創客的學生」共同經營「教育產品」（作品）的事業。有教育產品（作品）的師生都是創客（請參考鄭崇趁，2016，頁 123-146；「創客教育的理論基礎與實踐作為」專章）。因此，教育單位（人員）找到了創新經營教育的著力點，就「校長領導」而言，就是：新「創客」教育暨「作品論」領導。

本章分四節說明論述：第一節、創客的教育意涵與特質，從創客的五大教育意涵：人性本能、教育目標、教學主軸、知識產品、學習價值，再匯聚「創客教育」的五大特質：「用智慧」→「做中學」→「有作品」→「論價值」→「定人生」。第二節、新「創客教育」的運作模式，介紹新創客教育的四大實踐作為，與運作循環軌跡（每年循環模式）。第三節、學生智慧創客作品的領導，校長領導教師從領域（學科）教學，處室教育計畫及活動規劃產出學生作品，並布建學生作品展出平臺及智慧管理分享平臺。第四節、教師智慧創客作品的領導，介紹校長領導教師用創客教材及創客作品範例，來教創客學生的四項要領技術。

## 導論

本章探討四個教育名詞的新意涵：「創客」、「創客教育」、「作品論」、「作品論領導」，論述主軸在於「創新的創客教育」及「進升的作品論領導」。本章的「重要發現」與具有「創新進升」的價值論述，摘述如下：

1. 揭示「創客」來自 2005 年 *MAKE* 雜誌出刊，暨「自造者運動」（makers movement）的進升，對教育最大的啟示是：教育事業就是「創客的教師」帶著「創客的學生」，共同經營「教育產品（作品）」的事業。
2. 定義「創客教育」並探究「創客」新教育意涵：「創客教育」的定義是指，研發「有創意」學習食譜→教導「能創造」操作學習→建構「再創新」知能模組→完成「做創客」實物作品，四創一體的教育。此一定義開展「創客」的五大新教育意涵：(1)創客是人性的本能；(2)創客是教育的目標；(3)創客是教學的主軸；(4)創客是知識的產品；(5)創客是學習的價值。
3. 規劃「智慧創客教育」新教育模式：創客教育結合智慧教育及價值教育，形成新教育模式：用智慧（KTAV）→做中學（操作體驗）→有作品（做創客）→論價值（價值評量）→定人生（定位人生）。
4. 創新「創客教育」的運作模式：含括：(1)四創一體的 KTAV 知識遞移模

式；(2)創客教育實驗學校實施計畫；(3)學校智慧創客教育學生百樣作品研發計畫；(4)畢業生 10 件智慧創客作品展示實施計畫。

5. 進升學生智慧創客作品的領導，得由下列四項要領著力：(1)規劃領域（學科）學生智慧創客作品；(2)研議處（室）教育活動學生合作智慧創客作品；(3)建置師生智慧創客作品、智慧管理系統與分享平臺；(4)設計全校師生智慧創客作品布展計畫。
6. 進升教師智慧創客作品的領導，得由下列四項要領著力：(1)教師依授課領域（學科）研發 5～10 件範例作品；(2)教師依範例作品編製 KTAV 單元學習食譜及教材；(3)教師依績優範例作品開展校本特色課程；(4)教師撰寫行動研究或競爭型計畫文案，參與「活化課程」及「創新教學」競賽活動。

## 第一節　創客的教育意涵與特質

「創客」的意涵，由狹義到廣義有四個詮釋：(1)創新知識的人；(2)會操作知識裡技術的人；(3)有教育產品的師生；(4)有生命作品的成人（指生兒育女）。「創客教育」已發展成有固定版本的教育機制，是指四創一體的教育，包括四創的步驟程序：①研發有創意學習食譜→②教導能創造操作學習→③建構再創新知能模組→④完成創客實物作品。「有創意」→「能創造」→「再創新」→「做創客」稱四創一體的創客教育。創客教育的理論基礎，有「自造者運動」、「做中學理念」、「探索體驗學習」、「知識管理理論」、「知識遞移理論」以及「知識創新理論」。創客教育的核心價值在：真實、體驗、生新、傳承、永續、創價（請參閱鄭崇趁，2016，頁 123-146）。

本節接續論述「創客的教育意涵」暨「創客教育」的重要特質。創客具有五大教育意涵：創客是人性的本能、創客是教育的目標、創客是教學的主軸、創客是知識的產品、創客是學習的價值。逐一說明如下。

## 一、創客是人性的本能

人具有人性，分成男女，男女結合能夠生兒育女，傳承後代，生生不息，是以人生本能的生兒育女，就是最廣義的創客。創客是人性的本能，還有更深層的教育意涵：教育是用知識教人創新知識；知識進入人身以後，所產生的「新能（新知能模組）」，只要「能量」夠多，累積成型之後，它們是想要往身體外面跑的，它們想要外顯化做出作品，或表現有價值助人行為。有價值行為表現包含完成任務與助人德行，這稱為「智慧人」；做出作品，則稱為「做創客」。是以創客是人性的本能，本身也有狹廣二義：生兒育女為創客是人性本能的「狹義」；廣義的人性本能是：力惡其不出於身也，不必為己。人學會的新知能素養，它們的人性本能就想要成為「智慧人、做創客」，做創客是人性的本能需求，人類經由「做創客」來行四道：人道、師道、學道、識道。人一生的「創客」作品，也定位人一生的意義、價值與尊嚴。

## 二、創客是教育的目標

實施智慧教育及創客教育之後，「智慧人、做創客」也就成了新教育目標。新教育目標尚包括以「智慧人、做創客」為共同基礎的「新領導、優教師、能家長、行國民」。教育發現「新育」以後，「創客」更是「新育」的實踐教育「目標」；新育即新、心、欣、馨的教育，對於溫馨教育的實踐是：(1)畢業生每人展出 10 件「智慧創客」作品的教育；(2)學校每年舉辦一次「智慧創客嘉年華會」，每年選出師生百大作品的教育；(3)每個領域（學科）運作「KTAV 學習食譜」，規劃產出 3～5 件學生智慧創客作品的教育；(4)每個處室配合教育活動，規劃產出 3～5 件，學生合作智慧創客作品的教育。因此，「創客」是每位師生、每一種領域（學科），以及每一類教育活動都適用的教育新「目標」。

## 三、創客是教學的主軸

「創客教育」的主要精神是「做中學」、「有作品」，也就是「操作體驗學習」以及「用完成作品來表達學會單元的核心知識及技術」。作品本身用到的知識及技術，是先進到學生身上，再透過學生的「操作學習」，學會了再用出來（完成作品），即是創客精神的訴求，成為今後教學歷程的主軸；不論教師選用何種教學方法，都要結合「做中學」及「有作品」的主軸歷程。作者（2017年起）主張的知識遞移KTAV教學模式，更是整合「智慧教育」（知識→技術→能力→價值四位一體的智慧教育）、「創客教育」（四創一體的創客教育）、「知識遞移理論」（知識解碼→螺旋→重組→創新歷程）、「價值教育」（價值論述→回饋→評量→實踐的價值教育）。四套新教育系統整合模式，並且使用「KTAV 單元學習食譜」來引領教案的發展與設計。KTAV 學習食譜用「含技術（T・善）」欄位呈現「做中學」的核心流程步驟，用「組能力（A・美）」欄位呈現「有作品」的照片或圖像。是以，「創客」第三個教育意涵是今後教學的主軸。

## 四、創客是知識的產品

知識是有生命的「新知識」→「含技術」→「組能力」→「展價值」→「成智慧」→「達創客」→「行道德」→「通素養」，是以「智慧」、「創客」、「道德」、「素養」都是知識生命的產品，知識進到人身之後，它會成長發展，然後用「創客」的方式，跑出身體外面，創客就是用各種實物作品，來表達學會單元「知識及技術」的實物運用。是以，創客是人學習知識之後的產品。

創客是知識的產品，教育意涵深遠，我們的教育從國小教到大學，各級學校都用「單元教學」來傳承創新學生的「知識」。如果教師都能適度引導學生，「用作品」來表達運用自己學會的「知識及技術」，每個單元都有「智慧學習內容」及「創客學習表現」、「價值評量」，學生一定很喜歡學習做各種作品：

立體實物作品、平面圖表作品、動能展演作品、價值對話作品，應有盡有，豐富而多元，每年的「智慧創客嘉年華會」一定可挑 1～3 件參賽，畢業生可以展出 10 件「智慧創客」代表作品。

## 五、創客是學習的價值

創客教育的核心價值是：真實、體驗、生新、傳承、永續、創價，前文已有論述。創客是學習的價值，概指學生經由「創客教育」學習之後產生的教育價值。「真實」指探討的知識是真實而具體的（可用物來表達）；「體驗」指操作中學習的知能，身體的感受較為深刻；「生新」指生物生新，人能生新也是生命價值的創新；「傳承」指學生能用實物作品傳承教師及教材上的知識及能量；「永續」指人及知識、教育三者都須「智慧創客（KTAV）教學」（知識遞移成功）的永續循環；「創價」則指「創客」的學習本身就在創新學生生命價值（有可創客的新知能模組、生命是新的），也在創新教育的新價值（教學歷程是新的、作品也是新的，新教材教學及新作品都是教育新價值）。

當代教育強調人的終身學習，從創客的立場看終身學習，更強調「終身創客」，而且用「創客」來終身學習。人的一生有「兒女作品」、有「學習作品」、有「事業作品」、更有「休閒作品」，這些作品的總和定位人一生的意義與價值；一些中壯年過後的資深行業達人，他們都會有永續產出「新作品」的創客行為表現，而這些盛名之後的晚年作品，也往往是更高境界的產品，是「知識」價值化的「登峰造極」作品，這是年少時期學到的「知識含技術」經過人生經驗的焠煉，滋養「知能模組」活化、新化、優化、創化之後產出的「新作品（新創客）」。是以，作者認為「終身創客」遠比「終身學習」重要，創客是學習的價值。永續的創客，帶動教育與學習可以終身創價（創客）。

「創客教育」來自「創客」的教育，「創客」具有前述的五大教育意涵：(1)創客是人性的本能；(2)創客是教育的目標；(3)創客是教學的主軸；(4)創客是知識的產品；(5)創客是學習的價值。那麼「創客教育」的特質又是什麼？作者認為，探討研究「創客教育」的特質，必須整合「智慧教育」、「價值教育」、「知識遞移理論」等四者共用的KTAV教學模式，才能明確的析繹「創客教育」的特質。創客教育的特質有五：(1)用智慧（KTAV）：創客是人智慧的表達，也是有智慧學習之後的智慧表達，KTAV學習食譜能幫助師生互動，學生直接學智慧（真、善、美、慧四位一體）；(2)做中學（體驗操作學習）：創客教育的第二個特質是「做中學」歷程，操作中學習的生命體驗，有感、有覺、有收穫，能做出「知識」的新形貌；(3)有作品（做創客）：作品完成產出，是看得到的創客，作品生新，生出知識的新產品與新生命，作品有價創新；(4)論價值：有作品之後，學生得以論述作品的價值，論述搭建作品歷程的價值，回饋師生互動成果的教育價值；(5)定人生：創客教育導引人終身創客、學習作品、事業作品、休閒作品、生兒育女作品，人生整體作品的質量度、豐厚度、定位人一生的價值尊嚴。

## 第二節　新「創客教育」的運作模式

「創客教育」的定格實施版本是：「研發有創意學習食譜」→「教導能創造操作學習」→「建構再創新知能模組」→「完成做創客實物作品」，也稱之為四創一體的創客教育（鄭崇趁，2016，頁132）。「新創客教育」指以「創客教育」為主軸運作實體，結合「智慧教育」、「價值教育」、「知識遞移理論」等教育新「元素、組件」，所建構的「新五倫・智慧創客教育（KTAV）教學模式」，簡稱「創客遞移KTAV教學模式」（鄭崇趁，2020，頁141）。本節依此教學模式為基調，論述學校實踐「新創客教育」的四個運作模式。

### 一、四創一體的KTAV知識遞移模式

新五倫・智慧創客教育KTAV教學模式，如圖4-1所示；KTAV單元學習食譜，如圖4-2所示。這兩個教學模式都是以「創客教育」為主軸實體，再整合相

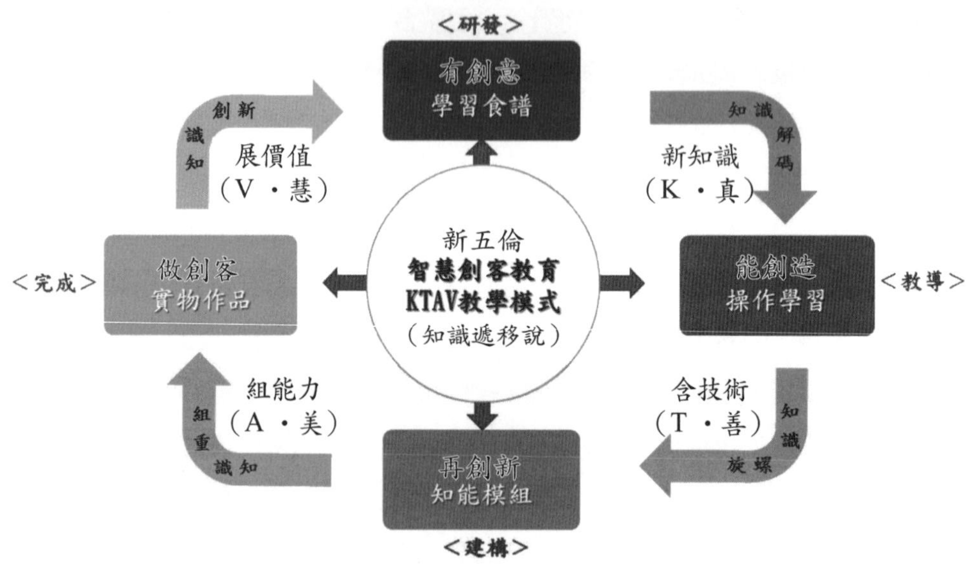


圖 4-1　新五倫・智慧創客教育 KTAV 教學模式

資料來源：引自鄭崇趁（2020，頁 141）

關教育系統（組件、元素）所建構的「新教育、教學模型」。分別說明如下。

在圖 4-1 中，「創客教育」在四個邊線上，是整張模式圖最明顯的位置。「有創意」→「能創造」→「再創新」→「做創客」的有效循環，綿延不停，稱之為「四創一體」的新創客教育。這樣的新創客教育，需要四位一體的「智慧教育」來策動，所以智慧教育的四大元素「新知識（K・真）」→「含技術（T・善）」→「組能力（A・美）」→「展價值（V・慧）」布置在四根「樑柱」的位置，並且在「圈內」，象徵「智慧」要先「內構」然後才能「外築」，是「從心開始」的教育。再者，「知識遞移」的核心技術：「知識解碼」→「知識螺旋」→「知識重組」→「知識創新」，則標示在循環圈的四個轉角「動能」位置上，代表這四個「技術要領」是轉動整合「四創一體」暨「四位一體」的「元素、藥引」，沒有它們來轉動「知」與「能」的「融合、創價」，智慧教育與創客教育都會停留在「瞎子摸象」階段，學生只了解「表象」而困難理解「全貌」。

圖4-2稱KTAV單元學習食譜，這個食譜有實踐口訣：「用智慧（KTAV）」→「做中學（操作體驗）」→「有作品（做創客）」→「論價值（價值評量）」。口訣在詮釋 KTAV 教學模式是素養取向的教育，而素養取向教育的重點（關鍵著力點）就是口訣的四個「教與學」程序步驟。而且「做中學」（第二欄位）及「有作品」（第三欄位）是整個學習食譜最「核心」的內容，它是「創客教育」的兩大精神，這兩大「組件」用它精粹的元素（善、美）融合了「新知識（真）、含技術（善）」到「組能力（美）、展價值（慧）」的「智慧形塑」（內構新知能模組）與「智慧實踐」（外築價值任務行為：德行、作品；智慧人、做創客）。

| 單元名稱： | | 設計者： | |
|---|---|---|---|
| K 新知識・真 nowledge 致用主題知識 ⇨ | T 含技術・善 echnique 能操作學習技術 ⇨ | A 組能力・美 bility 實踐行為能力 ⇨ | V 展價值・慧 alue 人類群己教育價值 |
| 知識名稱及意涵 | 教學活動（學習步驟） | 師生實物作品 | 成果價值詮釋 |
| | | | |
| 知識解碼要領 | 知識螺旋焦點 | 知識重組系統 | 知識創新價值 |
| □編序□鷹架□步驟□流程<br>□原型□元素□成因□脈絡<br>□次級□系統□次要□變項 | □內化□外化□交流□對話<br>□新化□活化□深化□優化<br>□同化□調適□融入□存有 | □真（致用知識）□善（經營技術）<br>□美（實踐能力）□慧（共好價值）<br>□力（行動意願）□行（德行作品） | □真實□體驗□生新□創價<br>□均等□適性□民主□永續<br>□傳承□創新□精緻□卓越 |

圖 4-2　KTAV 單元學習食譜

資料來源：引自鄭崇趁（2020，頁 142）

## 二、創客教育實驗學校實施計畫

作者出版《教育 4.0：新五倫・智慧創客學校》（鄭崇趁，2018）一書，將「教育 4.0」界定為：「素養化」的「新五倫・智慧創客學校」，是以在該書第三篇「實踐計畫篇：新動能」撰寫了六個實踐計畫範例，這六個新動能計畫名稱是：(1)教育 4.0：新五倫・智慧創客學校試辦計畫〔範例〕；(2)新五倫價值教育實施計畫〔範例〕；(3)創客教育實驗學校實施計畫〔範例〕；(4)國民教育輔導團智慧創客教育實施方案〔範例〕；(5)學校智慧創客教育學生百樣作品研發計畫〔範例〕；(6)畢業生 10 件智慧創客作品展示試辦計畫〔範例〕。作者期待（引自鄭崇趁，2018，頁 221）：

教育新動能　進升新教育
主題計畫　優化　教育新組件元素
主題計畫　活化　教育新知能創價
主題計畫　創化　教育新文明系統
主題計畫　深化　教育新文化底蘊
轉動　新教育　智慧創客資本

其中第 3 個、第 5 個、第 6 個計畫都是以「創客教育」為主軸設計的學校具體實踐計畫，本節揭示其綱要（目標、策略、項目），引導學校策訂自己學校實踐計畫時參照，它們都是誘發「智慧創客資本」（產生新動能）的具體實踐作為。第三個範例計畫是「創客教育實驗學校實施計畫」，如表 4-1 所示。

表 4-1　創客教育實驗學校實施計畫（綱要）

| 計畫目標 | 經營策略 | 執行項目 |
| --- | --- | --- |
| 優化創客領導，深化創客食譜，厚植新教育創客智慧資本；<br><br>活化創客教學，動化創客展演，成就新世紀創客優質人才。 | 一、規劃創客領導研習，提升師生創客素養 | 1. 成立創客教育中心學校（自造者教育中心學校之進升）。<br>2. 規劃系列智慧創客領導研習。<br>3. 指定（遴選）創客中心學校。<br>4. 甄選學校特色創客教育方案。 |
| | 二、研發創客學習食譜，編製領域創客教材 | 5. 研發領域（學科）智慧創客學習食譜。<br>6. 註解單元知識及技術的最佳教學要領。<br>7. 設計單元創客教學教案及師生作品。<br>8. 編輯領域（學科）創客學習教材。 |
| | 三、實驗領域創客教學，促進學生創客動能 | 9. 實驗知識領域（學科）KTAV 教學模式。<br>10. 實驗活動領域（學科）KTAV 教學模式。<br>11. 布建 QR Code 智慧創客學習步道。<br>12. 活化交流創客教學觀摩。 |
| | 四、動態系列創客展演，擴展教育創客價值 | 13. 辦理教師智慧創客教材教案競賽。<br>14. 舉辦學生智慧創客學習成果展示。<br>15. 定期舉行師生教育作品競賽及展示交流會（嘉年華會）。<br>16. 舉辦素養取向智慧創客教育學術研討會。 |

資料來源：鄭崇趁（2018，頁 256-257）

表 4-1 的「實施計畫」目標、策略、項目都是「新創客教育」的鼻祖，是創客教育有「現代化版本」定義後的「實驗學校實施計畫」。「目標→策略→項目」本身具有優質計畫的「系統結構」，學校再配合「新育」、「智慧教育」、「價值教育」及「學校校本特色課程」，調整更動部分「專有名詞」用語及「增刪」部分「執行項目」，即可以用完整的「實施計畫」公告給全校同仁周知，

共同依計畫設定「職分權責」，務實推動新創客教育。

## 三、學校智慧創客教育學生百樣作品研發計畫

學生的創客作品是創客教育最具體的績效價值。作者主張，學校每位教師及學生都要參與創客教育，凡是授課教師的授課課程，每學期皆要有 3～5 個單元用「KTAV 單元學習食譜」實施創客教育，要向學生示範 3～5 種創客作品的樣態；每位學生每學期也至少要完成 3～5 種單元學習作品。學校每年 12 月至隔年的 1 月間，要舉辦一次「智慧創客嘉年華會」，激勵師生每人送 1～3 件作品參賽，並選出年度師生百大作品，這個展場是學校年度大事，得視規模與品質展出 2～3 週。學校的具體實施計畫得參照表 4-2 來規劃執行。

## 四、畢業生 10 件智慧創客作品展示實施計畫

學校教育對學生畢業離校，代表學生的學習階段順利完成，學校宜為可以畢業的學生們舉辦轟轟烈烈的畢業典禮，讓師生依依不捨，離情依依。大學的畢業典禮更為隆重，還要載上學士帽、學士服，碩士帽、碩士服，博士帽、博士服，由校長移穗，院長頒給畢業證書。作者認為，學校實施創客教育以後，學生的作品豐富而優質，該指導學生在畢業典禮週展出他們的 10 件「智慧創客」代表作品，這些作品是他在學校學到的「知識（真）→技術（善）→能力（美）→價值（慧）」四位一體最卓越的發揮，也代表這個學校為每一個學生「教與學」最具體的績效價值（這個人在這個學校學習的成果，可以做出這樣的作品）。小學畢業展 10 件，國中畢業再展 10 件，高中畢業再展 10 件，大學畢業更要展 10 件，如果臺灣有 20%的學校學生畢業典禮，都可以展出畢業生 10 件「智慧創客」代表作品，作者十分相信，臺灣的教育輸出一定可以超越芬蘭，成為全世界教育交流參訪最多的國家。畢業生 10 件智慧創客作品展示實施計畫，如表 4-3 所示。

表 4-2　學校智慧創客教育學生百樣作品研發計畫（綱要）

| 計畫目標 | 經營策略 | 執行項目 |
|---|---|---|
| 闡揚知識遞移學說，推動智慧創客教學，活化創新教育價值；<br><br>整合校本特色課程，連結師生優勢亮點，培育智慧人做創客。 | 一、實踐知識遞移理念，經營處室學習作品 | 1. 規劃教務活動學生五至十項作品計畫。<br>2. 策展學務工作學生十大類智慧創客作品。<br>3. 激勵學生作品美化校園環境方案。<br>4. 開發學生輔導習作十大作品方案。 |
| | 二、實施 KTAV 教學，智慧管理領域作品 | 5. 舉辦教師智慧創客教育系列研習。<br>6. 倡導教師採用 KTAV 單元學習食譜教學。<br>7. 激勵教師每學年規劃領域（學科）五至十件學習作品。<br>8. 建置領域（學科）師生學習作品數位資訊系統及對話平臺。 |
| | 三、深化校本特色教育，建置動能展演作品 | 9. 經營校本特色教育課程化及社團化。<br>10. 實施校本特色教育 KTAV 教學。<br>11. 建置校本特色教育學生動能展演作品。<br>12. 系統管理校本特色教育師生教與學作品。 |
| | 四、激發師生專長優勢，創新價值對話作品 | 13. 訂頒師生優良作品獎勵要點。<br>14. 定期舉辦領域（學科）師生作品聯展活動。<br>15. 定期舉辦智慧創客教育作品嘉年華會。<br>16. 規劃辦理畢業生十大作品展（電子書播放）計畫。 |

資料來源：引自鄭崇趁（2018，頁 290-291）

表 4-3　畢業生 10 件智慧創客作品展示實施計畫（綱要）

| 計畫目標 | 經營策略 | 執行項目 |
|---|---|---|
| 優化智慧教育，活化創客教學，經營新五倫．智慧創客學校；<br><br>深化價值實踐，創化學習作品，展現畢業生智慧人．做創客。 | 一、智慧教學融入班級經營，優化人倫共好價值行為 | 1. 學校推動新五倫價值教育。<br>2. 教師實踐智慧教學於各領域（學科）及班級經營。<br>3. 處室優化智慧型教育活動計畫。 |
| | 二、KTAV 帶動四創一體學習，活化智慧創客優勢作品 | 4. 學校實施德育智慧創客教學。<br>5. 教師運用KTAV教學模式授課及班級經營。<br>6. 處室規劃管理師生智慧創客教材及作品。 |
| | 三、知能創價陶鑄全人發展，深化生命意涵順性揚才 | 7. 學生實踐新五倫的核心價值及行為規準。<br>8. 學生產出領域（學科）智慧創客作品。<br>9. 學生建置校本特色教育活動學習作品系統。 |
| | 四、立體實物串聯平面圖表，動能展演開啟價值對話 | 10. 師生經營各領域（學科）及教育活動最適化作品。<br>11. 師生規劃畢業生個人十大代表作品名稱及完成時程。<br>12. 師生策展畢業生 10 件代表作品展示週（與畢業典禮同週）。 |

資料來源：進升自鄭崇趁（2018，頁 311）

## 第三節　學生智慧創客作品的領導

學校是實施教育的核心機構，創客教育的實施是老師帶著學生，在學習歷程中產出相對應的作品。是以，教育的主體是學生，教育的實體是知識，教育的產品就是學生的「作品」，校長領導幹部及全校教師積極實踐「智慧創客教育」，並激勵學生將單元學習成果用作品產出來表達，稱之為學生智慧創客作品的領導。學生會產出什麼作品？此與教師單元教學時，對於績效評量的方式攸關，若教師要求用「實物價值評量」，學生必然順勢產出系列作品。是以，校長的學生智慧創客作品的領導，可以下列四項任務著力。

## 一、規劃領域（學科）學生智慧創客作品

學校教學主軸為各領域（學科）的單元教學，學生要產出的「智慧創客」作品，需要教師在進行單元教學之前「預為規劃（超前布署）」。是以，校長要召開領域（學科）召集人會議，要求各領域（學科）適時召開所有授課教師小組會議，小組會議先討論選出 5～10 個適合實施「智慧創客」教育的單元，暨其學生產出的可能作品樣本。再指導教務處教學組匯聚各領域（學科）所有預計實施「智慧創客」的單元名稱及產品（作品）名稱，並統整協調，避免「重複」及「高階低就」作品，然後標示學校百大作品優先發展。

## 二、研議處室教育活動學生合作智慧創客作品

學生的創客作品從領域（學科）的立場看它，多為學生各自的作品，從處室的教育活動看它，則可發展學生群組合作而產出的創客作品。就教務處而言，可從三個計畫來引導學生群組合作，產生創客作品，例如：(1)校本特色課程實踐計畫（如新北市福和國中詩詞吟唱班級競賽、臺北市西園國小踢毽子班級競賽）；(2)班級閱讀教育與繪本製作創客比賽；(3)學習步道體驗攝影及微電影製作比賽。就學務處而言，也可從下列三個計畫的實踐，引導學生群組合作，產生創客作品：(1)新五倫新四維價值教育相聲戲劇歌唱比賽；(2)街頭藝人模仿秀實施計畫（可定期排班演出，班級代表參與）；(3)學校年度運動會班級團隊合作動能競賽項目規劃。就總務處而言，也可從下列三個計畫的實踐，帶動學生班級（群組）合作，產出合作型創客作品：(1)彩繪美麗校園計畫：由藝術教師與總務主任領導規劃藝術領域課程學生、班級（群組）合作，依區塊主題，彩

繪校園；(2)配合民俗節慶校園文化布展計畫：如過年花燈、清明祭祖、端午龍舟、粽子、詩詞、中秋賞月、寄語鄉愁、冬至湯圓、圓滿幸福等；(3)校園生態（含小田園）責任培育計畫（提供班級、社團認養栽種培育）。就輔導室而言，也可從下列三個計畫實踐，引導學生群組合作，產生創客作品，例如：(1)規劃定期小團體輔導活動：由小團體輔導的 8～12 次活動中，留下共同合作作品至少 4～6 次；(2)實施班級生涯輔導計畫，輔導班級同學群組共選「才藝社團」規劃（小學四～六年級、國中七～九年級、高中十～十二年級），點亮學生才藝，培育學生優勢亮點；(3)實施班級學生健康防疫講座，群組製作健康習慣海報。

## 三、建置師生智慧創客作品智慧管理系統與分享平臺

學校責由資訊組長建置智慧創客作品智慧管理系統與分享平臺，凡是領域（學科）教師的示範作品及學生完成作品，都上傳雲端系統，進行智慧管理。各處室學生共同合作完成的作品，也都上傳此一雲端系統，進行智慧管理。作品的系統整合，優質選擇與知能創價分享，由教務主任主持，定期商請教師及創客作品學生上平臺，分享作品的「新知識（真）→含技術（善）→組能力（美）→展價值（慧）」（創作理念與要領技術掌握經驗），藉由師生優秀作品的交流觀摩、分享學習，擴能創價、傳承創新更多的優秀作品。此一智慧管理系統更要管理學校每年「智慧創客嘉年華會」選出的年度百大作品（及其學習食譜），暨每年應屆畢業生展出的 10 件智慧創客代表作品（含畢業生自我導覽的影音檔），協助師生智慧管理在校學習期間留存「重要的學習作品」。

## 四、設計全校師生智慧創客作品布展計畫

學生完成的創客作品要有公開展示的機會，要讓學生自己感受自己的作品是優質的、有價值的，是自己能量的展現，是可以和同學的作品一起展出，供大家欣賞並相互學習的，只要是作品能夠展出，就是學生的尊嚴價值。是以，學校要有全校師生智慧創客作品布展計畫，要善用學校的校舍空間，規劃領域

（學科）的展場、處室教育成果的展場、班級創客的展場、社團創客作品的展場，系統思考各展場及作品質量與最適化時間搭配，讓每位教師及學生都有機會展出他們的大大小小作品，既是個人的教育成果（智慧人、做創客），也是學校教育豐沛績效價值。

## 第四節　教師智慧創客作品的領導

學校的教育產品概指學生的智慧創客作品，然而更廣義的學校教育產品，包括教師的智慧創客作品。單元教學教師期待學生做出哪一類作品，以及該作品用到的「知識技術」是什麼，教師必先要提供範例作品，然後解碼分析「作品的建構與原理」，並且先示範做一遍到兩遍，學生才能模仿著「操作中學習」，進而學會「核心知識及技術」，並順利完成作品。教師的教育產品還有更廣義的意涵，如教師的自編教材、行動研究報告，使用新的教學方法、系統模式，拍成影音媒體的示範動作，參與教育競賽活動靜態、動態作品等，這些都是廣義的教育產品，並且教師本身有好的教育作品，才能教導學生產出好的，甚至更好的教育作品（產品）。校長領導教師智慧創客作品的產出，得參照下列四項要領，循序帶動實踐。

### 一、教師依授課領域（學科）研發 5～10 件範例作品

臺灣中小學教師的素質日益提高，基本學歷是大學畢業，加修教育學程，完成教育實習，通過教師資格檢定考試，再通過縣（市）或學校「教師甄選」，才能獲聘為學校正式專任教師。且全面碩士化趨勢愈來愈濃烈，高中教師已有75%碩士化，國中教師近 70%碩士化，國小教師也逾 65%碩士化。碩士化師資代表教師能夠提升四項教學能力：(1)發展校本課程；(2)自編單元主題教材；(3)能夠實施立即補救教學；(4)有效推動國際教育、智慧創客教育及競爭型主題教育計畫。

是以，校長領導教師實踐學校「創客教育」實施計畫，首先要提醒每位教師針對領域（學科）小組選出來的 5～10 件「智慧創客」教學單元，優先思考要學生實作的「範例作品」為何？這些作品的形成，能否充分回應單元教學中的「核心知識與技術」？作品的難度有否高階低就或低階高就情形（指作品用到的核心知識及技術與單元主學習內容落差過大之謂，例如：高年級學生卻做中、低年級作品；或低、中年級學生挑戰高年級的作品；低階高就可以激勵，高階低就應予避免）。每位教師選出的 5～10 件範例作品要先「統整命名」，附隨「教學單元主題」列表陳報教務處教學組備案，並在期限內完成該單元主題教案「KTAV 學習食譜」的撰寫，在能力欄位中提供作品的照片、圖表，或製作程序的 QR Code。教師有教學範例作品，才能在該單元教學中，要求學生運用核心知識及技術產出類似樣態的作品。

## 二、教師依範例作品編製 KTAV 單元學習食譜及教材

校長領導教師產出「智慧創客」作品的第二個要領是：教會教師撰寫「KTAV 單元學習食譜」，以及使用依 KTAV 學習食譜設計的教材（教案）。撰寫 KTAV 學習食譜是有技術要領的，宜先掌握單元教材的核心知識「新知識（K）真」，再開展這些「新知識含技術（T）」的「次級變項技術（善技術）」，然後將學生要學會的作品（組能力、美）畫在第三欄位上，最後（第四欄位）詮釋作品與教學歷程的教育價值（V・慧）。這些要領技術在描繪「知識」進出人身，知識本身生命的滋長。

校長可依據《素養教育解碼學：元素構築・知識遞移・知能創價》（鄭崇趁，2020）一書的第二篇「知識遞移篇」第九章至第十七章，作者示範撰寫的「九大素養直接教」之九章（張）KTAV 學習食譜，這九張學習食譜是從九大素養中的每一個素養，透過「解碼技術」，找到它們的「新知識（K・真）」→「含技術（T・善）」→「組能力（A・美）」→「展價值（V・慧）」。然後，依據學習食譜內容，找具體的教材，教給學生，就可以直接培育學生該項素養，

是今後各級學校開發校本特色課程最重要的發展趨勢（註：當前的教育，課程總綱提列九大核心素養，並沒有再規劃每一項素養的培育教材主題，而是由課程綱要中所有的領域（學科）課程共同培育這九大素養，是以現在老師的教案設計，都忙於單元教學目標與九大素養銜接點的連結，九大素養沒有到位的強化，則需要由校本特色課程予以補足）。

## 三、教師依績優範例作品開展校本特色課程

每位教師選擇的範例作品、最受學生歡迎的作品，或者學生回饋最好的作品（帶動學生產出最順暢、最優質作品的範例作品），教師就可以以該類別作品的產出為主軸，加深、加廣其相關知識及技術，開展校本特色課程。每位教師的每一門學科（領域）都至少開展一個主題的校本特色教育課程，學校校長就能責由教務主任及教學組長會同各領域（學科）課程委員會小組召集人，開會商討「九大素養直接教」的校本特色課程。

這樣的校本特色課程，具有五大特質：(1)蒐集學校教師專長亮點：因為是教師最受歡迎範例作品的優秀課程教材；(2)直接用九大素養名稱來整併串聯教師的跨領域專長表現；(3)原本分散在各領域學科的作品，有機會系統整合，重新詮釋九大教育素養的深層意涵；(4)學生的九大素養價值行為指標，都有豐沛的智慧創客作品，作為詮釋與佐證；(5)學生的創客作品四大類別得致均衡開展：立體實物作品、平面圖表作品、動能展演作品及價值對話四大類作品均衡開展，系統呈現學生的「亮點爭輝」。教師用這些校本特色課程新教材，學生用這些校本特色課程新作品，共同實踐「智慧教育」及「創客教育」，實現教育新目標：智慧人、做創客。

## 四、教師撰寫行動研究或競爭型計畫文案，參與「活化課程」及「創新教學」競賽活動

本章所強調「作品論」的進升領導，要義有四：(1)作品是知識創新與進升

的實物：用「作品」展現才能看到及知道人（師、生）知識的具體創新與進升；(2)教人的（教師）要先有作品，才能教會學生產出新作品：教師要先有範例作品，學生才有做中學的對象，與自己預想作品的樣態；(3)校長要領導教師有作品，領導人也要有教育專業的作品，例如：用教育理念發表的文章著作、得獎的行動研究方案、競爭型教育計畫、自己規劃設計的校本特色課程計畫等；有作品的校長才能領導老師們都有作品，也才有能力幫助能量較為薄弱的老師，一樣可以產出作品；(4)作品也是學生優勢智能明朗化的反應：學生在各領域（學科）及參與社團、處室活動所產出的優質得獎作品，會反應學生潛在優勢智能傾向，永續深耕後常成為學生的專長優勢，是以學生一輩子的人生作品，就可定位人一生的價值與尊嚴。

校長運作「作品論」領導，對教師而言，第四個要領即激勵教師撰寫行動研究或競爭型計畫文案，參與「活化課程」及「創新教學」競賽活動，運用得獎專案作品，來「自我實現，活出自己」，也能對學校（組織）產出「智慧資本，動能貢獻」。個人的教育願景（指導學生產出範例中的作品），與學校的教育願景一致（師生產出校本特色課程的教材與作品），成就學校的每一個人，暢旺學校的教育績效價值，大家都是智慧人、做創客。學校每年的智慧創客嘉年華會，每位師生都有 1～3 件作品參賽，學校的智慧創客作品管理系統，都留存了歷年的百大作品與得獎作品之評論與「真、善、美、慧」價值分析。學校的教師都願意共同指導學生，畢業時展出 10 件「智慧創客」代表作品，代表在學校就學期間學習到的最具心得、珍貴的「知與能」，用作品（創客）呈現出來。這 10 件畢業展的作品，也可以具體反應學生個人的「優勢亮點」，是選擇後續就讀學校暨將來職業選擇的參照。

# 第五章　新「創新」教育暨「模組論」領導

當前的世代稱為「知識經濟」世代，或者「知識經濟時代」，意指「知識」的經濟價值已超越了傳統的四大類經濟價值：土地、人口、資本、設備。「知識」的永續「創新」才是決定經濟價值的核心元素。是以，「知識經濟時代」的核心價值是「創新」，當代的各專門行業（百業）無不追求「本業知識」的創新，用本業創新的知識產品，爭取永續創價、永續經營的創新。其中，「工業 4.0」的知識創新價值最高，智慧化電腦及手機產品創新人類有史以來最大的經濟價值，也「創新進升」了人類的文明文化。

本章分四節闡明新「創新」教育暨「模組論」領導：第一節、教育改革與教育創新，主張「教育改革」的績效價值等同於教育創新，實驗教育三法的頒行也是教育創新的進升作為。解析創新的教育意涵與核心歷程，舖陳創新教育的軌跡：創新領導、創客教師、創意經營。第二節、創新教育的新學門及新軌跡，介紹廣義的教育經營學及知識教育學，創新經營版本（系統模組）的教育；暨狹義「新育」、「新教育」、「行四道」創新教育版本（系統模組）的教育。第三節、教師創新學生的「模組論」領導：「五鑰」的創新，敘明「內構知能模組」→「外築價值行為」→「師生知識遞移」→「共同知能創價」的有效教育版本（系統模組）。第四節、校長創新教師的「模組論」領導：「五軸」的創新，校長揭示「素養教育」、「教育 4.0」、「新五倫、新四維」、「智慧創客教育」、「新育」、「新六育」等創新教育新版本（系統模組），領導教師創新經營新教育。

## 導論

本章探討四個教育名詞的新意涵：「創新」、「創新教育」、「模組論」、「模組論領導」，論述主軸在於「創新的創新教育」及「進升的模組論領導」。本章的「重要發現」及具有「創新進升」的價值論述，摘述如下：

1. 主張用「創新・進升」統整過去「消極性」的教育用語，例如：改革、革命、改變、翻轉等教育用語，多具有「積極、消極」兩端意涵，主張多用「創新、進升」專有名詞取代之，顯示積極「創新・進升」，就不用「改革、翻轉」。因此，「教育改革」的績效暨「實驗三法」的頒行，皆可視同為「創新・進升」的教育價值行為（實踐）。
2. 主張「知識先天論」，定義「創新」的歷程暨「創新」的教育意涵：「創新」是一種「賦予存在（to being）」到「作物生新（new being）」的歷程，操作力點是：「實→用→巧→妙→化→生」，依循此一歷程，「百業知識」均可創新。創新的教育意涵有六：(1)創新是發現新的知識產品；(2)創新是發現新的因果關係；(3)創新是發現新的系統結構；(4)創新是發現新的方法策略；(5)創新是發現新的意義價值；(6)創新是發現新的進升力點。
3. 創新教育的「新學門及新軌跡」有五：(1)教育經營學系列學門（經營系統知識創新）；(2)學校教育學系列學門（學制系統模式創新）；(3)知識教育學系列學門（知識生命軌跡創新）；(4)教育解碼學系列學門（元素・組件・系統・模組的創新）；(5)教育境界學與教育 4.0 學門（任務・價值・境界・進升的創新）。
4. 教師得用「五鑰」（教育知識模組），開啟「創新教育」的實踐，這五把鑰匙是：(1)新五倫、新四維「價值教育」；(2)KTAV 學習食譜；(3)進升型主題計畫；(4)「新育」的倡導與實踐；(5)臺灣版學習羅盤。
5. 校長得用「五軸」（教育知識軸脈），領航「進升領導」的實踐，這五大軸脈是：(1)知識價值教育與領導；(2)智慧創客教育與領導；(3)創新進升教育與領導；(4)人道師道教育與領導；(5)學道識道教育與領導。

6. 新校長學揭示「創新教育」九大議題，暨其應對的「進升領導」使力焦點（九論）。是以，本書的「創新進升九論」指：認識論、實踐論、動能論、作品論、模組論、築梯論、適配論、典範論、六育論，隱約呈現知識系統的立體模型，為「知能模組立體化」提供範例教材。這般寫書的方法，也是「演繹法」的運用，演「創新教育・進升領導」的新「系統結構」。

## 第一節　教育改革與教育創新

教育名詞的使用都具有時代性，不同的時代喜歡使用不同的「專有名詞」，例如：春秋戰國時代「商鞅變法」成功，用現代的語言來看它的內容，應當詮釋為「商鞅立法」成功，因為當時的秦國根本「無法」可變。為國家建立制度及人民生活機制的書面規範，就是當代文明國家頒行的各種「法律」，是「立法院」及「司法院」職能尚未從「行政院」分立以前的「大良造」作品，例如：前陣子教育界流行的專有名詞：教育改革、教育變革、教育要改變、翻轉教育、多元教育、多軌教育，現在逐漸被「創新教育」及「進升教育」所統整。「創新」且「進升」的教育，才是前述改革、改變、翻轉、多元的「正向領導」用語。

### 一、教育改革的績效價值等同於教育創新

鄭崇趁（2016，頁 283-298）認為，臺灣教育的亮點是教育改革的績效成果。1994 年至 2014 年（20 年）教育改革在「政策機制」（政策亮點）的績效價值有五：(1)2011 年成立國家教育研究院；(2)2013 年教育部成立「師資培育及藝術教育司」；(3)2014 年實施十二年國民基本教育；(4)推動系列學生輔導計

畫；(5)實施「教育 111」及「優質特色學校」認證。在「智慧資本」（軟實力亮點）的績效價值亦有五：(1)中小學師資碩士化比例高；(2)學校本位課程與特色課程的發展；(3)校長領導卓越獎及教師教學卓越獎；(4)建構「經營教育」之學；(5)探討新五倫及其核心價值。

這些教育改革的績效價值，自 2000 年以後就開始被視同（等同）於教育創新，等同於國家教育機制的創新。作者用「創新教育」的七項「具體作為」來詮釋這段「教育創新」的歷史軌跡：(1)2000 年頒行九年一貫課程綱要，實施「能力取向」的課程目標，一綱多本，課程教材統整，開發學校本位課程及特色品牌教育；(2)2011 年成立國家教育研究院，為教育政策研究的重鎮、學校領導者的培訓基地、測驗評量的研發中心；(3)2013 年教育部成立「師資培育及藝術教育司」，專責師資培育規劃、建置師資在職進修系統、研發知識遞移核心技術；(4)2014 年實施十二年國民基本教育，具有三大教育新價值：學制發展價值（基本教育－地方；高等教育－中央）；實質公義價值（高中職階段均等價值）；均質精緻教育價值（均質化高中職）；(5)推動系列學生輔導計畫，自 1990 年起推動「教育部輔導工作六年計畫」，自 1996 年起推動「青少年輔導計畫」（第二期六年計畫），並自 1998 年起再配合「教育改革十二行動方案」，續推「建立學生輔導新體制：教學、輔導、訓導三合一整合實驗方案」，連同「兩性平等教育實施計畫」暨「中輟學生復學及輔導計畫」，稱之為系列學生輔導計畫。此系列學生輔導計畫在貫徹「訓育原理輔導化」政策，它讓臺灣的學生輔導機制，領先華人地區的其他國家；(6)實施「教育 111」與「優質特色學校」認證，由臺北市全面開展特色品牌學校，全國各縣市競相效尤，證明學校為創新有效能學校；(7)2019 年實施十二年國民基本教育課程綱要，實施「素養取向」的課程目標，臺灣邁進教育 4.0（素養化）：新五倫、智慧創客學校時期的教育。

## 二、實驗教育三法的創新實驗教育

「創新教育」得到國家法律的「立法加持」，教育部於1999年2月3日修正公布《國民教育法》第4條第4項：「為保障學生學習權及家長教育選擇權，國民教育階段得辦理非學校型態實驗教育，其實驗內容、期程、範圍、申請條件與程序及其他相關事項之準則，由教育部會商直轄市、縣（市）政府後定之。」1999年6月23日公布《教育基本法》第13條：「政府及民間得視需要進行教育實驗，並應加強教育研究及評鑑工作，以提升教育品質，促進教育發展。」彰顯政府對「創新實驗教育」的重視。

立法院復於2014年11月三讀通過三項實驗教育法：《學校型態實驗教育實施條例》、《高級中等以下教育階段非學校型態實驗教育實施條例》、《公立國民小學及國民中學委託私人辦理條例》（現已改為《公立高級中等以下學校委託私人辦理實驗教育條例》），吳清山（2017，頁153-175）認為，實驗教育三法的時代價值有五：(1)促進教育創新動力；(2)保障學生受教權益；(3)增進教育多元發展；(4)提供家長教育選擇；(5)發展適性學習機會。五大時代價值，均以「創新教育」的觀點來詮釋實驗教育三法，是以臺北市優質學校（4.0版）將「創新實驗」列為九個向度之一，其「項目、指標」如表5-1所示，此「項目、指標」具體反映學校教育「創新教育」作為。

教育界過去混用了「實驗創新」或「創新實驗」，在實驗教育三法頒布之初，使用「實驗創新」的學者將「實驗教育」視為創新教育的作為之一，強調重大的創新教育作為（如新理論、新教材、新方法、新工具等進升力點）最好要有實驗（試辦）的教育檢證，有好的績效成果，再予以擴能增產，甚至全面倡導。臺北市的優質學校4.0版則用創新來進行實驗，將實驗教育的主軸定位在「銜接創新的教育」作為，是以直接設定「外築任務價值行為」（四項目、八指標）。學校教育內涵符合這八大「創新實驗」指標檢證者，即為4.0版「創新實驗」向度優質學校（參閱鄭崇趁，2018，頁215）。

表 5-1　臺北市優質學校評選「創新實驗」項目及指標

| 項目 | 指標 |
|---|---|
| 1. 創新思維 | 1.1 引導前瞻的教育願景與創新價值<br>1.2 強化整全的科技整合與系統思考 |
| 2. 創新策略 | 2.1 激發創新的策略開展與綜效作為<br>2.2 善用多樣的變通方法與創新作為 |
| 3. 創新成果 | 3.1 展現豐碩的創新成果與整體績效<br>3.2 打造優質的學校品牌與典範價值 |
| 4. 創新分享 | 4.1 創造具突破性的變革與可複製模式<br>4.2 共組合作的夥伴學校並擴散創新實踐的經驗與成果 |

資料來源：引自臺北市政府教育局（2017）

## 三、創新的核心歷程與教育意涵

鄭崇趁（2013，2020）詮釋「創新」是一種「賦予存在（to being）」到「作物生新（new being）」的歷程。各行各業從業人員只要「經營使力」得當，依循「實→用→巧→妙→化→生」的歷程永續經營，都可以「創新新產品」。創新是發現「新」的存在，「新知識」本來就存在，現在才被我們發現，此之謂「知識先天論」的創新理論（觀點）。「知識先天論」的創新歷程，如圖 5-1 所示。

「實→用→巧→妙→化→生」是萬物萬事創新的核心歷程（元素），其歷程元素的表象意涵，如圖 5-1 右側之說明，也可以詮釋為「創新」的核心步驟。如果這六個元素再加上「能」或「力」的元素，它產生的「創新」效果，就會更到位：「實能」→「用能」→「巧能」→「妙能」→「化能」→「生能」，幾乎人人都有能量研發創新產品；「實力」→「用力」→「巧力」→「妙力」→「化力」→「生力」，也意味著人人都有力量可以完成其創新的實物作品；「創新」是可以經營的，創新也是可以教育的。「化力」是融合、統整、創新人的「內構知能模組」（創新生命），「生力」則指內在能力（量）累積飽足後「外

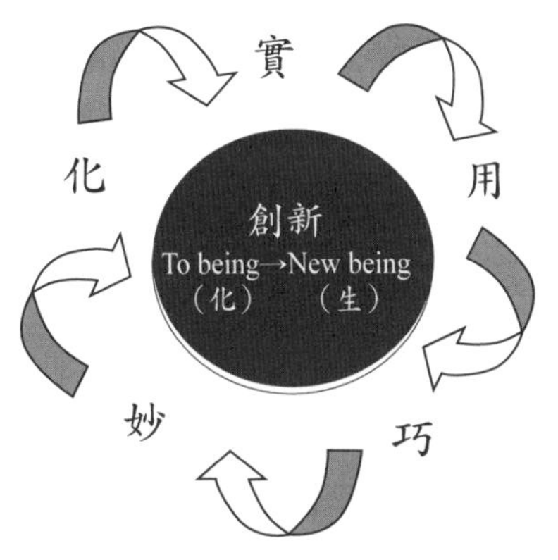


實：當下、務實

用：運用、精熟

巧：妥適、靈巧

妙：高絕、美妙

化：融合、統整

生：重組、生新

圖 5-1　知識先天論的創新歷程

資料來源：修改自鄭崇趁（2020，頁 84）

築價值行為」（作物生新、創新教育）。因此，創新的教育意涵主要有六：(1)創新是發現新的知識產品；(2)創新是發現新的因果關係；(3)創新是發現新的深層結構；(4)創新是發現新的方法策略；(5)創新是發現新的意義價值；(6)創新是發現新的進升力點。

教育的新「知識產品」主要為學生的「學習作品」暨教師的「教材」創新；教育的「新因果關係」主要在「政策、計畫、績效、品質」的創新；教育的深層結構主要為「理論、理念、系統、模式」的創新；教育的「新方法策略」主要為教學技術要領及學習流程步驟與工具運用的創新；教育的「新意義價值」主要為教育本質、教育目的、教學單元、教學活動、「新意義、新價值」詮釋的創新。教育的「新進升力點」主要在「創新教育」與「進升教育」整合為「創新進升領導」軸線之後，「進階」、「進升」關鍵使力焦點的掌握，例如：學校要邁向「教育 4.0」（創新經營的一種），其使力焦點在實施「素養化」的「新五倫・智慧創客教育」；又如：學校要實踐素養取向的教育，校長領導的使力焦點在於「識道的建構」——元素構築→知識遷移→知能創價→全人發展暨「學習羅盤」的運用。創新的教育產品就像綠地藍天般的寬廣。

## 四、創新教育的軌跡：創新領導、創客教師、創意經營

作者出版《教育經營學個論：創新、創客、創意》（鄭崇趁，2016）一書，對於「創新教育」的核心內涵，統整為全書三篇的篇名：「創新領導篇」、「創客教師篇」、「創意經營篇」。第一篇強調教育領導人（校長為主）的創新領導，篇頭領航詩文是：

創新領導　領導創新
校長領導　知識創新致用知識
　　知識　創新經營技術
　　知識　創新實踐能力
　　知識　創新教育價值
推進　新人類　文明文化

是以，「創新教育」的源頭來自知識，創新教育的領導要領導教師「善用知識」，知識進出學生的身心，創新學生的生命價值及創新教育價值；這些價值含括「致用知識（K・真）」、「經營技術（T・善）」、「實踐能力（A・美）」、「共好價值（V・慧）」，已有創新「知識→技術→能力→價值」四位一體的「智慧教育（KTAV）」領導意涵，暨「真、善、美、慧」四位一體，新四維（4.0）版的建構雛型。創新領導係指校長「知識價值化」的創新實踐作為。

第二篇強調教師「創客教學」即為「創新教育」的實踐，篇頭的領航詩文是：

創客教師　教師創客
　　研發　有創意　學習食譜
　　教導　能創造　操作學習
　　建構　再創新　知能模組
　　完成　做創客　實物作品
開展　新五倫　智慧創客學校

從「自造者教育」的創新到「創客教育」的創新，是創新教育突破瓶頸的關鍵元素，自此創新教育有了「知識」為源頭，更有了「創客」（作品）為創新教育的「績效成果」，「創新教育」的功能價值逐漸走向「智慧人、做創客」，是教師「用智慧（KTAV）」→「做中學（體驗操作）」→「有作品（做創客）」→「論價值（價值評量）」的「新五倫價值教育」暨「智慧創客教育」。

第三篇「創意經營篇」係指組織（學校）的創新，用「創意」來活化、優化、深化、創化學校組織（群組）運作模式之謂，篇頭的領航詩文是：

創意經營　經營創意<br>
　　經營　特色品牌　學校<br>
　　經營　卓越智慧　教師<br>
　　經營　專長亮點　學生<br>
　　經營　責任創客　文化<br>
彩繪　新教育　綠地藍天

創新領導、創客教師、創意經營，創新領導知識生命的創新，創客教師運作 KTAV 學習食譜，教導學生產出立體實物作品、平面圖表作品、動能展演作品、價值對話作品。創意經營，經營一校一特色、一生一專長、一師一卓越，智慧創客都不少。領導創新帶動師生創客，展現學校教育創意。

## 第二節　創新教育的新學門及新軌跡

創新教育的對象與範圍愈來愈廣，作者觀察到有「新學門」、「新軌跡」、「新系統」、「新模式」的趨勢出現：「新學門」指用新的「學門」名稱，來表達「創新教育」的「學術」，創新教育已發展到具有「學門、技術」的系統知識；「新軌跡」指這些「創新教育學門」的創新已具有明確「對象」，不只停留在空談理念及其重要性；「新系統」指創新「對象」實質的創新內容具有系統結構；「新模式」則指這些創新的知識內容不但有「系統結構」，還具有「模組循環」的功能，創新可以永續循環、生生不息。每一「新學門」都內含「新軌跡」、「新系統」、「新模式」知能模組（知識）的串聯結合。本章介紹五大新興學門，作為創新教育的經典代表。

## 一、教育經營學（系統知識創新）

教育經營學系列學門是「教育行政學」與「教育管理學」的「創新」與「進升」學術系統。作者曾經擔任國立臺北教育大學教育政策與管理研究所所長，暨教育經營與管理學系創系系主任（兼所長）。教育經營與管理學系是系、所、中心（校長培育與發展中心）三單位整合的系所，有大學部（學士班）、研究所（碩士班、博士班），暨中小學校長培育班及校長博士學分班，是國立臺北教育大學規模最大、最完備的招牌系所。作者認為，「教育學」與「管理學」交織之間的新興學門稱之為「經營教育之學」，以教育組織（鉅觀）為主體的宜命名為「教育經營學」，以教育人員（微觀）為主體的尚包括「校長學」、「教師學」及「家長教育學」，這四個新興學門探討「經營教育」的理念理論、政策計畫、經營策略、實踐要領、品質保證。「教育經營管理系所」的教授們應專業示範，完成這四個系列學門的「系本教材」撰寫，傳承創新「校本系所」教育特色。是以，作者榮升教授之後即陸續出版下列六本教育經營學系列書籍，這是「新學門」、「新軌跡」的具體創新範例（均由心理出版社出版）：

2011 年，《教育經營學導論：理念、策略、實踐》。

2012 年，《教育經營學：六說、七略、八要》。

2013 年，《校長學：成人旺校九論》。

2014 年，《教師學：鐸聲五曲》。

2015 年，《家長教育學：「順性揚才」一路發》。

2016 年，《教育經營學個論：創新、創客、創意》。

## 二、學校教育學（系統模式創新）

教育學是教育制度學、教育哲學、教育史學、教育心理學、教育社會學、教育行政學、教育文化學的總稱，以前尚稱為教育概論（可能是覺得教育的學術深度、高度尚不足以稱為學）。教育制度學包括了學制、目標、課程、教學、師資、設施的法律規範，在臺灣有教檢之後才創新流行起來。學校教育學係指以「學校」為教育主體的組織運作，其創新概指學校教育機制「系統模式」的創新，例如：「制度目標」的創新（十二年國民基本教育）、「課程教材」的創新（能力取向教育到素養取向創新）、「教學方法」的創新（KTAV 教學模式）、「師資素質」的創新（碩士化、博士化比率高），以及「設施標準」的創新（各級學校設備基準的永續創新）。

## 三、知識教育學（知識生命的創新）

作者出版《知識教育學：智慧人・做創客》（鄭崇趁，2017）一書，這本書創新知識的教育生命，知識經由教育與學習進出人身，知識與人的本能（學能）融合成為「新知能模組」，再外顯化表現「價值行為」，這個「新知能模組」的建構元素是「真（致用知識）」→「善（經營技術）」→「美（實踐能力）」→「慧（共好價值）」→「力（行動意願）」→「行（德行作品）」。是以，知識附隨著人的生命，而滋長它自己的生命。知識生命的教育循環是「新知識（真）」→「含技術（善）」→「組能力（美）」→「展價值（慧）」→「成智慧（力）」→「達創客（行）」→「行道德（教）」→「通素養（育）」。

這本書具有創新教育的五大價值貢獻：(1)揭示教育新願景：如智慧人、做創客、新領導、優教師、能家長、行國民；(2)定義教育新思維：如素養展能力、翻轉成創客、創新要智慧、集體講價值、知識能遞移；(3)研發教育新理論：如知識遞移說、新五倫及其核心價值；(4)統整教育新方法：如 KTAV 學習食譜、四位一體的智慧教育、四創一體的創客教育；(5)開展教育新價值：如知識乃教育之母、知識遞移說、KTAV 學習食譜提高教學績效品質。

## 四、教育解碼學（元素、組件、系統、模式的創新）

作者出版《素養教育解碼學：元素構築・知識遞移・知能創價》（鄭崇趁，2020）一書，是國內第一本「教育解碼學」專書，用「元素構築」、「知識遞移」、「知能創價」三個教育核心技術（新專有名詞）解開「素養教育」的密碼。這本書對於教育的創新，具有七大貢獻價值：(1)素養是修養的元素，素養的教育元素有八大核心暨其次級系統元素（8 + 6×8 = 56 個）構築而成；(2)元素構築的順序先內構後外築：內構新知能元素模組，外築新任務價值行為；(3)師生知識遞移成功才能共同知能創價；師生知識遞移是教師用知識創新學生的知識，遞移的技術要領在「知識解碼」→「知識螺旋」→「知識重組」→「知識創新」；(4)師生共同知能創價係指「知識＋能力（量）」創新「生命＋教育」的價值，「知能創價」更能回應教育的原始功能本質，其運作技術要領在「知識學習」→「知能融合」→「知能創價」→「智慧創客」。「智慧人、做創客」是知能創價新教育目標；(5)知識遞移 KTAV 教學模式，作者示範撰寫九張「九大素養直接教」的 KTAV 單元學習食譜，並用九章的篇幅敘寫每個素養「直接教」的「新知識（真）」→「含技術（善）」→「組能力（美）」→「展價值（慧）」，是學校實踐素養取向教育、開發校本特色課程的主要源頭與依據，是引導教師創新進升學生知能素養的核心教材；(6)知能創價篇用七篇作者新近對「素養教育」如何實踐的「知能創價」文章為範例，並用「新覺識（K・知）」→「新動能（C・能）」→「新創意（C・創）」→「新價值（V・價）」的KCCV規劃模式，來呈現展示「知識生命」經由「內構→外築→遞移→創價」的大循環系統模式；(7)本書發現了「空（空間）」、「新（新育）」、「達（達道）」、「生（生新）」、「能（能量）」、「素（素養）」等重要教育元素，它們都是教育的「實相」，要善加運用，才能創新教育的養分進升為「素養取向」的教育。這七大「價值貢獻」都是創新教育的「新系統」、「新模組」、「新軌跡」。

## 五、教育境界學（人生三境界的啟示與教育的創新、進升）

王國維（1982）在《人間詞話》一書中提到：凡人成大事、大學問者必經三境界，第一境界：昨夜西風凋碧樹，獨上高樓，望盡天涯路。第二境界：衣帶漸寬終不悔，為伊消得人憔悴。第三境界：眾裡尋她千百度，驀然回首，那人卻在燈火闌珊處。由於多數人的情感世界有三境界的經驗者多，「人生三境界說」得到千萬學子（師生）的共鳴。唯王國維的「三境界說」係指「成大事、大學問者」之三境界，是指人生「學問、事功」的三境界，「超越」專指「情感經驗」的三境界。作者出版《教育 4.0：新五倫‧智慧創客學校》（鄭崇趁，2018）一書，認為「工業 4.0」暨「人生三境界說」共同建構了「教育 4.0」。教育 4.0 的進升任務指標，如表 5-2 所示。

表 5-2　教育 4.0 的進升任務指標

| 教育 1.0<br>〈經驗化〉 | 私塾、書院時期<br>〈脫文盲、求功名〉 |
|---|---|
| 教育 2.0<br>〈知識化〉 | 學校教育公共化、普及化時期<br>〈知識人、社會人〉 |
| 教育 3.0<br>〈能力化〉 | 特色品牌學校時期<br>〈獨特人、永續人〉 |
| 教育 4.0<br>〈素養化〉 | 新五倫‧智慧創客學校時期<br>〈智慧人、做創客〉 |

若將「教育 4.0」更名為「教育境界學」，或許臺灣的教育學界更容易接受，教育的四境界如下。

第一境界：「經驗化」的教育，也就是「脫文盲、求功名」境界的教育。

第二境界：「知識化」的教育，也就是「知識人、社會人」境界的教育。

第三境界：「能力化」的教育，也就是「獨特人、永續人」境界的教育。

第四境界：「素養化」的教育，也就是「智慧人、做創客」境界的教育。

是以，作者認為《教育 4.0：新五倫・智慧創客學校》（鄭崇趁，2018）這本書，得視同國內第一本「教育境界學」的專書，用教育 4.0 來表達「教育四境界」，四境界教育也都有「概念型定義」暨「操作型定義」，境界的進升就是「進升領導」，境界進升的「教育主題」就是「教育版本」的創新。是以，《教育 4.0：新五倫・智慧創客學校》這本書創新了 20 個教育專有名詞的實施版本，這些版本的內涵都是教育「元素、組件、系統、模組」的創新與進升。這 20 個教育專有名詞是：(1)工業 4.0；(2)教育 4.0；(3)文明進升性；(4)文化含容性；(5)核心素養；(6)關鍵能力；(7)教育組件元素；(8)新知能模組說；(9)知識遞移說；(10)知能創價說；(11)新五倫；(12)核心價值；(13)價值教育；(14)智慧教育；(15)創客教育；(16)KTAV 教育（教學）模式；(17)KTAV 單元學習食譜；(18)新覺識；(19)新動能；(20)新五倫・智慧創客學校。

作者為推廣「教育 4.0」暨「進升領導」，發表〈校長領導新境界：三軸・三鑰〉（鄭崇趁，2019）一文，主張王國維的「人生三境界」與「工業 4.0」共同建構了「教育 4.0」的版本。校長領導教師經營 4.0 的教育，要經歷「盼→深→悟→達」四境界的進升，前三境界指王國維的人生三境界在教育事功的經營境界：「盼」是指「望盡天涯路」的盼，盼天涯路的盡頭（邊際）有知音的出現，也是教育經營「願力」的展現；「深」是「深耕」的境界，衣寬憔悴在所不惜；「悟」是找到知音，事功有人了解、認同，發現事業新產品，得以創新、永續經營；「達」是「達成→達標→達道→達新」之意，對教育事業的境界而言，「達」是「悟」的具體實踐之意：「悟」是「知道了、想通了、得道了、進升了」，是個人的「悟」；「達」是師生一起的集體智慧，達成教學任務、達成教育目標、創新教育軌道、進升教育新境界之謂。是以，第四境界（達）的經典詩文，或可用蘇軾的「永調歌頭」名句：「但願人長久，千里共嬋娟」來詮釋生命的境界。〈校長領導新境界：三軸・三鑰〉用圖 5-2 來呈現。

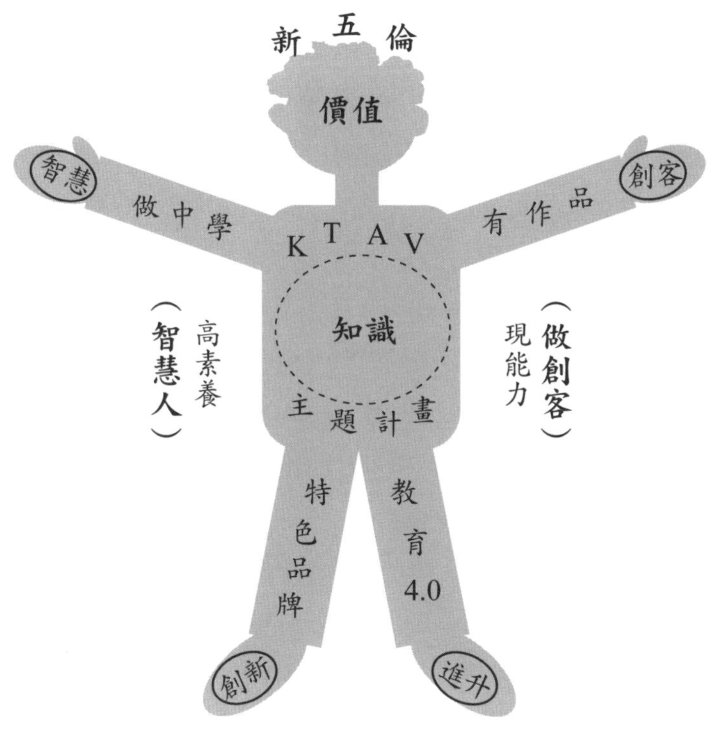


圖 5-2 校長領導的三條軸線與三把鑰匙

資料來源：引自鄭崇趁（2020，頁 332）

圖 5-2 顯示，校長領導的三條軸線是：(1)知識價值領導；(2)智慧創客領導；(3)創新進升領導；三把鑰匙是：(1)新五倫價值教育；(2)KTAV 教學模式及 KTAV 學習食譜；(3)進升型主題計畫。三軸（六個教育核心的串聯）、三鑰（開啟有效教育的鑰匙）它們在「人型圖」上的位置，分別代表它們的關鍵功能定位，三軸、三鑰可以建構教育經營新境界。本書定名為《新校長學：創新進升九論》，九論的名稱設定係指每一章節「創新教育」暨「進升領導的焦點」，此「創新進升九論」為圖 5-2 增加了兩條新軸線（人道師道領導暨學道識道領導）、兩把新鑰匙（新育及學習羅盤），成為圖 5-3。

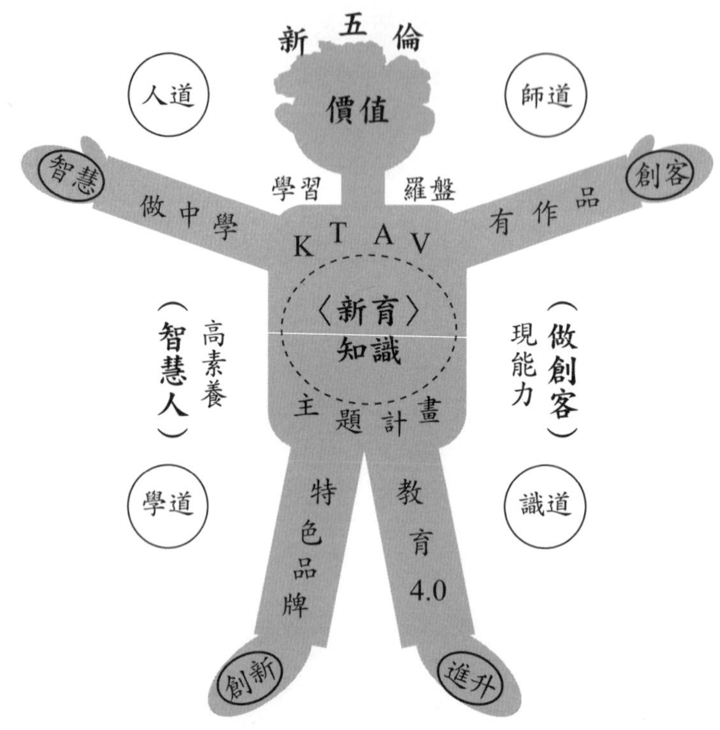


圖 5-3　校長領導新境界：五軸・五錀

在圖 5-3 中，「人道師道領導」軸線擺在頭的兩邊以及雙手之上，代表「人之所以為人」的教育，在行人道的全人發展以及行師道的傳學為人師之道、授經營教育之業、解知能創價之惑、領智慧創客之航。「學道識道領導」軸線擺在身體兩側以及雙腳之上，代表「學識之道」的教育要靠「新育」帶動的新系統知能：「KTAV 學習食譜」及「學習羅盤」等關鍵鑰匙的開啟與運用。「五軸、五錀」的人型圖像，成為本書《新校長學：創新進升九論》的知識系統模組，每一章節也都演繹其最適化實踐版本，這些「實踐版本」也可視同為創新教育的「系統模組」。校長領導的新境界，要專業示範「系統模組」的領導，稱之為「模組論」的進升領導。

# 第三節　教師創新學生的「模組論」領導：「五鑰」的創新

學門知識系統的創新，是「知識」大「模組系統」的創新，屬「師資培育」教育層級的「教育創新」。學校的「校本課程設計」及「新教材在單元教學的使用」，才是「師生教學」實踐層級的「教育創新」。本節接續「教育境界學：五軸、五鑰」的發現，用「五鑰」的「系統模組」知識創新，來作為教師創新學生的「模組論」領導「參照範例」；下一節則使用「五軸」的「系統模組」知識創新，來作為校長創新教師的「模組論」領導「參照範例」。

## 一、新四維、新五倫價值教育（第一把鑰匙）

德育及情意教學的創新版本，是開啟新教育（素養教育、教育 4.0、教育境界學）的第一把鑰匙。新四維由原來的「四維：禮義廉恥」進升而來，原來的四維稱為 1.0 版；新四維 2.0 版為「仁義禮法」；新四維 3.0 版為「知能創價」；新四維 4.0 版則為「真善美慧」（請詳閱鄭崇趁，2020，頁 408）。新五倫則來自五倫的進升與創新，新五倫的版本及其核心價值如表 5-3 所示。

表 5-3　「五倫」進升「新五倫」價值教育

| 五倫 | | 新五倫 | 核心價值 |
|---|---|---|---|
| 父子有親 | 進升 | 第一倫　家人關係 | 親密、觀照、支持、依存 |
| 君臣有義 | | 第二倫　同儕關係 | 認同、合作、互助、共榮 |
| 夫婦有別 | | 第三倫　師生關係 | 責任、創新、永續、智慧 |
| 長幼有序 | | 第四倫　主雇關係 | 專業、傳承、擴能、創價 |
| 朋友有信 | | 第五倫　群己關係 | 包容、尊重、公義、博愛 |

資料來源：修改自鄭崇趁（2020，頁 405）

新四維、新五倫價值教育的系統模組得依圖 5-4 呈現：新四維（3.0 版及 4.0 版）在圓圈的核心；新五倫的核心價值在圓圈的周圍。代表「內構的知能模組」是「新四維」的「知、能、創、價」元素暨「真、善、美、慧」元素的整合；而「外築的價值行為」是人際互動後，新五倫「核心價值」行為的表現。德、智融合的教育，「先內構後外築」的教育，才是「新育」元素的創新與進升功能教育。

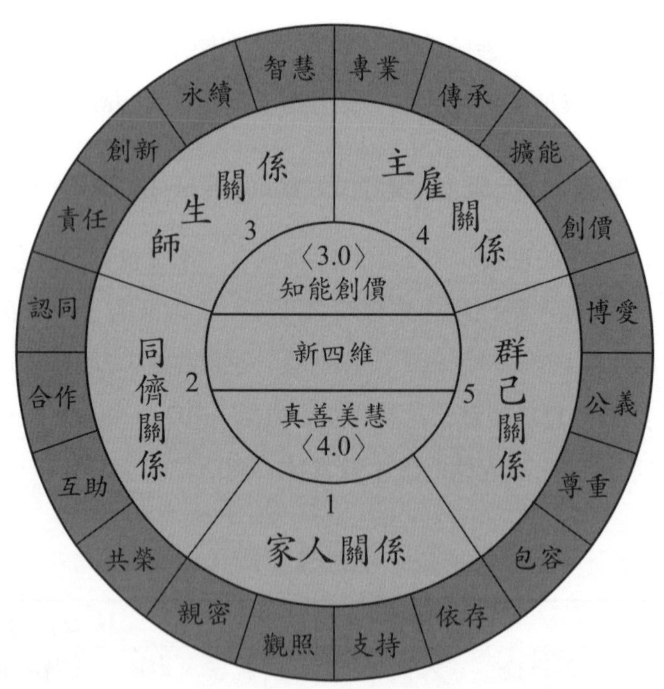


圖 5-4　新四維、新五倫價值教育圖解（系統模組）

資料來源：作者依學理繪製

## 二、KTAV 學習食譜（第二把鑰匙）

KTAV 教學模式及 KTAV 單元學習食譜，是開啟素養取向教育、智慧教育、創客教育、價值教育的核心工具，尤其是 KTAV 學習食譜，將知識生命的核心元素，用「K・新知識（真）」→「T・含技術（善）」→「A・組能力（美）」→「V・展價值（慧）」的邏輯系統表達，帶領學生「知識遞移」成功，並完成作品，體驗「知能創價」事實，可說是素養教育的萬用鑰匙與神兵利器。KTAV 學習食譜（樣張），如表 5-4 所示。

表 5-4　KTAV 學習食譜（樣張）

| 單元名稱： | | 設計者： | |
|---|---|---|---|
| K新知識・真 nowledge 致用主題知識 | T含技術・善 echnique 能操作學習技術 | A組能力・美 bility 實踐行為能力 | V展價值・慧 alue 人類群己教育價值 |
| 知識名稱及意涵 | 教學活動（學習步驟） | 師生實物作品 | 成果價值詮釋 |
| | | | |
| 知識解碼要領 | 知識螺旋焦點 | 知識重組系統 | 知識創新價值 |
| □編序□鷹架□步驟□流程<br>□原型□元素□成因□脈絡<br>□次級□系統□次要□變項 | □內化□外化□交流□對話<br>□新化□活化□深化□優化<br>□同化□調適□融入□存有 | □真（致用知識）□善（經營技術）<br>□美（實踐能力）□慧（共好價值）<br>□力（行動意願）□行（德行作品） | □真實□體驗□生新□創價<br>□均等□適性□民主□永續<br>□傳承□創新□精緻□卓越 |

資料來源：引自鄭崇趁（2020，頁 9）

學習食譜的精神，也是用「系統模組」的知識生命歷程來導引師生有效「教與學」。對教師而言，這個食譜優化教師「知識遞移」技術，會運用「知識解碼」→「知識螺旋」→「知識重組」→「知識創新」之技術要領，設計學生要學的「食譜」；對學生而言，依循食譜中四個欄位的順序學習，由操作體驗、完成作品的步驟中，同時學會「致用知識（K・真）」→「經營技術（T・善）」→「實踐能力（A・美）」→「共好價值（V・慧）」，成為智慧人、做創客。

## 三、競爭型主題計畫（第三把鑰匙）

競爭型主題教育計畫，是開啟學校「組織」（創新到進升）的鑰匙。學校必須策訂中長程校務發展計畫暨重要工作事項之「主題教育計畫（方案）」，用主題計畫創新經營學校，用主題計畫進升學校成為「3.0」（具有特色品牌學校），用主題計畫進升學校成為「4.0」（新五倫・智慧創客學校），用「新四維、新五倫、新教育」經營「新臺灣」，增益「民主自由新臺灣（3.0）」進升為「智慧創客新臺灣（4.0）」。

競爭型主題計畫（或方案）強調「目標」、「策略」、「項目」三者要具備「系統結構」，此三者系統結構的型態與品質，就是計畫（方案）的「模組系統」，教師得將「計畫模組系統」運用於「班級經營計畫」、「領域（學科）」暨「校本課程教學」計畫。領導學生「知識遞移」暨「知能創價」的校長及學校幹部（處室主任、組長及課發會領域召集人），則應專業示範「模組論」計畫領導，帶動策定優質主題教育計畫，「創新、進升」學校精緻發展。計畫方案的「系統模組」通常以下列的型態呈現，如表 5-5 所示。

## 四、「新育」的倡導與實踐（第四把鑰匙）

作者撰寫《素養教育解碼學：元素構築・知識遞移・知能創價》（鄭崇趁，2020）一書，前後耗時兩年，前半尚未將「新育」列為「教育元素」時，全書的整體結構始終未能「圓滿完整」，第一年的後半年將「新育」列為核心「教育元素」並在博士班課程試講「元素構築」前六章後，全書的系統結構才得以底定完備，第二年才得以順利撰寫完成出版。「新育」，是第三大核心元素「美（實踐能力）」的次級系統元素之一，這六個次級系統元素為：「德」→「智」→「體」→「群」→「美」→「新」，概指教育的本質，在「教人之所以為人」，教育在育人之德、育人之智、育人之體、育人之群、育人之美，更在育人之新。「德→智→體→群→美→新」六育功能的發揮，才得以成就「人

表 5-5　優質教育計畫的基本模組（範例）

| 計畫目標 | 經營策略 | 執行項目 |
|---|---|---|
| 小策略①，小策略②，小目的①；小策略③，小策略④，小目的②。 | 一、＿因＿，＿果＿。〈銜接小策略①〉 | (1)<br>(2)<br>(3) |
| | 二、＿因＿，＿果＿。〈銜接小策略②〉 | (4)<br>(5)<br>(6) |
| | 三、＿因＿、＿果＿。〈銜接小策略③〉 | (7)<br>(8)<br>(9) |
| | 四、＿因＿、＿果＿。〈銜接小策略④〉 | (10)<br>(11)<br>(12) |

之所以為人」的「全人發展」，六個次級系統元素本身也才具有「模組循環」的運轉能量。

「新育」的發現與運用，方能圓滿「元素構築」、「知識遞移」、「知能創價」三篇二十四章內容的邏輯系統，順利解開「素養教育」的密碼。「新六育」勢將轉動學校「新教育」運動，「新五倫、新四維、新教育、新臺灣」是該書的結論：「最後一章」；「新育」的發現與實踐，孕育「3.0 的新臺灣（民主自由新臺灣）」，將再進升「4.0 的新臺灣（智慧創客新臺灣）」。「新育」的核心意涵與實踐事項如表 5-6 所示。

## 五、「學習羅盤」的運用與優化（第五把鑰匙）

「新育」是創新教育的第四把鑰匙，開啟「新、心、欣、馨」的教育，用「新六育」轉動臺灣「新教育」。「學習羅盤」則是全新的學習工具，是創新進升教育的第五把鑰匙。「學習羅盤」依據「展新育、能演繹、行四道、達至

表 5-6　「新育」的核心意涵與實踐事項

| 新育 | 核心意涵 | 實踐事項 |
| --- | --- | --- |
| 新的教育 | 新的教育政策、計畫、法令、措施之謂。 | 1. 素養取向的教育：元素構築、知識遞移、知能創價。<br>2. 邁向教育 4.0：新五倫・智慧創客學校的教育。<br>3. 知識教育學：智慧人、做創客的教育。<br>4. 創新領導、創客教師、創意經營的教育。 |
| 心的教育 | 從心開始的教育，先內構後外築，知識遞移成功才能知能創價。 | 1.「創新生命、全人發展」的教育。<br>2.「順性揚才、優勢築梯」的教育。<br>3.「自我實現、專長亮點」的教育。<br>4.「智慧資本、動能貢獻」的教育。 |
| 欣的教育 | 欣欣向榮、生生不息的教育，內構外築生生不息，知識遞移生生不息，知能創價生生不息。 | 1. 認識「知識」之欣的教育。<br>2. 認識「價值」之欣的教育。<br>3. 認識「智慧」之欣的教育。<br>4. 認識「創客」之欣的教育。 |
| 馨的教育 | 正向模組循環，友善溫馨的教育，教育元素組件友善溫馨，教育系統模組也都友善溫馨，永續創進。 | 1. 畢業生每人展出 10 件「智慧創客」作品的教育。<br>2. 學校每年舉辦「智慧創客嘉年華會」，選出師生百大作品的教育。<br>3. 每個領域（學科）教師，運作「KTAV 單元學習食譜」，規劃產出 3～5 件學生智慧創客作品的教育。<br>4. 每個處室配合教育活動，規劃產出 3～5 件學生合作智慧創客作品的教育。 |

德」（鄭崇趁、鄭依萍，2021）的教育學理建構指標系統，能開啟「新教育之道：人道、師道、學道、識道」整合實踐的教育，是 4.0 世代「智慧學習」的產品。學習羅盤的指標系統，如第一章的圖 1-4（第 28 頁）所示。

學習羅盤像一支「智慧型手機」，它儲存的「知識系統」是「進升教育 3.0 系列叢書」暨「進升教育 4.0 系列叢書」，並以「元素構築→知識遞移→知能創價→全人發展」的「識道」學理，重組排列入本書的「學習內容」。運用「學習羅盤」的教育（學習），得增益下列六大功能價值：(1)揭示教育元素養分，探究知識源頭；(2)聚焦核心教材學習，素養直接教學；(3)編撰校本特色課程，促進學校效能；(4)運作智慧創客模式，創新師生作品；(5)推動「新育、六育」學習，進升知能創價；(6)創新學生身心素質，造就全人發展。

「學習羅盤」國際化及程式化之後，是教育領導（校長、教師）定位「學校教育」的主要工具。學校教育為經營校本特色品牌（如優質學校、教育111），得開發「校本學習羅盤」、「領域（學科）學習羅盤」、「中長程校務計畫學習羅盤」、「班級經營學習羅盤」、「處室經營學習羅盤」、「師本特色學習羅盤」、「生本專長學習羅盤」、「高普考（教檢）學習羅盤」、「進升校長、主任學習羅盤」、「進升職能證照學習羅盤」、「師生教育任務學習羅盤」、「團隊增能學習羅盤」。「學習羅盤」是「學道」（學習遷移→學習地圖→學習食譜→學習羅盤）最終極的導引「有效學習」工具，也具有「課程設計」新學理（知識生命學）的運用與實踐。

## 第四節　校長創新教師的「模組論」領導：「五軸」的創新

教育領導的「五軸・五鑰」成為「新境界」之後，五鑰（開啟教育事業的五把鑰匙）成為教師創新學生的「模組論」領導最核心事項。五把鑰匙的「教育模組（系統）」已如第三節所述。本節接續用「五軸」的創新，來表達校長創新教師的「模組論」領導，概指這五軸都已「創新開展」成具有正式版本的「教育模組（系統）」。

### 一、第一條教育軸線：「知識價值」教育與領導

實施正確版本的「知識教育」與「價值教育」稱之為「知識價值教育」；校長用高階的「知識領導」及「價值領導」整合帶動學校教師經營校務稱之為

「知識價值領導」。「知識價值領導」係以知識為本位，經由教育創新教師生命價值的領導作為，是「知識領導」及「價值領導」的「加乘」、「統整」及「優化」。知識價值領導具有六大特質（系統模組）：(1)定位知識的價值領導；(2)遞移知識的價值領導；(3)創價知識的價值領導；(4)創新生命的價值領導；(5)順性揚才的價值領導；(6)適配幸福的價值領導。「知識價值」教育與領導的特質，如圖 5-5 所示。

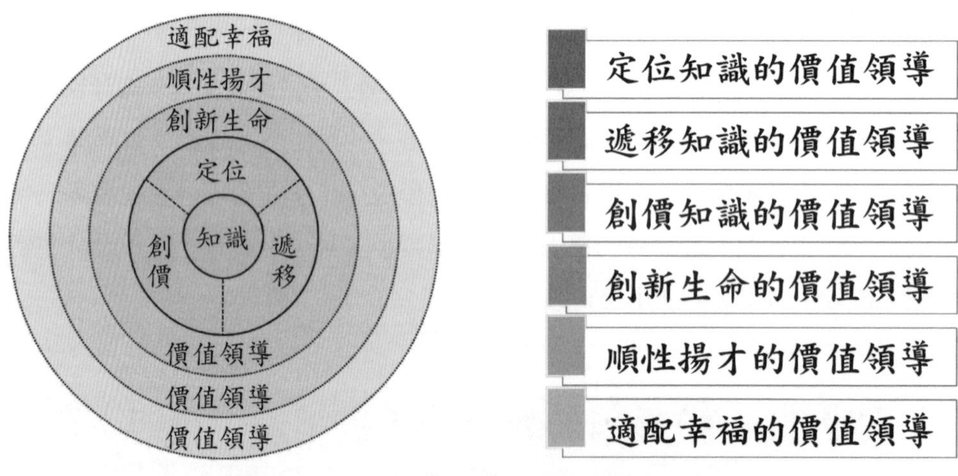


圖 5-5　「知識價值」教育與領導的特質

資料來源：引自鄭崇趁（2018，頁 72）

## 二、第二條教育軸線：「智慧創客」教育與領導

「智慧教育」係指：「新知識（真・K）」→「含技術（善・T）」→「組能力（美・ A）」→「展價值（慧・ V）」四位一體的教育；「創客教育」係指：研發「有創意」學習食譜→教導「能創造」操作學習→建構「再創新」知能模組→完成「做創客」實物作品；四創一體的教育。智慧創客教育共用的教學模組為：「用智慧（KTAV）」→「做中學（體驗操作）」→「有作品（做創

客）」→「論價值（價值評量）」。「智慧創客領導」係指，校長解析知識價值化歷程，帶領經營「智慧人・做創客」師生的領導作為，也具有六大特質（系統模組）：(1)新知能模組的領導；(2)新智慧元素的領導；(3)新創客作品的領導；(4)新學習食譜的領導；(5)新價值評量的領導；(6)新教育價值的領導。「智慧創客」教育與領導的特質，如圖 5-6 所示。

**校長解析知識價值化歷程，帶領師生經營「智慧人・做創客」的領導作為**

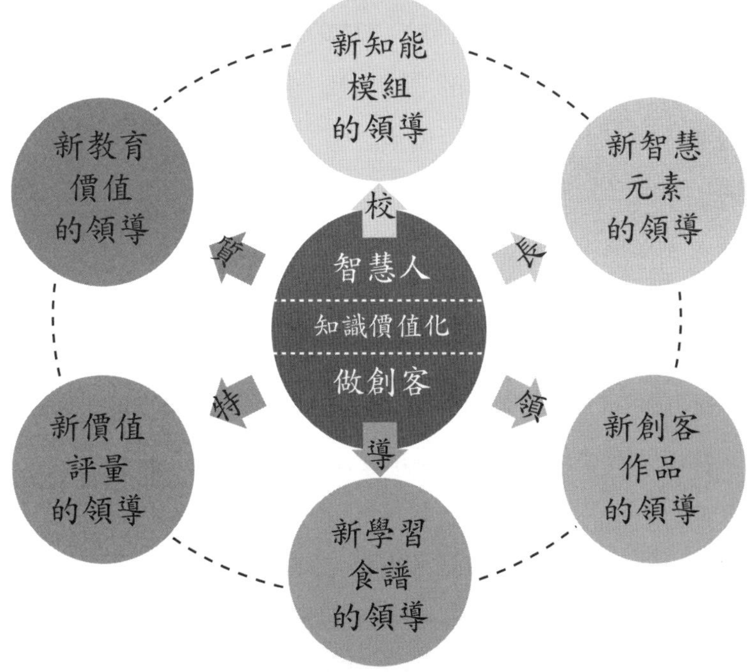


圖 5-6　「智慧創客」教育與領導的特質

資料來源：引自鄭崇趁（2018，頁 77）

## 三、第三條教育軸線：「創新進升」教育與領導

鄭崇趁（2018，頁 201-220）認為，當前學校教育的經營有六個較明顯的「創新經營策略」，校長和教師實踐新經營策略，稱之為「創新教育」。這六個新經營策略是：新價值領導策略、新計畫經營策略、新創新實驗策略、新元素組件策略、新知能創價策略，以及新智慧創客策略。為這些創新教育（策略），找到「進升力點」則為「進升教育」；示範（實踐）這些「創新進升力點」的操作行為則稱之為「創新進升領導」。創新進升領導係指，校長及教師領導師生教育行為產生進升式的質量創新與改變，是帶動邁向教育 4.0 的核心領導作為，具有六大特質（參考鄭崇趁，2020，頁 327-352）：(1)創新「經營素養」的進升領導：如「傳學為人師之道」及「授經營教育之業」；(2)創新「課程教學」的進升領導：如「解知能創價之惑」及「領智慧創客之航」；(3)創新「全人發展」的進升領導：如國民教育階段的全人發展：成熟人、知識人、社會人、價值人、永續人、智慧人、做創客（開八德），進升到高等教育階段的全人發展：智慧人、做創客、新領導、優教師、能家長、行國民（達六至德）；(4)創新「層級標準」的進升領導：如「教育 3.0」為能力化，特色品牌學校時期的教育：「教育 4.0」則為「素養化」，新五倫・智慧創客學校時期的教育；(5)創新「築梯教材」的進升領導：如春風化雨 4.0 的教材為：1.0「春風送暖，教育有感的生命」；2.0「春風傳知，教育覺識的生活」；3.0「春風有情，教育幸福的生涯」；4.0「春風帶意，教育大用的公民」；(6)創新「教育境界」的進升領導：如王國維人生三境界：第一境界為「盼」（盼事功有人了解，知音的出現）；第二境界為「深」（深耕教育，衣寬憔悴在所不惜）；第三境界為「悟」（找到知音、找到經營事業核心技術、受到廣泛認同、觀照、加持）；第四境界為「達」（達成→達標→達道→達新；創新進升教育新境界「達新」，達「智慧人、做創客」全人發展之新）。「創新進升」教育與領導特質，可用圖 5-7 呈現。

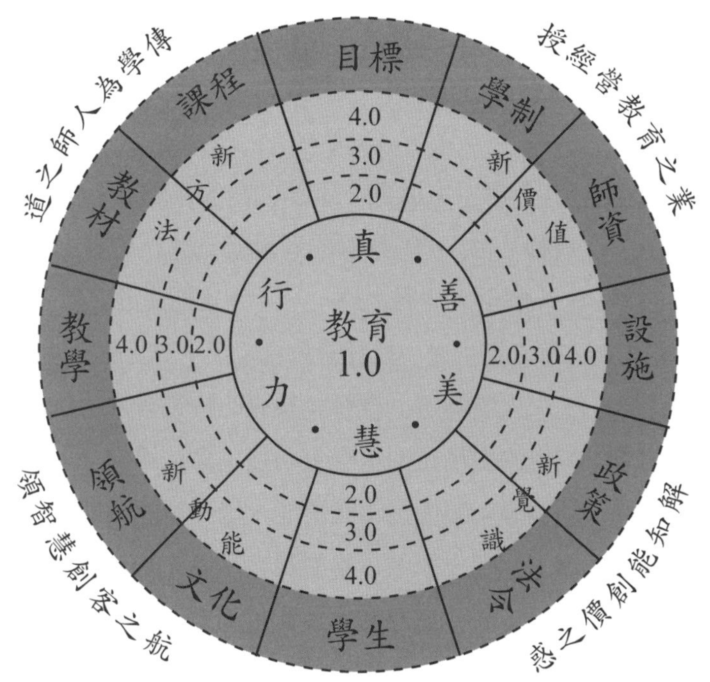


圖 5-7　「創新進升」教育與領導特質

資料來源：引自鄭崇趁（2020，頁 340）

## 四、第四條教育軸線：「人道師道」教育與領導

學生是人，老師也是人；老師教學生要實施「人道」教育；校長領導教師辦學要示範「師道」教育與領導。是以，教育的本質在「教人之所以為人」：對學生而言是「人道教育」，對老師而言是「師道教育」，對師資生的教育而言，就要重視「人道師道」教育與領導；它成為第四條教育軸線。人道者，「人之所以為人」的教育之道也，關注人為主體的「人心」教育（知能模組）、「人理」教育（理性開展）、「人性」教育（善惡品格）、「人本」教育（人的價值）、「人文」教育（素養能量）、「人才」教育（專長亮點），教育的終極本質在「創新生命，全人發展」，達成 12 項角色責任：成熟人、知識人、社會

人、獨特人、價值人、永續人、智慧人、做創客、新領導、優教師、能家長、行國民。基礎教育階段在開八德（前八德）；高等教育階段在達至德（後六德）。

師道者，「師之所以為師」之道也；師道的核心素養有四：「傳道」、「授業」、「解惑」、「領航」也；4.0 教師的新師道在：「傳生命創新之道」→「授知識藝能之業」→「解全人發展之惑」→「領適配生涯之航」；4.0 校長的新師道在：「傳學為人師之道」→「授經營教育之業」→「解知能創價之惑」→「領智慧創客之航」。「人道師道」教育與領導的特質有六：(1)「創新生命、全人發展」的領導：教育的主軸在創新學生心理生命，邁向全人發展；(2)「順性揚才、優勢築梯」的領導：順性揚才開潛能，優勢智能明朗化；(3)「自我實現、專長亮點」的領導：生活、學業、事業日有所進，邁向生命的理想抱負，展現專長亮點，活出自己；(4)「智慧資本、動能貢獻」的領導：自我的素養能量能為組織（家庭、學校、社會、國家）產出動能貢獻，成為組織的有效智慧資本；(5)「專業示範、技術要領」的領導：領航示範正確版本教育理念、理論、系統、模組的實踐作為暨其技術要領的價值論述；(6)「適配經營、幸福典範」的領導：考量學校整體資源條件，規劃最適化經營模式，示範師生最幸福教育典範。「人道師道」教育與領導的特質，如圖 5-8 所示。

## 五、第五條教育軸線：學道識道的教育與領導

學道者，學之所以為學之道也；學生在教師引導之下，能夠循學習原理，善用學習工具，增益有效學習，稱之為學道。學道教育是指有效學習的四要領：(1)學習遷移→(2)學習地圖（含學習步道）→(3)學習食譜（KTAV 學習食譜）→(4)學習羅盤（臺灣邁向 2030 年教育目標：智慧人、做創客〔適配幸福人生〕學生學習羅盤）。

識道者，識之所以為識之道也；教師帶著學生認識了解人類獲取知識，知識進出人身所產生「知識生命」的軌跡也。「識道」等同於人類經由教育與學

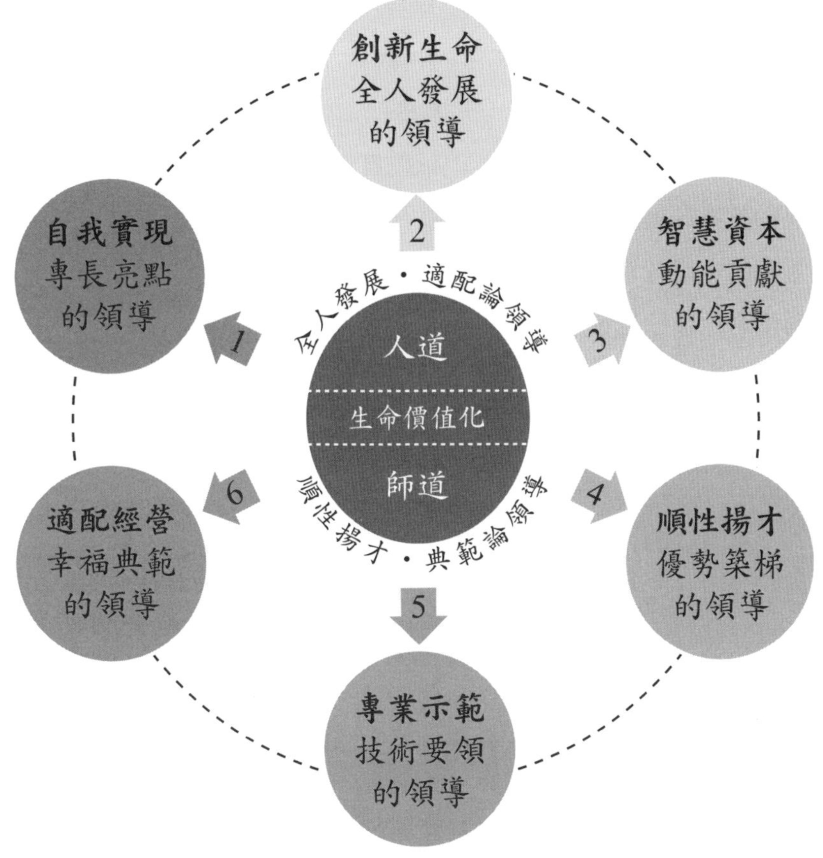


圖 5-8　「人道師道」教育軸線與領導的特質

資料來源：作者依學理繪製

習獲得「素養能量」的四大經營策略：(1)元素構築（56 個元素內構外築）→(2)知識遞移（九大素養直接教的校本特色課程與教材）→(3)知能創價（師生用習得的知識能力創新生命價值及教育價值）→(4)全人發展（完備全人發展 12 個角色責任，各級學校畢業生展出 10 件「智慧創客」代表作品）。

「學道識道」教育與領導，係作者邁向教育 4.0 系列叢書（四本書）出齊後，才得以「統整定型」的教育版本，這四本邁向教育 4.0 的系列叢書是：(1)

2016 年的《教育經營學個論：創新、創客、創意》；(2)2017 年的《知識教育學：智慧人・做創客》；(3)2018 年的《教育 4.0：新五倫・智慧創客學校》；(4)2020 年的《素養教育解碼學：元素構築・知識遞移・知能創價》。是以，「學道識道」是第五大教育軸線，也是校長進升領導的第五大軸線。「學道識道」也是知識系統模組的進升，其特質有六：(1)生命化的學與識：知識與教育都是有生命的，活教育、活知識建構了學道與識道；(2)元素化的學與識：學道與識道的生命也都是教育元素（56 個）內構外築的知識結晶；(3)組件化的學與識：學道的重要零組件是學習遷移、學習地圖、學習食譜、學習羅盤；識道的核心零組件是元素構築、知識遞移、知能創價、全人發展；組件化是指這八個新「教育名詞」（教育新組件的命名）；(4)系統化的學與識：這八個組件，前四個成為「學道」的系統，系統成道（軌道）；後四個成為「識道」，認識知識生命軌跡之道；(5)模組化的學與識：學道與識道都是立體模型的模組化，模組化的知識代表具有循環運轉、生生不息、欣欣向榮、永續經營、創新進升的功能，它的組織結構類似「引擎」，也類似「智慧型手機」；(6)學識化的學與識：學道與識道是教育學新「專有名詞」，具有「教育理論」、「教育思想」、「教育覺識」、「教育工具」的「新教育學識」之發明（發現）。「學道識道」教育軸線與模組教學的特質，如圖 5-9 所示。

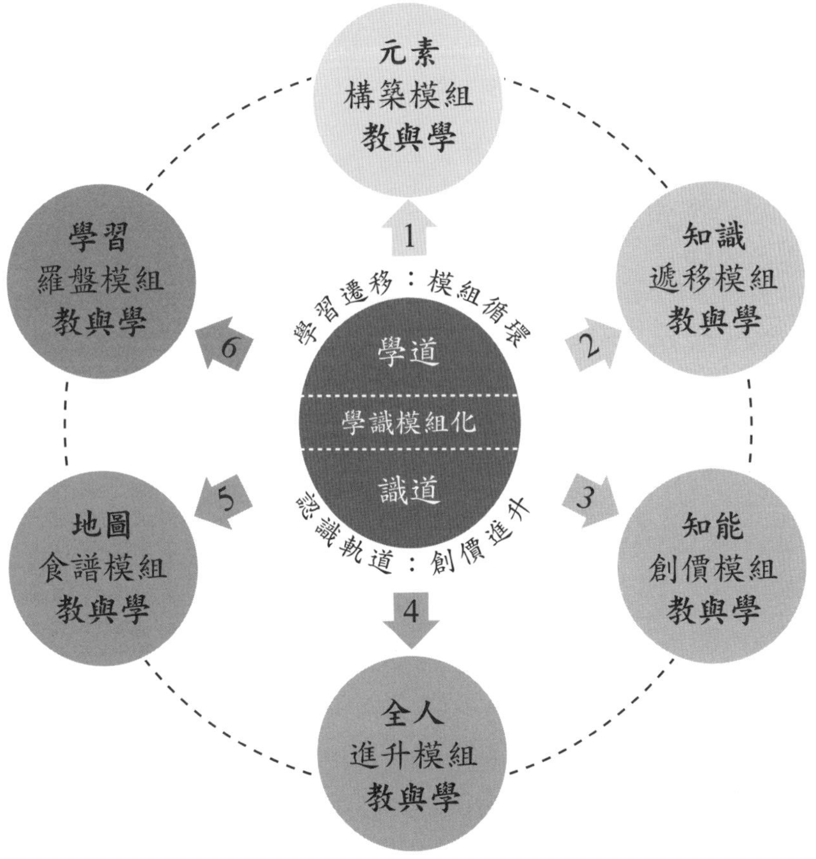


圖 5-9　「學道識道」教育軸線與模組教學的特質

資料來源：作者依學理繪製

# 第六章　新「進升」教育暨「築梯論」領導

「進升教育」和「進升領導」都是新興的教育專有名詞，也都由作者的專書開始使用。2018 年作者出版《教育 4.0：新五倫・智慧創客學校》一書時，開始使用「進升策略」及「進升領導」，認為「教育 4.0」版本確定後，教育領導人（行政首長、校長、領航教師）應可實施「進升領導」，領導進升學校教育的整體或分項，由教育 2.0 進升教育 3.0，再由教育 3.0 進升教育 4.0。「進升領導」及「進升經營策略」頓時成為「教育經營學」重要專有名詞。2020 年作者出版《素養教育解碼學：元素構築・知識遞移・知能創價》一書時，認為「進升」是「創新」的延續與目的，「創新」是「進升」的有效作為。有進升的創新，才是真創新；有創新的進升，才是真進升。是以兩個專有名詞應連結使用，成為複合性名詞：「創新進升教育」或「創新進升領導」，更能彰顯其教育與領導之功能價值。該書第 20 章〈校長領導新境界：三軸・三鑰〉，就將「創新進升領導」列為第三條重要軸線。

本章分四節闡明論述：第一節、進升的教育意涵與教育特質，說明進升的教育本質意涵在「開展教育新境界的存在（new being）」；進升的經營著力點在「盼→願→深→識→悟→達」；兼敘進升教育的六大特質。第二節、新「進升教育」的實踐作為，敘明十五項進升教育的具體作法。第三節、教師進升學生的「築梯論」領導，介紹學生主體「築梯論」的六項教育領導作為。第四節、校長進升教師的「築梯論」領導，介紹教師主體「築梯論」的六項教育領導作為。

## 導論

本章探討四個教育名詞的新意涵：「進升」、「進升教育」、「築梯論」、「築梯論領導」，論述主軸在於「創新的進升教育」及「進升的築梯論領導」。本章的「重要發現」及具有創新進升的「價值論述」，摘述如下：

1. 定義「進升」的意涵及「進升歷程」的教育元素：進升的定義是開展教育新境界的存在（new being）。操作型定義是規劃設定教育整體、分項、議題 1.0→4.0 進升任務指標。進升歷程的教育元素為盼→願→深→識→悟→達。每一個元素，都解析它四個層次的教育意涵。
2. 尋繹「教育 4.0」的理論基礎：進升教育與進升領導的源頭，來自「教育 4.0」的存在，本章補述尋繹「教育 4.0」的三個理論基礎：(1)工業發展說（工業 4.0）；(2)人生境界說（王國維人生三境界）；(3)創新進升說（本書撰寫模式）。
3. 詮釋「進升」本即人的教育本質：(1)學制進升人的教育機制；(2)學校進升人的教學環境；(3)師資進升人的楷模典範；(4)課程進升人的學習內容；(5)教材進升人的知能模組；(6)目標進升人的價值行為。
4. 揭示「進升教育」的六大特質：(1)教育新元素組件的進升；(2)教育新系統模組的進升；(3)教育新覺識方法的進升；(4)教育新動能價值的進升；(5)教育新使力焦點的進升；(6)教育新文明文化的進升（鄭崇趁，2020，頁 283-304）。
5. 規劃學校「進升教育」的十五項實踐作為如下：(1)進升教師的專業素養；(2)進升學生的素養能量；(3)進升師生的知識遞移；(4)進升師生的知能創價；(5)進升師生的智慧創客；(6)進升學校的分項教育；(7)進升學校的主題方案；(8)進升學校的課程模組；(9)進升學校的特色品牌；(10)進升學校的組織文化；(11)進升教育的智慧環境；(12)進升教育的學習四道；(13)進升教育的資源統整；(14)進升教育的空間領導；(15)進升教育的智慧動能。

6. 教師對學生的「築梯論」領導，得從下列六項著力：(1)築生活好習慣之梯；(2)築學習有要領之梯；(3)築閱讀優策略之梯；(4)築社團亮專長之梯；(5)築品格樂服務之梯；(6)築作品成創客之梯。
7. 校長對教師的「築梯論」領導，得從下列六項著力：(1)築人生目標之梯；(2)築階段任務之梯；(3)築計畫進升之梯；(4)築校本課程之梯；(5)築卓越專長之梯；(6)築教材系統之梯。每項作為均設定 1.0→4.0 任務指標，並專業示範築梯而上要領，助其實現任務目標。

## 第一節　進升的教育意涵與教育特質

進升者，進步升級也。進有前進、發展、開始、邁步向前之意；升有升級、進級、升官等、升級別、升位階、升標準、升境界之意。本書主張：進升為教育的本質之一；進升的深層教育意涵是：「開展教育新境界的存在（new being）」。教育界開始重視「進升教育」，來自「教育 4.0」的新發現；教育 4.0 的由來，有兩個參照理念：「工業 4.0」及王國維的「人生三境界」。「工業 4.0」乃中國教育學會（吳清基教授時任理事長）的覺識，該學會在 2018 年聯合年會時，出版《邁向教育 4.0：智慧學校的想像與建構》專書，並召開國際學術研討會，期待藉由國內外教育人員的集體智慧，認同教育 4.0 的存在，並為其找到最佳版本。從建構理論基礎的角度而言，「工業 4.0」對「教育 4.0」的啟示，得稱之為「工業發展說」。作者當時也受邀參與該次國際學術研討會，發表專文（〈論教育 4.0 的新師資培育政策〉），並同時出版《教育 4.0：新五倫・智慧創客學校》專書。作者主張：規劃教育 4.0，要同時參照工業 4.0 及王國維的「人生三境界」；人生三境界對教育 4.0 的啟示，得稱之為「人生境界說」。教育 4.0 版本存在之後，因為它是教育「高度視野」的展現，帶動大家對於「創新教育」與「進升教育」的新詮釋，「創新進升說」亦順勢成為「教育 4.0」第三個理論基礎。探討進升的教育意涵，要掌握這些新教育名詞的源頭與發展，並深入解析原典的教育意涵。

工業 4.0 的核心意涵是：1.0 機械化、2.0 電氣化、3.0 自動化、4.0 智慧化。王國維的「人生三境界」是：凡人成大事、大學問者，必經三境界。第一境界：昨夜西風凋碧樹，獨上高樓，望盡天涯路〈盼・願〉；第二境界：衣帶漸寬終不悔，為伊消得人憔悴〈深・識〉；第三境界：眾裡尋她千百度，驀然回首，那人卻在燈火闌珊處〈悟・達〉。教育 4.0 的版本是：1.0〈經驗化〉私塾、書院時期的教育；2.0〈知識化〉公共教育普及化時期的教育；3.0〈能力化〉特色品牌學校時期的教育；4.0〈素養化〉新五倫、智慧創客學校時期的教育。創新教育與進升領導有效整合的原典，則出現在本書《新校長學：創新進升九論》之九章章名。是以，學制、學校、師資、課程、教材、目標都具有「進升」的教育意涵，逐一闡明如下：

1. 學制進升人的教育機制：政府設學校教育人民，從國小→國中→高中→大學→研究所（碩士班、博士班），規範人民的學習秩序，稱之為「學制」。「學制」含有進升的教育意涵，學制進升人的教育機制。
2. 學校進升人的教學環境：學校依據教育法令及設備基準設校，提供優質的教學環境，有符合學校層級的教學設施，師生才能依據課綱的順序，實施有效的「教與學」。學校本身也具有進升的教育意涵，學校進升人的教學環境，從國小→國中→高中→大學都有進升的教學環境。
3. 師資進升人的楷模典範：政府設學校、聘教師、頒課程、教學生，各級學校的師資素質愈來愈高，中小學教師的基本學歷要有學士學位，修畢教育學程，通過教師資格檢定考試，並經過各級學校或其主管教育行政機關統一甄選錄取，才得以獲聘為中小學教師，最近更有全面碩士化的趨勢。大學教師則全面博士化，並實施教師分級制。教師主責教學，是學生學習主要對象。師資進升學生學習的楷模典範。
4. 課程進升人的學習內容：課程乃學生的學習內容，課程本身亦有進升的意涵，從國小→國中→高中「課程總綱」及各級學校「課程綱要」均定期修訂；大學教育課程自主，通常各系所課表均逐年訂頒。課程進升學生（人）的學習內容。

5. 教材進升人的知能模組：單元教學使用的文本內容，稱之為教材，學生在老師教導下學習文本教材，文本知能與人內在的知能互動，螺旋重組成新的知能模組，先內構知能模組，再外築價值行為〈德行・作品〉。是以，教材進升學生（人）的知能模組。
6. 目標進升人的價值行為：各級學校教育目標規定在各級學校法之中，課程目標則揭示在課程總綱中。1.0 教育目標：脫文盲・求功名；2.0 教育目標：知識人・社會人；3.0 教育目標：獨特人・永續人；4.0 教育目標：智慧人・做創客。目標進升教育境界，進升學生（人）的價值行為。

因此，進升教育適用的範圍十分廣泛，具有下列六大特質：(1)教育新元素組件的進升，例如：真、善、美、慧、力、行、教、育八大核心元素及其次級系統元素之間的新系統模組；又如：「元素構築、知識遞移、知能創價、全人發展」教育名詞組件之運行進升；(2)教育新系統模組的進升，例如：「人道教育、師道教育、學道教育、識道教育」教育新系統模組的進升；(3)教育新覺識方法的進升，例如：運作知識生命的小大循環「知識遞移、知能創價」，得以解開素養教育的密碼，乃教育新覺識方法的進升；(4)教育新動能價值的進升，例如：「進升型主題教育計畫」的帶動，可以讓學校由 2.5 的學校進升 3.0 的學校，再由 3.0 的學校進升 4.0 的學校，此乃教育新動能價值的進升；(5)教育新使力焦點的進升，例如：〈校長領導新境界：三軸・三鑰〉（鄭崇趁，2019，頁 327-352），其中的「三軸・三鑰」即為教育新使力焦點的進升；(6)教育新文明文化的進升，例如：學校組織文化、師生任務型團體組織氣候、要領技術掌握水準的普遍進升，即為教育新文明文化的進升。

## 第二節　新「進升教育」的實踐作為

進升教育的核心意涵是開展教育新境界的存在（new being），建構進升教育的核心元素是「盼→願→深→識→悟→達」的開展歷程，掌握這些教育元素的主要意涵與使力焦點，就能演繹進升教育的實踐作為。六個元素中的「盼、深、悟」是王國維「人生境界說」的詮釋：第一境界（昨夜西風凋碧樹，獨上高樓，望盡天涯路）是「盼」，盼教育辦得很好、盼事功有人了解、盼知己的出現，也盼得到認同與加持；第二境界（衣帶漸寬終不悔，為伊消得人憔悴）是「深」，深耕本業、深耕教育、深耕學校、深耕課程、深耕教學，也深耕價值，衣寬憔悴，在所不惜，無怨無悔；第三境界（眾裡尋她千百度，驀然回首，那人卻在燈火闌珊處）是「悟」，詩文原意是：終於看到知己的出現，原來每天拿著燈火與自己相伴的親人，才是真正的知音。「悟」的教育意涵有四個層次：「明白了→想通了→得道了→進升了」都是悟；明白了是「頓悟」→想通了是「深悟」→得道了是「達悟」→進升了是「澈悟」。

「願・識・達」三個元素是「認識論」系統的教育元素：「願」是「盼」的進升，盼而生願；「願」也是行的動因。教育的「願行」作品有四個層次：(1)潔身自愛願行（如好習慣、勤學習作品）；(2)入道有門願行（如優要領、善技術作品）；(3)布施澤民願行（如能奉獻、組能力德行）；(4)適配幸福願行（如人人「得幸福、慧價值」的生命、事業、德行、作品）（引自鄭崇趁，2020，頁 95）。「識」是「深」的進升，深耕而有識；教育的善「識」技術也有四個層次的意涵：「辨識」→「覺識」→「見識」→「通識」，四個層次的識都是知能創價的動能（參考鄭崇趁，2020，頁 35-49）。「達」是「悟」的進升，悟道而有達（完成之意）；教育的善「達」技術也有四個層次的意涵：「達成」→「達標」→「達道」→「達新」；達有「到了」、「完成」、「通暢」、「高峰經驗」之意，是「悟」境界的延伸，指人悟道之後繼續完成之事功與作品，也可以稱之為「達新」境界（第四境界）。第四境界「達」的經典詩文，可以使用蘇軾的名句：「但願人長久，千里共嬋娟」。「教育 4.0」的三個理論基礎：「工業發展說」、「人生境界說」、「創新進升說」都能共同使用「1.0→2.0→3.0→4.0」進升任務指標，來界定教育發展的「等級、境界、標準」，對於「新創新教育」暨「新進升教育」的實施幫助最大，因為有了明確任務指標，才能規劃具體的實踐工作事項，精準地帶動「創新進升教育」的實施。

新進升教育的實踐作為，概有 15 個著力點：(1)教師專業素養的進升；(2)學生素養能量的進升；(3)師生知識遞移的進升；(4)師生知能創價的進升；(5)師生智慧創客的進升；(6)學校分項教育的進升；(7)學校主題方案的進升；(8)學校課程模組的進升；(9)學校特色品牌的進升；(10)學校組織文化的進升；(11)教育智慧環境的進升；(12)教育學習四道的進升；(13)教育資源統整的進升；(14)教育空間領導的進升；(15)教育智慧動能的進升。這 15 個著力點，提供校長及領航教師參照採用，學校得優先選擇 6～9 項實施。逐一說明如下。

## 一、教師專業素養的進升

教育 4.0 的教育是素養取向的教育。教師本身的專業素養，一定不能停留在能力取向教育階段，故 4.0 教師的角色責任是：傳生命創新之道、授知識藝能之業、解全人發展之惑、領適配生涯之航；教師要能夠掌握素養教育解碼學的核心技術：元素構築、知識遞移、知能創價。

## 二、學生素養能量的進升

素養取向的教育強調，十二年國民基本教育的課程總目標在培育學生的「九大核心素養」；教師執行單元教學時，要進升為素養取向的教學，教案設計改採 KTAV 教學模式，或者重視「智慧學習內容」、「創客學習表現」、「價值評量」，有效進升學生的素養能量。

## 三、師生知識遞移的進升

素養取向的教育最重視師生知識遞移的流量。知識遞移係指，教材及教師身上的知識能夠「遞送、轉移」到學生身上，創新學生的知識。知識遞移的核心技術包含：知識解碼→知識螺旋→知識重組→知識創新。師生執行：「用智慧（KTAV）」→「做中學（體驗操作）」→「有作品（做創客）」→「論價值（價值評量）」之智慧創客教學歷程，更能擴增師生知識遞移流量。

## 四、師生知能創價的進升

師生知識遞移成功後，師生就能共同知能創價，知能創價係指「知識＋能力」創新「生命＋教育」價值，是素養取向教育「更新、更重要」的教育本質。教育對個人的知能創價是：適配教育、優勢專長、人盡其才、自我實現、智慧資本；教育對組織的知能創價是：集體智慧、創新產品、暢旺群組、民富國強、適配幸福。師生知能創價的進升：由「內構」進升「外築」；創新「個人價值」→再進升→創新「組織價值」。

## 五、師生智慧創客的進升

師生知能創價的最好表現是：智慧人・做創客；有智慧的人在從事有智慧的教與學，有智慧的教學就能引導學生產出新的學習作品（做創客）。是以，每一領域（學科）都會有 5～10 件智慧創客作品，每一處室都會有 3～5 件學生合作的智慧創客作品，學校每年選出百大智慧創客作品，畢業生每個人都可以展出 10 件智慧創客代表作品。

## 六、學校分項教育的進升

學校的分項教育，包含：目標、學制、政策、法令、師資、課程、設施、教材、教學、領航、文化、學生，都可以視同為個別組件或系統，設定其 1.0→2.0→3.0→4.0 發展任務指標，優化進升其內涵與品質，帶動分項教育創新進升發展，累增學校進升為 3.0 學校，然後再進升為 4.0 學校。

## 七、學校主題方案的進升

學校的主題計畫（方案）是學校進升教育的主要工具（鑰匙），幾乎所有的學校，都運用主題計畫來創新進升學校的發展。進升型主題計畫（方案）的「目標」→「策略」→「項目」三者要成為系統結構，並且都有各自的撰寫技術，校長及領航教師掌握這些核心技術，就能策訂優質計畫方案，帶動學校進升發展，邁向更高境界（教育 4.0）。

## 八、學校課程模組的進升

「KTAV 學習食譜」可以聚焦九大素養直接教：使用「新知識（真）」→「含技術（善）」→「組能力（美）」→「展價值（慧）」的新課程模組及教材；「學生學習羅盤」更可以規劃學校新校本特色課程，以及師生本位、任務本位特色課程，是學校進升課程模組的核心工具，更是打開素養取向教育的兩把重要鑰匙。

## 九、學校特色品牌的進升

教育 3.0（能力化）世代，學校本就發展特色品牌教育；進入教育 4.0（素養化）世代，學校特色品牌教育之主題，勢需與九大素養有所銜接，「KTAV學習食譜」及「學習羅盤」，亦得幫忙統整找到銜接點（共本質元素・核心價值）。學校特色品牌教育始得同時再進升為：新五倫・智慧創客學校（4.0）。

## 十、學校組織文化的進升

學校是「人教人」的專業示範機構，組織文化具有個殊性，教師在國人心目中是非常尊貴的職務，教育法令保障教師教學的專業自主權，薪資待遇平均高於公務人員。中小學教師教育的對象係尚未完全成熟的學生，課堂上授課的教材都是基本知能，欠缺挑戰性，容易形成：「維持現狀、安逸度日」的消極文化。作者之所以出版兩本校長學專書，最重要的旨趣在：期待校長們能帶動學校組織文化的進升，進升成為：「成就人→旺學校→創新教育→進升領導」的積極型文化，每位教師成為有效智慧資本，積極對教育產出動能貢獻。

## 十一、教育智慧環境的進升

4.0的教育是「素養化」的教育，素養化教育最需要「工業4.0（智慧化）」的教學環境設施；教育行政主管機關宜立法進升「各級學校設備基準」，並策訂各級學校進升智慧創客教育設施計畫，全面進升學校教育智慧環境。

## 十二、教育學習四道的進升

「人道」的教育及「師道」的教育在教育界流傳已久，惟版本必未定於一尊。鄭崇趁、鄭依萍（2021）發表「行四道」，並依循四道的教育學理建構「學習羅盤」。教育學習四道進升為：人道、師道、學道、識道。人道指人之所以為人之道，指全人發展的12個角色責任：成熟人、知識人、社會人、獨特人、價值人、永續人、智慧人、做創客、新領導、優教師、能家長、行國民，其核心技術在：順性揚才→自我實現→智慧資本→全人發展。師道指師之所以為師之道，新師道有四大角色責任：傳道、授業、解惑、領航；4.0 教師的新師道為：傳生命創新之道→授知識藝能之業→解全人發展之惑→領適配生涯之航；4.0 校長的新師道為：傳學為人師之道→授經營教育之業→解知能創價之惑→領智慧創客之航。學道指學之所以為學之道，其四個技術要領為：學習遷移→學習地圖（含學習步道）→學習食譜→學習羅盤。識道指識之所以為識之道，其四個經營策略是：元素構築→知識遞移→知能創價→全人發展。

## 十三、教育資源統整的進升

資源統整的工程師是校長的六大角色責任之一。臺北市的優質學校是特色品牌學校的經典，目前已訂定4.0版之項目指標實施中，其中「資源統整」向度的4.0項目指標為：親師合力→資源系統→知能創價→智慧創客，已經完全銜接「教育4.0：新五倫・智慧創客學校」的運作實踐。

### 十四、教育空間領導的進升

「真・致用知識」之次級系統元素，包含：人、事、時、地、物、空。空指空間，空間裝載人與萬物萬事，係裝載教育工作的實相，沒有空間就沒有教育的存有。空間對教育的發展占有關鍵性影響地位，是以湯志民教授近年開啟「空間領導」的研究與運用，亦將進升為教育發展主流之一。

### 十五、教育智慧動能的進升

教育人員的基本學歷愈來愈高，中小學師資已邁向全面碩士化，高等教育師資則已全面博士化，目前教育事業的經營產品尚不及「工業 4.0（智慧化產品）」之影響力，實乃教育人員之「智慧動能」尚未被領導誘發所致。本書第三章：新「智慧」教育暨「動能論」領導，已書明校長領導「個人智慧動能」及「團隊智慧動能」的要領技術，學校師生智慧動能的進升，教育就可以全面進升3.0，然後再進升為4.0。

## 第三節　教師進升學生的「築梯論」領導

教師給學生梯子或幫學生築梯，協助學生逐梯而上、創新學習，進升新境界的績效價值，稱之為築梯論。「築梯論」此一教育專有名詞，從本書開始使用，係屬進升領導系列的教育專有名詞之一。「築梯論」領導包括兩個層次：教師進升學生的「築梯論」領導，暨校長進升教師的「築梯論」領導。本節先行敘述「教師進升學生的築梯論領導」。

教師進升學生的築梯論領導，得以參照下列六項實踐作為：(1)築生活好習慣之梯；(2)築學習有要領之梯；(3)築閱讀優策略之梯；(4)築社團亮專長之梯；(5)築品格樂服務之梯；(6)築作品成創客之梯。逐一說明如下。

## 一、築生活好習慣之梯

學生接受教育的年限愈來愈長，基本教育 12 年，大學畢業 16 年，如果再加上碩士及博士，就要 20 年以上。多數的人，6 歲開始讀國小，就一直在學校裡讀書，讀到 25～30 歲之後，才到社會上工作，過有職涯的生活。學校教育的表象在知識的傳承與創新，而影響其實質內涵者，在於學生本身的生活習慣、學習要領、閱讀策略、社團專長、品格服務、作品創客。是以，學校教師對自己的學生，要結合領域教學及班級經營，運作「築梯論」，做好這六方面的進升領導。

築生活好習慣之梯的進升領導，得從下列四個層級著力：(1)愛整潔・守秩序：乾淨整潔、守法有序，是學習生活的第一要務，也是人一生最核心的基礎生活習慣；(2)常運動・護健康：勤學很重要，健康更重要；在勤學的同時，要養成常運動的規律生活，才得以護住健康、永續經營；(3)能共學・樂服務：學校的特質是設計多元群組共學場域，教師要領導學生能和同學一齊有效學習，共同學習時更要養成樂於為夥伴服務的好習慣，形成「交互作用・整合發展」的共學群組，可以創新更好的學習績效價值；(4)成規律・有節奏：生活好習慣影響人一輩子的事功與成就，高境界的生活好習慣需與時空律則的知識融合統整，善用每天擁有的時間及空間，養成一種極簡化的規律生活，並且具有與一般人不太一樣的節奏和旋律，此節奏和旋律配合日、週、月、季、年可以永續循環，永續產出高品質（能量）的「學習，事功」作品。

## 二、築學習有要領之梯

學生接受教育期間過的是學習生活，學生的本質就是要學會課綱上規範的所有知與能。教師「築梯論」的第二種運用，在築學生學習有要領之梯。學習的實體是「知識」，知識蓋分五大類：物理現象的知識、事理要領的知識、生命系統的知識、人倫綱常的知識、時空律則的知識（鄭崇趁，2017）。

五大類知識的學習要領稍有不同：(1)物理知識找元素：分析物體本身的原型、元素、成因、組件，就能找到操作物理知識的方法和技術；(2)事理要領重結構：人每天的工作就是拿物作事，大小事之間的系統結構關係最重要，現代人發展事理 SOP（標準作業程序），是增進事理要領知識的技術和方法；(3)生命系統講平衡：學生每天都在運作生命系統的知識，學習五大類知識，生命本身身心「健康、平衡、協調、運作」，才能啟動「感、知、覺、識、悟、達」功能，認識五大類知識；(4)人倫綱常分等差：如儒家的等差之愛，得分為四級：親愛（愛親人；家人→親朋）、仁愛（愛師生；同儕→社區）、博愛（愛大眾；群己→事務）、大愛（愛生命；生態→天地）；(5)時空律則譜旋律：運用時間及空間知識的特質（循環、節奏、旋律、模式），配合日、週、月、季、年之循環，即能譜生活旋律、譜學習旋律、譜工作旋律、譜休閒旋律。

## 三、築閱讀優策略之梯

經由閱讀吸收知能也是學生的重要本分，學生勤學概指勤於閱讀，教師宜教給學生明確的閱讀方法技術。是以，「築梯論」的領導運用，在築學生閱讀優策略之梯，其有四個層級的策略：(1)慢讀（認字增能策略）：國小中低年級學生識字量有限，閱讀教材多用繪本與童話故事，主要功能在認字增能，適合採用慢讀策略，運作故事情節，引導其認識新字，增廣閱讀能量；(2)略讀（開拓見聞策略）：開卷有益，獎勵學生閱讀量指標設計，主要目的在增廣學生見聞，拓展視野，其閱讀教學策略宜採略讀策略，教會學生如何進行章節綱要略讀，然後概覽全書，再摘錄新詞及專有名詞，並寫出文本大意及心得啟示；(3)精讀（理解展能策略）：學校主題教育月閱讀書籍及領域（學科）延伸閱讀書籍，其主要目的在「專門學能」的加深加廣，適合採用精讀策略；品讀全文→摘述重點→理解要義→展示新能（完成作品或評量）；(4)速讀（挑戰專注策略）：教師也可以教學生學速讀，速讀的核心技術在「閱讀專注力」之訓練與培育，速讀的書籍適合一般知能，不適合專門學能，教師得優先選用略讀教材，來指導學生練習速讀。

## 四、築社團亮專長之梯

學生的社團活動是學生「優勢智能明朗化」的重要機制，學生選擇社團等同於築「亮專長」之梯。是以，「築梯論」的第四種領導運用是，築社團亮專長之梯的領導。築社團亮專長之梯的著力點有四個層級的作為：(1)多軌選讀社團：教師輔導學生依據自己的性向興趣，每學期選讀 1～3 個學校社團，多元誘發學生潛在能量；(2)選定深耕社團：教師輔導學生針對自己最有興趣，或發揮得最有亮點的社團，選定為永續深耕社團，經營專長優勢明朗化，點亮自己的亮點；(3)參與校際競賽：教師鼓勵學生隨著社團，或參照個人專長程度，多參與校際才藝競賽，展現自己的亮點，也為自己及學校增光，創新自己生命價值，也創新學校教育價值；(4)奉獻社會服務：教師激勵學生多參與社會服務性社團，或跟隨才藝性社團接受邀約，公益演出，讓自己的亮點被看到，也用自己的優勢專長，善盡社會責任，創新社會共好價值。

## 五、築品格樂服務之梯

「智慧人、做創客」是 21 世紀新教育目標，能夠產出有價值行為「德行・作品」者，稱之為「智慧人・做創客」。是以，新教育目標在培育有智慧的人及有作品的學生：「有智慧的人」要從「築品格樂服務之梯」經營；「有作品的學生」則要從「築作品成創客之梯」著力。

「築品格樂服務之梯」的經營實踐，得參照下類四個層級的作為：(1)七情俱的情緒處理：人有七情六慾，喜、怒、哀、樂、愛、惡、慾是人類與生俱來的本能，教師要先同理學生七情俱的情緒表達，然後指導如何「面對、處理」正確的情緒表達，才能在師生同儕之間產生「同理→共鳴」交互支持情境；(2)

致中和的情感表達：喜、怒、哀、樂未發之謂中，發而中節之謂和，致中和的情感表達，大家都能接受，進而「認同→共融→共榮」，經營交互共好情境；(3)成風範的情操培育：大仁、大智、大勇的胸懷稱情操，例如：史懷哲的非洲行醫濟世，是今日師資培育的經典教材，其高尚情操的風範非人人可達，導引「雖不能至，心嚮往之」，「樂服務、喜助人」價值情懷；(4)全人格的性情品格：七情俱的情緒→致中和的情感→成風範的情操→全人格的性情，是全人發展的品格基礎；學生要先有全人格的性情品格，其後續的「智德融合→知能創價→智慧創客」，才得以健康的全人發展，實現達成「智慧人・做創客」新教育目標。

### 六、築作品成創客之梯

學生有永續的學習作品產出，即稱之為「做創客」。師生之間的「築梯論」領導，第六個著力點乃「築作品成創客之梯」。學生的學習作品概分為四大類：立體實物作品、平面圖表作品、動能展演作品、價值對話作品（參閱鄭崇趁，2017，頁 275-291）。「築作品成創客之梯」的實踐作為如下：(1)指導學生每學期依據各領域（學科）教師的 KTAV 單元教學，至少完成 3～5 件智慧創客作品；(2)指導學生每年至少與同學合作一次，共同完成一件布展學校教育的「師生智慧創客作品」；(3)指導學生每年選送 1～3 件作品，參加學校舉辦的「智慧創客嘉年華會」競賽，幫助學校順利選出「年度師生百大作品」，展現學校「智慧人・做創客」的績效價值；(4)指導學生畢業時，配合學校畢業典禮週，展出 10 件智慧創客代表作品，展現學生個人「智慧人・做創客」的績效價值。

## 第四節　校長進升教師的「築梯論」領導

校長領導教師專業示範辦好學校教育，為全校親師生服務，稱之為「領導服務論」（鄭崇趁，2013，第七章）；校長領導教師建置學校教育發展階梯，築梯進升教育新境界（4.0），稱之為「進升築梯論」。是以，進升教育著力點在「築梯論」，教師運作「築梯論」來領導學生進升，校長則運作「築梯論」來領導教師，統整帶動學校教育的進升。

校長進升教師的「築梯論」領導，得參照下類六項作為：(1)築人生目標之梯；(2)築階段任務之梯；(3)築計畫進升之梯；(4)築校本課程之梯；(5)築卓越專長之梯；(6)築教材系統之梯。扼要說明如下。

## 一、築人生目標之梯

校長可激勵學校教職員工追求「自我實現」與「智慧資本」，築人生目標之梯，為自己的職涯結合自我的理想抱負，設定人生目標與發展任務，例如：中小學教師「教師→組長→主任→校長」；大學教師「講師→助理教授→副教授→教授」；公務員「委任→薦任→簡任→特任」。

築人生目標之梯，職務的進升是第一種選擇，有更高的職位才有更寬廣的機會，來貢獻自己的智慧創客。然而，在各種專門行業中，中高級職務總是有限，例如：大學中教授治校，教授有數百人、上千人，而行政及學術幹部僅數十人，是以教學及教育專業知能的永續進升，就會成為「築人生目標之梯」的第二種選擇。教授們及中小學領域（學科）專門教師們，得參照王國維在《人間詞話》一書中主張的「人生境界說」（盼→深→悟→達），致力於校本課程及本土教材的永續研發，創新進升「自己→學校→國家」的教育境界，例如：作者在教授退休之際（2018年）仍出版《教育4.0：新五倫・智慧創客學校》專書；2020年仍出版《素養教育解碼學：元素構築・知識遞移・知能創價》專書；這兩本專書都是教育學門博士班層級的本土教材，作者期待它們能進升國家的教育境界。

## 二、築階段任務之梯

人生目標之梯十分巨觀，很多人常有困惑，說自己目前的事務都難以做得滿意了，哪有人生目標可言？那就先從近的開始，從「築階段任務之梯」著力，例如：輔導組長把「組長」本身的「階段任務」圓滿完成，累積各個「階段任務」的事功，就可以當做進升「主任」的梯，再把「主任」本身的「階段任務」圓滿完成，累積所有「主任」階段任務的事功，就可以當做進升「校長」的梯。築階段任務之梯，就是將目前職務的所有任務，依其時序、重要性、關聯性劃分成 2～4 個階段，表列其各階段任務指標，然後逐一完成各階段任務之謂。

## 三、築計畫進升之梯

校長指導教師的「築計畫進升之梯」有兩個著力點：一為教師本身的「專業成長」進修計畫；另一為學校「主題教育」進升計畫。教師本身的專業成長進修計畫，築梯論方法的運用，得將教師一生的成長進修，「統整考量，築梯規劃」，得將教師的進修分成四個層級：(1)共備時間的進修：運用共備進修時間，學習完成築梯式教材編撰；使用 KTAV 學習食譜，規劃築梯式教材教案的編輯；(2)授課識能的進修：授課識能指教師授課之專門領域學術能量，每位教師應配合計畫性進修，取得授課領域（學科）教學證照，或領域學門碩士以上學位；(3)專業學能的進修：專業學能指教育專業知能的進升，例如：「新育」的發現與開展、「演繹法」的創新進升、「人道→師道→學道→識道」的教育實踐；(4)碩博學位的進修：教育專業與專門學能發展迅速，然教育本業的創新與進升，難度最高，中小學教師全面碩士化；領航校長（4.0 校長）亦需博士化，均需教師計畫築梯完成。

## 四、築校本課程之梯

教育 3.0 及教育 4.0 的共同特質是：校本課程與主題教學的創新與進升。學校本位課程占總體課程的百分之 10～25；教師自己的師本課程，亦占自己授課總時數百分之 5～20。師本課程也是廣義的校本課程，是以每一位教師均應統整思考，築自己應開展的校本課程之梯。教師築校本課程之梯，得依循下列四個步驟：(1)掌握學校校本課程教育主題：學校的校本課程通常有 3～6 個主題，教師應思考自己的授課專長，選擇 1～3 個主題參與；(2)蒐集參與主題教育系統知識：校本課程的本質，在順應校本學生需求及加深加廣單元學生知能，故教師應善用智慧網路知識系統及國家圖書館碩博士論文知識加值系統，蒐集適合學生年級程度學習知能；(3)編製系列單元主題教材教案：系列單元主題教材教案，要符合校本課程年級進升知能需求；(4)智慧管理校本師本系列課程：當代教育，校際交流頻仍，校本師本系列課程運用最為寬廣，每位教師均應智慧管理自己的校本師本課程，並適時增補運用。

## 五、築卓越專長之梯

各種專門行業本身的競爭都很高，唯有該行業成員都能發揮卓越專長，呈現亮點交互輝映景象，產出集體智慧動能，該行業才能進升 3.0 及 4.0。教育此一專門行業更需要教師們的集體智慧動能，是以校長對教師的「築梯論」領導，要領導教師們「築卓越專長之梯」。教師築卓越專長之梯，得從下列四個層面著力：(1)築授課專長之梯：教師的本業在教學，教師要築授課專長之梯，有 1～2 個領域（學科）之授課水準，是自己卓越表現的焦點；(2)築行政專長之梯：學校中的教務、學務、總務、輔導及各處室所屬之組別，稱之為行政工作，教育行政事務的核心性質十分專業，包括：計畫經營論、組織創新論、領導服務論、溝通價值論、評鑑品質論（鄭崇趁，2013）。行政幹部及領航教師需要築行政專長之梯；(3)築領導社團之梯：學生能夠參與各種社團，社團促進學生優勢智能明朗化，社團已經成為學校辦學的第三個重點；教師築領導社團之梯，可以增進自己對學校產出「動能貢獻」；(4)築行動研究之梯：自編教材已成為教師必須展現能量的工作；行動研究的實踐，得以有效整理新教材所需的知識系統，是以教師也要築行動研究之梯，逐步提升自己自編教材的質量，進升自己的「智慧動能」。

## 六、築教材系統之梯

教育「築梯論」最珍貴的運用，在築梯式教材編製；築梯式（進升型）教材編製，最能提升單元教學的效能效率。舉四個範例供參考：(1)「賞月 4.0」：賞月 1.0：我見明月多美麗；賞月 2.0：月亮代表我的心；賞月 3.0：思君如滿月，夜夜減清輝；賞月 4.0：但願人長久，千里共嬋娟；(2)「春風化雨 4.0」：1.0：春風送暖，教育有感的生命；2.0：春風傳知，教育覺識的生活；3.0：春風有情，教育幸福的生涯；4.0：春風帶意，教育大用的公民；(3)「築夢踏實 4.0」：1.0：有夢最美；2.0：解夢尋根；3.0：築夢有梯；4.0：適配之夢；(4)「愛的 4.0」：1.0「親愛」（愛親人；家人→親朋）；2.0「仁愛」（愛師生；同儕→社區）；3.0「博愛」（愛大眾；群己→事物）；4.0「大愛」（愛生命；生態→天地）。「愛的 4.0」本即儒家的等差之愛，《論語》上說：「仁者愛人，親親而仁民，仁民而愛物」，用現代的語言來詮釋就是愛的 4.0，成為「愛的築梯論」。

本章新創「進升教育」，成為教育經營的新專有名詞，然後撰述新進升教育的 15 個著力點（實踐作為）；將原本「進升領導」的核心技術「築梯論」，再解碼為：教師進升學生的「築梯論」領導，以及校長進升教師的「築梯論」領導，且各提列了 6 個「築梯論」的實務作為。作者期待：「進升教育」、「進升領導」、「築梯論」三個新教育專有名詞，能夠很快在臺灣教育界流傳（知識遞移）；校長及領航教師都會運用「進升領導」及「築梯論」領導，來經營學校，因為它們是「教育」能否進升「新境界（2.0→3.0→4.0）」的關鍵技術。

# 第七章　新「人道」教育暨「適配論」領導

教育在教「人之所以為人」，「人之所以為人」者，人道也，為人之道也。為人之道有六義：(1)生命有意義：人的生命是活的，活著的生命就具有「活→動→新→能」的意義，人活著的每一天，都有動能及靜能的平衡循環；食物、空氣、水三者每天創新人的生理生命（身體細胞是新的），教育學習的知識則每天創新人的心理生命（新知能模組是新的）。「活→動→新→能」每天彩繪著人生命的意義；(2)生活有價值：人每天的「食、衣、住、行、育、樂」稱為生活，生活有價值指每天的生活可以創新人的新價值，創新人的「潛能開發→自我實現→活出自己」（自我實現價值），創新人的「智慧資本→動能貢獻→適配幸福」（智慧資本價值）；(3)生長有到位：教育在幫助人「創新生命→全人發展」，生長到位指達成「全人發展」的十二個角色責任：成熟人、知識人、社會人、獨特人、價值人、永續人，以及智慧人、做創客、新領導、優教師、能家長、行國民；(4)生新有作品：教育在教人之德、教人之智、教人之體、教人之群、教人之美，更在教人之新。每天的生命都能永續「作物生新・生新作物」，產出德行、作品、事功（三不朽：立德、立功、立言）；(5)生涯有貢獻：人是群居生活的動物，有學業、事業、家業、共業；人與人的相處互動，一定要有「共好」的結果，充滿「慧能」，彼此都有「動能貢獻、互惠支持」，才能「百業興隆」；(6)生態有尊嚴：人的一生尚須與生態萬物相處，人是理性的動物，主宰萬物生靈的和諧永續，萬物（含人）都能適配幸福有尊嚴。

本章探討新「人道」教育暨「適配論」領導，共分四節論述說明：第一節、人道的新教育意涵及特質，論述「人道教育」在教「人之德」、「人之智」、

「人之體」、「人之群」、「人之美」、「人之新」，成「新六育」之教育意涵，並論述「三新、三進」的新教育特質。第二節、新「人道教育」的實踐作為，列舉素養取向教育，「一觀、六說、三論」及其兩兩配對的「五組軸線」。第三節、教師對學生的「適配論」領導，深入解析素養取向教育，學生適配學習的八個焦點：進路選擇、目標設定、經營策略、使力焦點、人脈關係、事理要領、節奏旋律、平衡機制。第四節、校長對教師的「適配論」領導：(1)示範人生四大適配；(2)定位適配的校本課程；(3)策訂適配的進升型主題計畫；(4)開發適配的師本「臺灣版學習羅盤」；(5)選送適配的「智慧創客」代表作品，參與年度百大作品競賽；(6)實踐適配的幸福教育。

## 導論

本章探討四個教育名詞的新意涵：「人道」、「人道教育」、「適配論」、「適配論領導」，論述主軸在「創新的人道教育」及「進升的適配論領導」。本章的「重要發現」及具有創新進升的「價值論述」，摘述如下：

1. 詮釋「人道」的新意涵：人道者，人之所以為人之道也。人道有六個新教育意涵：(1)生命有意義；(2)生活有價值；(3)生長有到位；(4)生新有作品；(5)生涯有貢獻；(6)生態有尊嚴。
2. 定義「人道教育」的新意涵：「新育」發現以後，「新六育」成為「人道教育」的新意涵，教育在成就「人之德」→成就「人之智」→成就「人之體」→成就「人之群」→成就「人之美」→成就「人之新」；創新進升「人之所以為人」的「人道教育」新意涵。
3. 創新「人道教育」的六大特質：統整「人道」與「人道教育」的新意涵，創新詮釋「新人道教育」的六大特質：(1)創新人的生命；(2)創新人的經驗；(3)創新人的知識；(4)進升人的能力；(5)進升人的素養；(6)進升人的價值。簡稱「三創・三進」的新人道教育。

4. 揭示「新人道教育」的實踐作為：新人道教育的實踐以「全人發展觀」為核心目的，主張「全人發展」的十二角色責任均需發展到位，這十二個角色責任是：成熟人、知識人、社會人、獨特人、價值人、永續人、智慧人、做創客、新領導、優教師、能家長、行國民，並以「一觀‧六說‧三論」兩兩配對方式經營，培育人之所以為人的「全人發展」。這五大教育經營軸脈是：(1)「順性揚才說」到「全人發展觀」；(2)「自我實現說」到「智慧資本說」；(3)「知識遞移說」到「創新生命論」；(4)「知能創價說」到「智慧創客論」；(5)「優勢築梯說」到「適配幸福論」。
5. 教師對學生的「適配論」領導，得優先專業示範八項作為：(1)適配的進路選擇；(2)適配的目標設定；(3)適配的經營策略；(4)適配的使力焦點；(5)適配的人脈關係；(6)適配的事理要領；(7)適配的節奏旋律；(8)適配的平衡機制。
6. 校長對教師的「適配論」領導，得優先專業示範六項作為：(1)示範人生四大適配；(2)定位適配的校本課程；(3)策訂適配的進升型主題計畫；(4)示範運用「臺灣版學習羅盤」，建置適配校本、師本、生本、學科、社團、班級、處室「學習羅盤」；(5)示範每年提送智慧創客作品，參與師生百大作品選拔；(6)帶動實踐「適配幸福」教育。

## 第一節　人道的新教育意涵及特質

人道者，「人之所以為人」之道也，其基本的意涵已如前述：(1)生命有意義；(2)生活有價值；(3)生長有到位；(4)生新有作品；(5)生涯有貢獻；(6)生態有尊嚴。是以，我們可以用「新六育」來詮釋人道的新教育意涵：教育在「成就人之德」、教育在「成就人之智」、教育在「成就人之體」、教育在「成就人群」、教育在「成就人之美」、教育在「成就人之新」。逐一說明如下。

## 一、教育在「成就人之德」

人道（人之所以為人之道）的第一個要義是「有德行品格之人」。吳道子繪孔子像，題辭曰：「道貫古今，德配天地，厚德載物」，是有德之人的最高境界。傳統的德育有：五倫之教、四維之教、八德之教、青年十二守則、五常、三達德等規訓任務指標。有新育之後的新德育，須「創新道德、進升品格」育人之德。新德育的主要發展脈絡有三：(1)新「五倫」教育暨「價值論」領導；(2)新「四維」教育暨「情境論」領導；(3)新「價值」教育暨「實踐論」領導。

## 二、教育在「成就人之智」

人道（人之所以為人之道）的第二個要義是「有智慧知能之人」。智育原稱為「知識的教育」，是傳統教育的主軸，「國小→國中→高中→大學」教育的主要目的，都在「知識的傳承與創新」。《知識教育學：智慧人・做創客》（鄭崇趁，2017）一書出版後，「知識論・認識論」有所突破：(1)人獲取（認識）知識的管道有：感、知、覺、識、悟、達；(2)六個認識管道具有「層次進升・模組循環」功能，是以知識是有生命的；(3)知識生命的小循環為：「新知識（K・真）」→「含技術（T・善）」→「組能力（A・美）」→「展價值（V・慧）」（KTAV・知識遞移模式）；知識生命的大循環為：「真（新知識・K）」→「善（含技術・T）」→「美（組能力・A）」→「慧（展價值・V）」→「力（成智慧・M）」→「行（達創客・P）」→「教（行道德・E）→「育（通素養・D）」（KCCV・知能創價模式）。

知識生命系統及「新育」元素的發現之後，智育的主軸須「創新知識、進升智慧」育人之智，進而演繹「新智育」的三大發展趨勢：(1)新「知識」教育暨「認識論」領導；(2)新「智慧」教育暨「動能論」領導；(3)新「創客」教育暨「作品論」領導。

## 三、教育在「成就人之體」

人道（人之所以為人之道）的第三個要義是「有體能健康的人」。體育的課程，從國小排到大學皆為必修課，足見政府對於國民體能健康的重視。然因各級學校升學考評，多以智育為主軸，體育健康學理很少被列入評量範圍，致使國民運動習慣及體能健康素養未如預期理想。「新育」及「素養取向教育」啟動之後，體育的主軸在「創新身心、進升素質」育人之體。新體育的主要發展脈絡有三：(1)新「人道」教育暨「適配論」領導；(2)新「適能」教育暨「習慣論」領導；(3)新「運動」教育暨「遞移論」領導。

## 四、教育在「成就人之群」

人道（人之所以為人之道）的第四個要義是「有群組動能的人」。人類是群體生活的動物，具有群組動能的人才能與人相處，共同完成群組生活的基本任務。傳統的群育往往與德育統整併行，例如：朱熹「白鹿洞書院學規」的五教之目（五倫：父子有親、君臣有義、夫婦有別、長幼有序、朋友有信）長久以來都被視為「德育之首」，只有少數教育家能辨識它是群育，或是「德育中的群育」。「新群育」須有更為明確的獨立空間與操作型定義，新群育的主要功能是「創新團隊、進升動能」育人之群。新群育的主要發展趨勢有三：(1)新「團隊」教育暨「協作論」領導；(2)新「創新」教育暨「模組論」領導；(3)新「師道」教育暨「典範論」領導。

## 五、教育在「成就人之美」

人道（人之所以為人之道）的第五個要義是「有美感作品的人」。美感素養的教育，在成就人的五大知能價值：(1)有美感（覺知）；(2)好美知（藝能）；(3)豐美能（意願）；(4)富美識（視野）；(5)優美創（作品）。美育的主軸在「創新美藝、進升美學」育人之美。演藝（繹）新美育的三大發展趨勢：(1)新

「藝能」教育暨「美學論」領導；(2)新「知能」教育暨「生命論」領導；(3)新「進升」教育暨「築梯論」領導。

## 六、教育在「成就人之新」

人道（人之所以為人之道）的第六個要義是「有新、心、欣、馨的人」。人在接受的教育都是新的；從心開始的教育；欣欣向榮、生生不息的教育；溫馨友善、智慧創客的教育。「新育」成為新的第六育，其主軸功能在「創新知能、進升素養」育人之新。新新育有三大發展趨勢：(1)新「素養」教育暨「創價論」領導；(2)新「4.0 教育」暨「進升論」領導；(3)新「新育」教育暨「六育論」領導。

是以，人道的新教育意涵，彰顯在「育人之德、育人之智、育人之體、育人之群、育人之美、育人之新」的新「六育論」；「六育論」相對於「五育論」，更能完整詮釋教育對人的「功能價值」，更能完整詮釋「教育的本質」。

新人道教育更具有「三新・三進」的特質：(1)創新人的生命：接受教育中的人，每天的生命都是新的，教育用「知識」創新人的心理生命；(2)創新人的經驗：人類的生活經驗及學習經驗，永續創新人的文明與文化經驗；(3)創新人的知識：教育是教師用知識創新學生知識的歷程，教育與學習永續創新人的知識，知識是人類各種能量的總源頭；(4)進升人的能力：能量累增，量足外溢，外顯化有價值行為即為能力；九年一貫課程綱要強調，教育在進升人的十項基本能力；(5)進升人的素養：素養者，修養的元素也，教育知能元素對人類的永恆創價，成為人的素養；十二年國民基本教育課程綱要則強調，教育在進升人的九大核心素養；(6)進升人的價值：人的「意義・價值」在擁有「適配幸福人生」；新人道教育進升每一個人的「生命、生活、生長、生新、生涯、生態」共好價值，彰顯人的意義、尊嚴、價值。

## 第二節　新「人道教育」的實踐作為

新人道教育指「教人之所以為人之道」的新教育，有廣狹二義：廣義指所有的教育機制（教育的所有活動），都在教人之所以為人之道；狹義則指新人道教育即為「全人發展到位」的教育，全人發展十二個角色責任均到位的教育。全人發展的十二個角色責任為：「成熟人、知識人、社會人、獨特人、價值人、永續人」（基本教育主軸）及「智慧人、做創客、新領導、優教師、能家長、行國民」（高等教育主軸）。

新人道教育有四大教育「元素・組件」加入營運：「新育・素養教育・教育4.0・進升領導」，是以「全人發展觀」的新人道教育，實踐作為包括：「一觀、六說、三論」，一觀為「全人發展觀」；六說指「順性揚才說、自我實現說、智慧資本說、知識遞移說、知能創價說、優勢築梯說」；三論指「創新生命論、智慧創客論、適配幸福論」。「一觀、六說、三論」及其與全人發展觀的12個角色責任關係圖解，如圖7-1所示。「一觀、六說、三論」是素養取向教育（新人道教育）最核心的新教育學理（理論）；十個理論具有兩兩配對的系統結構，每組均含有「創新→進升」人之發展功能價值。逐組闡明如下。

### 一、「順性揚才說」到「全人發展觀」的教育

「觀・說・論」三者都是原理學說，近似廣義的「教育理論」，三者因應教育情境的需要，常有位移現象，例如：在《家長教育學：「順性揚才」一路發》（鄭崇趁，2015）一書中，使用「順性揚才觀」及「全人發展說」，在本章則使用「全人發展觀」及「順性揚才說」。原因在於「整體核心主軸」時，用「觀」，用於次級系統的語詞，則用「說・論」。「順性揚才」最原始的意涵，來自老子《道德經》的「上善若水」；上善若水，水可就下，因才器使，成就萬物；教育若水，激發潛能，順性揚才，玉成眾生；簡稱「教育若水，順性揚才」，其意涵近似「適性育才」，然更強調以學生為「本位・主體」的教

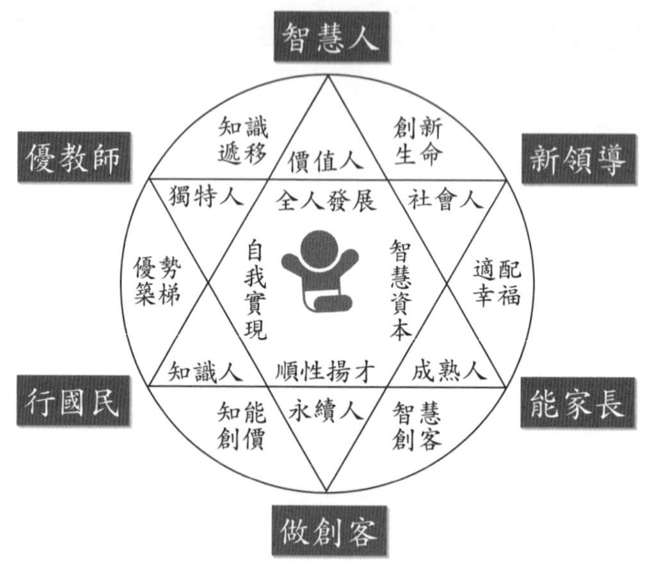


圖 7-1　新人道教育的實踐作為（一觀、六說、三論）

資料來源：引自鄭崇趁（2020，頁 412）

育；教育要順學生「優勢專長」之性，揚其邁向「全人發展」之才。

用境界說（1.0→4.0）的觀點，來解析「順性揚才說」：「順性揚才 1.0」是本文前段的「原始意涵」。「順性揚才 2.0」是專指學生主體的順性揚才：順學生的「背景習性、喜好興趣、潛能性向、優勢專長、理想抱負」之性，揚其「智慧人・做創客」之才。「順性揚才 3.0」是概指與學生攸關的教育人員（教師、學生、家長、學校幹部）之間的互順；亮點爭輝・共揚學生之才。「順性揚才 4.0」則指學校校長能領導學校教師，開展學校本位課程，順「人、事、時、地、物、空」（倫理、律則、節奏、旋律、模式、循環）之性，揚組織「成就人、旺學校、創新教育、進升領導」之才。

## 二、「自我實現說」到「智慧資本說」的教育

新人道教育的第二條軸線是：「自我實現說」到「智慧資本說」的教育。

自我實現說強調「活出自己」，自我的「理想抱負」與「現實成就」吻合適配，才是自我實現的人，才是真的「人之所以為人」。智慧資本說強調「產出動能貢獻」，人是「家、學校、事業單位、社會、國家」的智慧資本；每一個人都對於其所隸屬的群組（組織），產出動能貢獻，才是有效智慧資本，也才真的「人之所以為人」。一個學校中「校長、幹部、教師、學生、家長」，人人都能充分自我實現，各個都是有效智慧資本，就是一個「成就人・旺教育」邁向全人發展的學校（3.0→4.0 之間的學校）。

自我實現的教育，主要方法在：「定目標→有計畫→能力行→達任務」的永續循環。智慧資本的教育，主要方法在：「有能力→能認同→願意做→擔實責」之意願（動脈）循環。進入教育 4.0 世代，「自我實現說」到「智慧資本說」的教育，得適度結合：「新育」、「智慧創客教育」、「新育四道：人道、師道、學道、識道」、「學習羅盤（含食譜）」之運用，永續提升「自我實現及智慧資本」能量與共好價值的貢獻。

## 三、「知識遞移說」到「創新生命論」的教育

新人道教育的第三條軸線是：「知識遞移說」到「創新生命論」的教育，概指經由師生之間的知識遞移，教師用知識創新學生生命，然後邁向全人發展。知識遞移的原意為：教師身上及教材上的知識，有效「遞送、轉移」到學生身上，成為學生帶得走的「知識、技術、能力、價值」。知識遞移的核心技術為：知識解碼→知識螺旋→知識重組→知識創新，此四大核心技術有效策動知識生命的滋長：「新知識（真・K）」→「含技術（善・T）」→「組能力（美・A）」→「展價值（慧・V）」（KTAV 知識生命小循環）。師生知識遞移流量大，教師永續創新學生新生命，是新教育的重要本質之一。

「創新生命論」有廣狹二義：狹義的創新生命論，專指教育乃「教者創新學者」生命；廣義的創新生命論，概指「師生知識遞移成功」，既能創新學習者生命，也能創新教育生命。是以，「知識、人、教育」三者都是活的，都是

有生命的。教育的偉大在於：知識創新知識生命的價值→知識創新人生命的價值→知識創新教育生命的價值。「知識、人、教育」三者的生命，都被教育的知識所創新，稱之為「創新生命論」。「創新生命論」驗證了「新育」的真實存有，以及「人、知識、教育」三者之間的本然關係。

## 四、「知能創價說」到「智慧創客論」的教育

新人道教育的第四條軸線是：「知能創價說」到「智慧創客論」的教育，概指師生知識遞移成功後，接著師生共同「知能創價」，知能創價的出口就是「智慧人・做創客」，學生用「德行（智慧人）、作品（做創客）」來表達邁向全人發展的進程，前段而言稱「知能創價說」，後段（產出）而言稱「智慧創客論」。「知能創價」的原始意涵為：「知識＋能力」創新「生命＋教育」的價值，是學校所有的教育活動共同的深層本質。知能創價的核心技術有四：知識學習→知能融合→知能創價→智慧創客。

「智慧創客論」係「智慧教育＋創客教育」的統稱，已發展成明確的軌道模式：「用智慧（KTAV）→做中學（操作體驗）→有作品（做創客）→論價值（價值評量）」。學校實施「智慧創客教育」的要領（檢核點）有四：(1)學校畢業生都能展出 10 件「智慧創客」代表作品；(2)學校每年舉辦一次智慧創客嘉年華會，選出年度師生「智慧創客」百大作品；(3)每一領域（學科）教師使用 KTAV 學習食譜，輔導學生每年產出 3～5 件「智慧創客」作品；(4)每一處室配合學校教育活動，輔導學生合作產出 3～5 件大型「智慧創客」作品。學生每年產出的作品，是學生邁向全人發展之基石與指標，作品定位人生。

## 五、「優勢築梯說」到「適配幸福論」的教育

新人道教育的第五條軸線是：「優勢築梯說」到「適配幸福論」的教育，概指用築梯的方法，協助學生「優勢智能明朗化」，用優勢智能產出智慧創客作品，用優勢智能經營「學業、事業、家業、共業」，用優勢智能經營「適配

幸福人生」。優勢築梯的主要方法為：編製「築梯式教材」及「進升型計畫」，用築梯式教材進行單元教學，用進升型計畫經營校務，激勵師生產出優勢智慧創客作品，邁向全人發展，鋪軌適配幸福人生。

「適配幸福論」係指人接受教育的終極目的，在獲得「適配幸福人生」，在實務操作上，多從「適配教育」及「幸福教育」分別使力：適配教育指導學生追求人生四大適配：適配的教育、適配的事業、適配的伴侶、適配的職位；幸福教育指導學生經營四個幸福指標：特色參與的幸福、專長亮點的幸福、知能創價的幸福、智慧創客的幸福。「優勢築梯（說）」乃教育經營的焦點策略，「適配幸福（論）」成為人道教育的終極目的。

## 第三節　教師對學生的「適配論」領導

新人道教育的實踐作為，包括第二節所述「一觀、六說、三論」，都是當代教師應具備的知能素養，教師要能充分掌握其「概念型定義」及「操作型定義」，才能有效運用在日常的「單元教學」與「教育活動」之上。這些「教的功夫」，尚需「學的適配」，才得以完備教育之實質績效價值，是以教師也要對學生適時實施「適配論」領導。教師對學生的適配論領導，得以學生的學習焦點為對象，輔導學生進行「適配」而具「效能」的學習。

### 一、適配的進路選擇

學生學習一輩子，有四個進路選擇會影響學生一生的發展：升學進路、學程（課程）進路、社團進路、親師進路（指導教授），說明如下：(1)適配的升學進路選擇：依自己的「性向興趣、優勢專長」選擇升學進路；公校先於私校，選系先於選校；(2)適配的課程進路選擇：依學校提供的課程地圖，選擇規劃自己「優勢智能明朗化」的課程進路；基礎與專門學能平衡發展，統整優勢能量永續創新進升；(3)適配的社團進路選擇：社團是藝能專長的孵化站，輔導學生選修「藝術、運動、科學、人文」至少兩軌系列社團，開展自己的藝能專長；(4)適配的親師進路選擇：如撰寫碩士、博士論文時，都要拜師學藝，敦聘指導教授指導，指導教授就是人生學術最親的師長，要選「學術專長符合、認同學生資質」的指導教授。四條進路選擇都適配，才能為自己開拓適配幸福人生。

## 二、適配的目標設定

學生學習的時間愈來愈長，基本教育 12 年，加上高等教育 4 年（大學），就長達 16 年，如果再有機會進修碩士、博士，則留在學校學習的時間就會超過 20 年；人的一生若以 80～100 歲來看，在學校中學習的時間約為人生的 20～25%。在學習生涯中，有四個任務目標設定會影響實際的學習績效價值：(1)適配的生活學習目標：如食、衣、住、行、育、樂，好習慣標準與精緻度；(2)適配的學科學習目標：如學科關鍵學習主題（8～16 個）精熟程度的設定與產出作品的規劃；(3)適配的藝能學習目標：如取得 2～3 項「運動、藝術」專長認證規劃；(4)適配的品格學習目標：如自己喜愛「中心德目、核心價值」（選擇 2～3 項），助人服務價值行為實踐及「德行・作品」規劃。

## 三、適配的經營策略

「識道」是認識「知識生命」滋長軌跡之道，其四大核心技術「元素構築、知識遞移、知能創價、全人發展」，教師宜結合「智慧創客教育」的實施及「臺灣版學習羅盤」的運用，學會「教育、學習」四大經營策略：(1)適配的元素構築策略：任何知能都由 56（8 + 48）個元素所構築，任何單元的教學知能，也都可以淬鍊出核心元素及其次級系統元素，例如：任何「人、事、物」都可以找出其「內構・外築」新知能模組，探討新知能模組的構築元素，稱之為：元素構築策略（新知能模組說的適配運用）；(2)適配的知識遞移策略：如運用 KTAV 學習食譜，設計九大素養直接教的「新知識→含技術→組能力→展價值」。運用學習食譜規劃「校本、師本、生本、社團、任務」課程，增益適配核心知識的「遞移流量」；(3)適配的知能創價策略：如參照「新覺識・K」→「新動能・C」→「新創意・C」→「新價值・V」模式，規劃「知能創價・智慧創客」作品，留下適配的「學習、人生」創價作品；(4)適配的全人發展策略：如用「歷年及畢業」的智慧創客代表作品，註記適配的全人發展指標。適配的「識道」經營，是統整「新四道：人道、師道、學道、識道」適配經營的全人發展策略。

## 四、適配的使力焦點

使力焦點者，用對使力的焦點，找到準確的使力點也。鄭崇趁（2020，頁353-368）曾專章論述「學習者知能素養的進升系統與學習焦點」，大要如下：(1)學習者應具備四大核心素養及八個次級系統素養，他們是：認識素養、智慧素養、創客素養、六育素養；(2)認識素養含括「感知覺識素養」及「慧能意願素養」；智慧素養含括「知識技能素養」及「價值實踐素養」；(3)創客素養含括「操作體驗素養」及「德行作品素養」；六育素養含括「知識遞移素養」及「知能創價素養」；(4)八個次級系統素養的學習焦點，依序為：學學習、學行動、學知識、學價值、學智慧、學創客、學創新、學進升。針對自己所需的知能素養，用對學習焦點，才是適配的使力焦點。

## 五、適配的人脈關係

人脈關係是人際關係的進升。人際關係係中性的，指一個人和他人互動綿密的程度，通常少做價值評述；人脈關係則具有正向價值詮釋，指需要幫忙時，可以全力相挺的人。人脈關係多從「親人、同事、朋友、同學、師生、長官部屬」的一般人際關係中發展而來，能否發展為穩固的人脈關係，其關鍵力點在：曾經有過的「團隊動能」，例如：同學或同事是一般的人際關係，因多次的共同學習或共同執行任務，彼此合作、交互支持的「團隊動能」，讓大家都留下成功美好的經驗，大家就會成為彼此的「人脈關係」。是以，人脈也是可以經營的，關注自己從小到大參與團隊中的積極表現，就是經營自己人脈關係的最佳方法。適配的人脈關係係指，能夠珍惜自己團隊動能經驗，經營自己的學習夥伴、事業夥伴、學識夥伴、休閒夥伴、生活夥伴；這些夥伴的存有與交流，成為每一個人「適配的人脈關係」。

## 六、適配的事理要領

人有人倫、物有物理、事也有事理，人類每天的生活處世，都在「拿物做事」，或者研究討論：「拿什麼物來創新進升後續想要做的事」；順著物理特質，掌握事理要領，才能成就每一種「行業」的產品與事功，對自己及組織產生「動能貢獻」，人也才能在各種產業中「存活、永續經營」。事理要領有廣狹二義：狹義的事理要領，專指學習中的「學習要領」，或事業產品中的「核心技術」；廣義的事理要領，則含括日常生活中，掌握「食、衣、住、行、育、樂」及與他人共事的處世要領。當代人做事，發展「標準作業程序」（SOP）來找到每一件事情的最佳作業流程，能幫助大家掌握事理要領。適配的事理要領係指，人要能針對前述的廣狹二義，積極建置自己「事業及生活」關鍵事項的標準程序，經營個人適配的事理要領。

## 七、適配的節奏旋律

時空律則的知識，主要有循環、節奏、旋律、模式之美。人的日常生活、事業經營、休閒娛樂，能夠有效結合時空律則知識，建構自己最適化的節奏與旋律；較短時間日常事務循環稱節奏（如每日到每週的循環），較長的核心事務循環稱旋律（如月到季的循環）。當代社會競爭激烈，紅塵滾滾，生活不易，大多數的人都忙亂一場，談不上節奏旋律之美。惟作者認為，臺灣人民智已開，從經濟及教育的進升觀察，知識分子的比率大幅增加，教師應領導學生規劃適配的「生活節奏」及「學習旋律」，運作適配的節奏旋律，平衡生活動靜，提升身心健康，發揮顛峰心智效能，邁向更為成功的人生。

### 八、適配的平衡機制

適配論領導要教給學生的第八項學習焦點是「適配的平衡機制」，除了前述的「動靜平衡」外，尚有四個平衡機制能夠提升身心效能：智德平衡、知行平衡、構築平衡、創進平衡。說明如下：(1)智德平衡：素養教育的特質之一為「智育德育、平衡學習」，智育的教育元素（真、善、美、慧）是德育的共同基石；態度（德育）的主要元素（慧、力、行）同時也是智育的共同基礎；「智德一貫、智德平衡」，智德不再分開教、不再分開學，是素養教育能否成功的關鍵；(2)知行平衡：「即知即行、知行平衡」是素養教育第二個特質，例如：實踐智慧創客教育，智慧人必然做創客，增加智慧創客作品的產出，就是適配的知行平衡機制；(3)構築平衡：「元素構築」，先內構再外築，內構外築同時發生增長，也是素養教育的另一特質；構築平衡指教學時「內構・外築」要同時教、一齊學，才能產出適配的構築平衡機制；(4)創進平衡：教育產業的創新難度最高，教育「新名詞、新理論」很不容易出現；創新與進升平衡發展，才能真正創新教育的內涵；創新改變而有進步升級，才是真創新；進升產品品質標準，又能縮減產製流程與人力資源，才是真進升；創新與進升整合串連，成為學生需要學會的「創新進升平衡機制」。

## 第四節　校長對教師的「適配論」領導

教師對學生的「適配論」領導，含括八個重點：適配的進路選擇、適配的目標設定、適配的經營策略、適配的使力焦點、適配的人脈關係、適配的事理要領、適配的節奏旋律、適配的平衡機制。校長對教師的「適配論」領導，含括六個重點：(1)示範人生的四大適配；(2)定位適配的校本課程；(3)策訂適配的進升型主題計畫；(4)開展適配的師本「臺灣版學習羅盤」；(5)選送適配的「智慧創客」代表作品，參與年度百大作品競賽；(6)實踐適配的幸福教育。逐一說明如下。

## 一、示範人生的四大適配

作者出版《家長教育學：「順性揚才」一路發》（鄭崇趁，2016）一書，發表「適配生涯說」（該書第五章，頁 115-132），主張人要經營人生四大適配，才得以建構適配幸福人生。是以，校長對教師的「適配論」領導，第一個要項是：示範人生的四大適配。人生四大適配的要義為：(1)適配的教育：順性揚才開潛能，優勢智能明朗化；(2)適配的事業：工作性質合性向，專門專業又專長；(3)適配的伴侶：條件能力相登對，品味一致幸福多；(4)適配的職位：自我實現的職位，智慧資本的職位。校長要經常對老師們敘說自己的適配經營案例，專業示範人生四大適配；詮釋適配人生的績效價值，領航學校教師共同邁向適配幸福人生。

「適配教育」的經營力點在：布建「多元智能」的教育環境、依循「優勢學習」的教學歷程、選讀「專長專業」的大學系所、接續「志業深耕」的終身學習。「適配事業」的經營力點在：符合「性向興趣」的工作選擇、認同事業組織的「同儕夥伴」、發揮「專長優勢」的服務績效、創發「永續價值」的志業經營。「適配伴侶」的經營力點在：相互吸引，認同欣賞；性格雷同，能力相若；需求相依，品味一致；互尊互敬，幸福永續。「適配職位」的經營力點在：人盡其才的職位、才盡其用的職位、自我實現的職位、智慧資本的職位。

## 二、定位適配的校本課程

校長對教師的「適配論」領導，第二項重點在：定位適配的校本課程。校本特色課程是教育 3.0 學校及教育 4.0 學校必備的課程發展，學校的每位教師都要參與。學校的校本特色課程，能夠充分與校內教師的優勢專長結合，才得以產出最大的教育光亮，創新學校教育的最大價值。教育 3.0 世代，定位適配的校本課程，主要的考量因素有：學生需求、社區資源、社團發展、師資專長、校長理念、特色傳承，是以學校教育特色大多彰顯表象教育資源的匯聚，也是

「人、事、時、地、物、空」教育資源的統合發揮。

進升教育 4.0 世代，定位適配的校本課程主要的考量因素有：九大素養直接教、教材編製、師資專長、城市資源、網路資源、智慧資源、創客作品。這些因素成為兩大主軸：(1)學校學生最需強化的素養是什麼；(2)素養直接教的教材編製，如何結合所有教師專長，每年實踐完成？是以，校長的「適配論」領導，要先能向全校教師「專業示範」：詮釋「核心素養」的建構元素及理論，核心素養由八大元素及 48 個次級系統元素建構而成。素養形成的理論有四：(1)新知能模組說（元素構築理論）；(2)知識遞移說（KTAV、真、善、美、慧，知識生命小循環理論）；(3)知能創價說（KCCV、知、能、創、價，知識生命大循環理論）；(4)全人發展說（全人發展來表達素養，指 12 個角色責任均發展到位：成熟人、知識人、社會人、獨特人、價值人、永續人、智慧人、做創客、新領導、優教師、能家長、行國民。

## 三、策訂適配的進升型主題計畫

校長對教師的「適配論」領導，第三項重點在：策訂適配的進升型主題計畫。進升型主題計畫適配的對象是學校，若學校的現況是 2.5，進升型主題計畫要能幫助學校進升 3.0，然後再進升 4.0；若學校的現況已經是 3.0，進升型主題計畫就要能幫助學校進升「3.5～4.0」之間的「任務指標」。適配的對象也指策訂計畫的教師，其優勢專長是否適配擬訂此計畫？教師對學校的熟悉度是否適配擬訂此一計畫？兩者都適配的教師最適合策訂此一進升型主題計畫。校長要帶著核心幹部，逐年策訂學校適配的進升型主題計畫；也要帶著全校教師，每年為自己策訂適配的進升型教學計畫。

適配的進升型主題計畫或適配的進升型教學計畫，要講究下列五大技術要領：(1)「目標、策略、項目」三者要有系統結構；(2)計畫緣起要敘明產出計畫的主要緣由及撰述本計畫的理論、理念、核心價值；(3)執行項目要符合學校、學生、教師三者的最需要；(4)配套措施要有執行規範及品保檢核機制；(5)得結合智慧創客教育，規劃產出型績效成果（師生均有教育作品）。學校應責由研究發展單位，智慧管理適配進升型主題計畫及教學計畫，每年請 3～5 位卓越教師分享其計畫設計及產出作品，帶動學校教育品質的創新與進升。

## 四、開展適配的師本「臺灣版學習羅盤」

臺灣版學習羅盤主要的功能在：顯示素養是如何形成的。素養是經由「元素構築」→「知識遞移」→「知能創價」→「全人發展」而來的，教師的單元教學要能掌握羅盤的核心技術「內構→外築→遞移→創價」，才能實踐素養取向教學。師本的學習羅盤主要在有效運用第二及第三個迴圈，第二個迴圈可輸入素養直接教的教材，或者相關的「知識、技術、能力、價值」，這些素養直接教的教材得配合單元教學主題建置。第三個迴圈可輸入知能創價預想的「作品、德行」，作品樣本供學生「做中學」臨摹作品，用等值作品產出來「知能創價」；德行則指有價值的共好行為表現，用服務助人的德行產出來「知能創價」。

師本學習羅盤的經營與運用，可伴隨著教師一輩子，使用初期得優先建置五項知識：(1)準備教檢考試的核心教材，以及自己統整過的知能摘要；(2)各領域學科教學自選或研發的珍貴教材，這些自定教材都是師本特色品牌教育的基石；(3)參照九大素養直接教的 KTAV 學習食譜所研發的自編教材，這些教材更能聚焦實踐素養取向教育；(4)預想各領域學科學生要完成的 3～5 件「智慧創客」作品樣張，計畫運用完成作品來學會素養的核心「知識、技術、能量、價值」；(5)預想各單元教學「價值評量」的方法與構想，運作價值實踐整合智育及德育。前三項輸入第二迴圈，後兩項輸入第三迴圈。

## 五、選送適配的「智慧創客」代表作品，參與年度百大作品競賽

智慧創客教育實施之後，全校師生每人每年均有「智慧創客作品」產出：

教師 1～3 件，學生每學期 3～5 件、每學年 5～10 件；全校師生都選 1～3 件參加一年一度的「智慧創客嘉年華會」，這一嘉年華會，每年選出師生百大作品。學校每年的師生百大作品，及畢業生展出的 10 件「智慧創客」代表作品，就是學校教育之整體績效價值。他們彩繪著學校的興旺與創意，他們象徵著師生都邁向「智慧人、做創客」，永續經營「適配幸福人生」。

智慧創客作品概分四大類：(1)立體實物作品：有體積型態的實物作品，例如：物與自然、陶藝作品、生活器物、十二生肖、砂雕作品等；(2)平面圖表作品：指有圖像表格的平面作品，例如：九九乘法表、注音符號表、心智圖、「知識、技術、能力、價值」四位一體的智慧教育圖解、四創一體的創客教育圖解、KTAV 教育（教學）模式等，用圖表表達文字與邏輯的系統結構關係；(3)動能展演的作品：泛指身體展能的影音作品，例如：音樂、舞蹈、體操比賽的影音錄影，如澎湖縣池東國小將其學校特色：手腳達人（扯鈴與足球）核心技術（共約 60 個），拍成 QR Code 布展在牆壁上，成為行動學習步道；(4)價值對話的作品：有論述價值的對話作品，例如：學習單、作文、上課心得筆記、札記省思、日記、繪本製作、詩歌、對聯習作、小論文、碩博士論文、發表文章著作等。

## 六、實踐適配的幸福教育

經濟合作暨發展組織（OECD, 2019）頒行「邁向 2030 年教育目標 Well being 及學習羅盤（learning compass）」、吳清山（2018）出版《幸福教育的實踐》一書，幸福教育（Well being education）遂成為教育的主流思想；全人幸福是邁向 2030 年共同的教育目標。幸福的教育意涵有四：(1)幸福來自心理的自覺：人與人相處中，人與環境互動中，心理得到的幸福感覺；(2)追求幸福，是一種渴望，也是人生的目標：人有了幸福，才會過得有意義、充實與滿足感；(3)幸福是一種正向的心念與態度：幸福需要學習，調整心態，永保正向的心念，掌握住每一個助人行為，幸福就會成為快樂的源泉，就會成為每天生活的一部分；(4)幸福需要教育與學習：幸福教育，樂在學習；幸福教育，重在助人；透過「學習與助人」，讓自己感覺更加幸福，也感染到家人、同事和周遭的人，也能分享到這份幸福感（本段核心內容，引自吳清山，2018，序文）。

適配的幸福教育有六個實踐要領（策略）：(1)創新起步，幸福鋪路：從創新的適配教育起步，為自己適配幸福人生鋪路；(2)書香傳愛，幸福滿滿：為偏鄉及弱勢地區學校，經營書香傳愛活動，傳給學生滿滿幸福；(3)學術見聞，幸福學習：教育學術交流拓能，深度廣度幸福學習；(4)感恩利他，幸福無限：傳揚師生福慧案例，共享幸福無限；(5)芬芳築夢，幸福相隨：詮釋築夢踏實事蹟，親師生幸福相隨；(6)福田深耕，幸福永續：闡揚教育光亮與希望，永續深耕幸福教育新境界（註：吳清山教授的 2018 年專書，針對前述每一個要領策略，都用 18 個案例完整詮釋幸福教育的實踐，是最為經典的著作，請讀者參閱）。

# 第八章　新「師道」教育暨「典範論」領導

師道者，人師之道，師之所以為師之道也。有教育的存在，就會有對於教師責任的詮釋，此稱之為師道。師道的研究與討論有狹義和廣義的不同：狹義的師道專指「教師主體」法定職務權責的規範（例如：教育部 2016 年的「中華民國教師專業標準指引」）；廣義的師道則泛指人民對於「為人師表」者的角色期望，並由歷代教育家出版文章論著揭露。本書論述師道採廣義的觀點，例如：韓愈的「師說」：師者，所以傳道、授業、解惑也，傳承千古，歷久不衰；劉真（1991）的〈教書匠與教育家〉一文，成為一時美談；教育部（2012）的「中華民國師資培育白皮書：發揚師道，百年樹人」，主張用「師道、責任、精緻、永續」核心價值，來培育「富教育愛的人師、具專業力的經師、有執行力的良師」；又如：作者出版《教師學：鐸聲五曲》（鄭崇趁，2014）一書，用「鐸聲五曲」來描繪教師的人生：首部曲「鐘鳴大地・人師」→二部曲「朝陽東昇・使命」→三部曲「春風化雨・動能」→四部曲「明月長空・品質」→五部曲「繁星爭輝・風格」。都是廣義的師道。

本章分四節論述說明：第一節、師道的時代意涵與特質，說明「為師之道」的核心意涵，在教給學生「經驗、知識、能力、素養、智慧、創客、價值」，新師道的特質在「傳道、授業、解惑、領航、構築、遞移、創價」。第二節、新師道的培育政策，用「新目標、新素養、碩士化、智慧化、創客化、價值化、認識學、動能論」八大焦點，論述「新師道的培育政策」。第三節、教師對學生的「典範論」領導，說明當代教師應專業示範六大教育典範：(1)揭示教育創新生命的事實；(2)詮釋知識生命流動的軌跡；(3)示範優勢專長的知能運用；(4)

教導學科知能的智慧學習；(5)產出德行作品的創客表現；(6)實施價值實踐的素養評量。第四節、校長對教師的「典範論」領導，論述校長統整七大典範的教育領導：(1)「活教育・有生命」的校長；(2)「教素養・能實踐」的校長；(3)「論價值・展慧能」的校長；(4)「能演繹・高境界」的校長；(5)「演新育・新六育」的校長；(6)「用羅盤・創效能」的校長；(7)「行四道・達至德」的校長。

## 導論

本章探討四個教育名詞的新意涵：「師道」、「師道教育」、「典範論」、「典範論領導」，論述主軸在：「創新的師道教育」及「進升的典範論領導」。本章的「重要發現」及具有創新進升的「價值論述」，摘述如下：

1. 定義「師道」的時代意涵：師道者，人師之道，師之所以為師之道也。素養教育世代，師道的新意涵指：能夠「創新進升」學生「經驗、知識、能力、素養、智慧、創客、價值」的教師。
2. 詮釋「新師道」角色責任：(1)傳道：傳生命創新之道（教師）→傳學為人師之道（校長）；(2)授業：授知識藝能之業（教師）→授經營教育之業（校長）；(3)解惑：解全人發展之惑（教師）→解知能創價之惑（校長）；(4)領航：領適配生涯之航（教師）→領智慧創客之航（校長）；(5)構築：內構新知能模組→外築新價值行為；(6)遞移：師生知識大遞移→自主精進高能量；(7)創價：創新生命新價值→進升教育高素養。
3. 進升「教育 4.0」新師資培育政策：(1)師資培育「新目標」：智慧人・做創客；(2)教育學程「新素養」：KTAV 課程模組設計；(3)教育實習「碩士化」：公費制，兼取學科教學證照；(4)課程教學「智慧化」：實施智慧創客，智德融合教育；(5)學習表現「創客化」：畢業生展出 10 件智慧創客代表作品；(6)教學評量「價值化」：適性評量進升價值評量；(7)專業進修「認識學」：德行、作品、事功檢核自我品質保證；(8)品保機制

「動能論」：知識價值成智慧，師生創客新素養。

4. 教師對學生的「典範論」領導，得優先專業示範下列事項：(1)揭示教育創新生命的事實；(2)詮釋知識生命流動的軌跡；(3)示範優勢專長的知能運用；(4)教導學科知能的智慧學習；(5)產出德行作品的創客表現；(6)實施價值實踐的素養評量。

5. 校長對教師的「典範論」領導，得優先專業實踐下列事項：(1)「活教育・有生命」的校長；(2)「教素養・能實踐」的校長；(3)「論價值・展慧能」的校長；(4)「能演繹・高境界」的校長；(5)「演新育・新六育」的校長；(6)「用羅盤・創效能」的校長；(7)「行四道・達至德」的校長。

## 第一節　師道的時代意涵與特質

師道者，師之所以為師之道也。教師應教給學生的「知識成分」究竟是什麼？從古到今，因為教育功能所扮演的角色與時俱進，師道的時代意涵也會有不同層次的詮釋。21 世紀是知識創新最劇烈的時代，「工業 4.0（智慧化）」領導百業興隆，創新進升當前人類的文明與文化。師道的時代意涵，概有七大重點：(1)教給學生經驗：杜威曾說：教育即生活，教育是教給學生生活經驗，幫助學生經驗不斷的改變與進升；(2)教給學生知識：政府設學校、頒課程、聘教師、辦教育，主要目的在教給學生知識（課程綱要上規範的知識）；(3)教給學生能力：教育部（2000）頒行《國民中小學九年一貫課程綱要》，強調教育在教給學生十項帶得走的基本能力，稱之為能力取向時代的教育；(4)教給學生素養：教育部（2014）頒布《十二年國民基本教育課程綱要總綱》，並自 2019 年起實施新課綱，強調教育在教給學生九項核心素養，稱之為素養取向時代的教育；(5)教給學生智慧：作者出版《知識教育學：智慧人・做創客》（鄭崇趁，2017）一書，主張：知識是有生命的，知識成智慧（知識智慧說）、知識達創客（知識創客說）、知識能遞移（知識遞移說）、知識能創價（知能價值說）。

是以，教育也應要求教師，要一併教給學生「智慧」；「新知識（K・真）」→「含技術（T・善）」→「組能力（A・美）」→「展價值（V・慧）」四位一體的教育（教學），稱之為「智慧教育」；(6)教給學生創客：因為知識達創客，教師也要一併教給學生「創客」，用「德行、作品」表現單元學習成果。創客教育的操作型定義是：研發有創意學習食譜→教導能創造操作學習→建構再創新知能模組→完成做創客實物作品，簡稱四創一體的創客教育；(7)教給學生價值：人類共好的生活品質曰價值，共好價值是一種「慧能」，共好慧能（價值）是品德、態度、素養共同的核心元素；是以，素養取向教育，教師也要直接教給學生價值，價值教育含括：價值論述→價值回饋→價值評量→價值實踐。

師道的時代意義概如前述七個要義，師之所以為師者，教師能夠教給學生七種知識：「經驗、知識、能力、素養、智慧、創客、價值」的知識，這七種知識都是知識生命的名稱，但建構的教育元素（內涵）不盡然相同，其主要原因在於人類語言文字的發展與教育機制現代化的共同需求，每一個國家都有其個殊性。當前臺灣的教育正在邁向「教育 4.0」：1.0 的教育是「經驗化」→2.0 的教育是「知識化」→3.0 的教育是「能力化」→4.0 的教育是「素養化」；3.0 的標準是「特色品牌學校」時期的教育；4.0 的標準是「新五倫・智慧創客學校」時期的教育。是以，「素養取向教育」世代，師道知識的核心內涵指教師要教會學生前述七種知識。

師道的時代意涵已如前述，語言文字的使用要同時關照「人、教育、知識」三者的立場（各自的生命歷程）。邁向教育 4.0 的世代，新師道的特質更難周全而精要的描繪，作者嘗試用「人」與「教育知識」雙主軸，論述新師道的七大特質及其核心操作變項如下。

## 一、傳道：傳生命創新之道（教師）→傳學為人師之道（校長）

韓愈「師說」的詮釋：師者，所以傳道、授業、解惑也，係國家文明文化的經典。若藉用其典雅的深層意涵，融入新教育核心焦點，就會成為新師道的角色責任（有明確的任務指標），例如：傳生命創新之道、授知識藝能之業、解全人發展之惑。作者另加一新詞：「領航」，也就是領適配生涯之航，這是4.0 教師的「新師道」（鄭崇趁，2014）；4.0 校長的「新師道」則再進升一個境界：傳學為人師之道→授經營教育之業→解知能創價之惑→領智慧創客之航（鄭崇趁，2018）。

本書為「新校長學」，是 4.0 教育世代及「有新育、演繹法」加入教育經營的新世代。本書刻意區隔 4.0 教師及 4.0 校長「新師道」的創新進升意涵，並參酌《知識教育學：智慧人・做創客》、《素養教育解碼學：元素構築・知識遞移・知能創價》兩本書的發現，將教育知識的核心技術「構築、遞移、創價」三詞也列為新師道的一部分。

傳道是師道的首要責任，教師對學生的傳道，在傳生命創新之道；接受教育中的學生，每天的生命都是新的，無論是單元教學或是各種教育活動，教師都在用「知識」創新學生的「心理生命」，創新學生的「知識」。先內構新知能模組（新生命），再外築新價值行為（新德行・作品），循環不息，謂之傳生命創新之道。校長的直接領導對象是教師，除了傳生命創新之道外，更重要的是傳學為人師之道。人師之道意涵有四：生命之師、知識之師、智慧之師、風格之師。人師需行四道：人道、師道、學道、識道，方能領導學生達至德：智慧人、做創客、新領導、優教師、能家長、行國民。人師之道需有效串連人道與師道，有「師之所以為師之道」的新領導及優教師，才能教育出「人之所以為人之道」的能家長及行國民；大家都是「智慧人、做創客」，過著適配幸福人生。

## 二、授業：授知識藝能之業（教師）→授經營教育之業（校長）

授業是師道的第二大責任，教師對學生的授業，在授知識藝能之業。目前各級學校均有「課程綱要」規範，教師對學生的授業指教師擔任領域（學科）的教學。九年一貫課程綱要的年代（2000～2019 年），課程總目標在教給學生帶得走的十項基本能力；十二年國民基本教育課程綱要的年代（2019 年起），課程總目標在教給學生九大核心素養。九大核心素養就是藝能之業的總稱，經由三個層面幫助每一個人「全人發展」，這三個層面是：「自主行動（1、2、3 素養）」、「溝通互動（4、5、6 素養）」、「社會參與（7、8、9 素養）」。「全人發展」的任務指標則為：成熟人、知識人、社會人、獨特人、價值人、永續人→智慧人、做創客、新領導、優教師、能家長、行國民。

校長對教師的授業，在授經營教育之業；作者升等教授之後，發願為系所及學校研發高階人才培育本土（華文）教材，含括下列八本系列叢書：

2012 年，《教育經營學：六說、七略、八要》。

2013 年，《校長學：成人旺校九論》。

2014 年，《教師學：鐸聲五曲》。

2015 年，《家長教育學：「順性揚才」一路發》。

2016 年，《教育經營學個論：創新、創客、創意》。

2017 年，《知識教育學：智慧人・做創客》。

2018 年，《教育 4.0：新五倫・智慧創客學校》。

2020 年，《素養教育解碼學：元素構築・知識遞移・知能創價》。

前四本書稱之為「進升教育 3.0 系列叢書」，作者期待教育人員能夠：「系統思考新教育，本位經營創價值」；後四本書則稱之為「進升教育 4.0 系列叢書」，作者期待教育領導者能夠：「知識價值成智慧，師生創客新素養」。

## 三、解惑：解全人發展之惑（教師）→解知能創價之惑（校長）

解惑者，解開內心的疑惑也，亦即「內構知能模組」與「外築價值行為」之間的疑惑，例如：「真（知識・K）」→「善（技術・T）」→「美（能力・A）」→「慧（價值・V）」四位一體的教育，稱之為「智慧教育」，是策動知識生命小循環的教育，知識有生命→知識能遞移→知識成智慧→知識達創客。是以，師生之間的知識遞移經由內構外築（含力、行、教、育），幫助學生全人發展，全人發展的任務指標（角色責任），作者於 2012 年揭示了 6 個：成熟人、知識人、社會人、獨特人、價值人、永續人，之後於 2017 年再揭示 6 個：智慧人、做創客、新領導、優教師、能家長、行國民，共計 12 個，並以「智慧人・做創客」為共同軸心，串連基本教育及高等教育的全人發展。

全人發展的建構元素主要含括：(1)順性揚才：順性揚才開潛能，優勢智能明朗化；(2)自我實現：自我的理想抱負與現實成就吻合適配（活出自己）；(3)智慧資本：人人能運用自己的智慧能量，對自己隸屬的群體（家庭、學校、職場、社會、國家）產出動能貢獻；(4)全人發展：3.0 全人發展指開八德，達兩至德：智慧人、做創客（基本教育階段）；4.0 全人發展則指開十二德，達六至德：智慧人、做創客、新領導、優教師、能家長、行國民。校長對教師的解惑，進升為解知能創價之惑，「知能創價」表象之意為：「知識＋能力」創新「生命＋教育」的價值。「知能創價」的建構元素，除了前述「全人發展」的四個建構元素外，尚有六個，接續說明如下：(5)知識遞移：教師要能有效教學，運作「解碼、螺旋、重組、創新」技術，教會學生主題單元的「知識、技術、能力、價值」，知識遞移流量大；(6)創新生命：師生每天知識遞移明確，每天都在創新學生的心理生命；(7)知能創價：師生學會的知識及知能，也要有明確的目的，新知能用來創新生命價值，創新教育新價值；(8)智慧創客：知能創價的出口就是智慧創客，產出有價值行為表現（智慧人），也產出實物作品（做創客）；(9)優勢築梯：教師積極培育學生的優勢亮點，編製築梯式教材，協助學生有效創新進升；(10)適配幸福：人人過著適配幸福人生，是師生共同知能創價最圓滿的旨趣。

## 四、領航：領適配生涯之航（教師）→領智慧創客之航（校長）

領航是師道的第四大責任，教師對學生的領航責任是：領適配生涯之航，領導學生經營人生四大適配，邁向適配幸福人生。人生四大適配的要義是：(1)適配的教育：順性揚才開潛能，優勢智能明朗化；(2)適配的事業：工作性質合性向，專門專業又專長；(3)適配的伴侶：能力條件相登對，品味一致幸福多；(4)適配的職位：自我實現的職位，智慧資本的職位。

校長對教師的領航責任是：領智慧創客之航。智慧創客係師生知能創價的出口，校長領導教師及學生「用智慧（KTAV）」→「做中學（操作體驗）」→「有作品（做創客）」→「論價值（價值評量）」，每年實踐下列四項任務：(1)畢業學生展出10件智慧創客代表作品；(2)每年舉辦一次智慧創客嘉年華會，選出年度師生百大作品；(3)每個領域（學科）指導學生產出3～5件智慧創客作品；(4)每一處室配合年度教育活動，指導學生合作產出3～5件智慧創客作品。領智慧創客之航，邁向適配幸福人生。

## 五、構築：內構新知能模組→外築新價值行為

由於素養取向教育的因素，新師道增加了三大角色責任：構築、遞移、創價。是以，新師道的第五大責任是：構築：內構新知能模組→外築新價值行為。構築具有四大教育意涵：(1)元素的構築：素養來自知識，是知識生命軌跡之一，是由56種教育元素構築而成的；(2)先內構後外築：教育元素的構築，先內構新知能模組（心），再外築新價值行為（識）。教育應是一種從心開始的教育；(3)心識功能的展現：教育功能的偉大在於傳承創新當前人類的文明與文化，這

種傳承創新的績效價值，就是人類心識功能的展現。佛學唯識宗玄奘大師名言：「一切唯心，萬法唯識」，具有明確的教育意涵；(4)「智慧創客」的原始模組：教育的實體是知識，教育的新目標是：智慧人、做創客，這些教育元素內構外築所建構的新知能模組，就是「智慧（德行）」及「創客（作品）」的原始模組，象徵「系統模組」教學可以深化教育的本質意涵。

## 六、遞移：師生知識大遞移→自主精進高能量

新師道的第六大責任是：遞移，其核心意涵是：師生知識大遞移，自主精進高能量。知識遞移的概念型定義：教師身上或教材上的知識，能夠順利「遞送、轉移」到學生身上，成為學生會運用的「知識、技術、能力、價值」。遞移也具有四大教育意涵：(1)教學素養的理論模組：「知識解碼→知識螺旋→知識重組→知識創新」，才能建立有效的知識遞移；(2)知識生命的小循環：師生知識遞移，指教師用知識創新學生的知識，是知識新生命的小循環；「新知識→含技術→組能力→展價值」的小循環；(3)能夠自主學習：自主學習也能增進知識遞移的流量，高素養能量的學生都需要輔以自主精進學習，非全靠教師；(4)孕育知能創價知識大循環：師生知識遞移成功，才能共同知能創價。遞移孕育創價，知識生命小循環帶動知識生命大循環。

## 七、創價：創新生命新價值→進升教育高素養

新師道的第七大責任是：創價，師生共同知能創價。知能創價是教育的新名詞、新本質、新理論、新境界，其核心技術有四：「知識學習→知能融合→知能創價→智慧創客」。創價也具有四大教育意涵：(1)創新人的生命價值：新知識創新人的新知能模組，人的生命是新的，教育每天創新人的生命價值；(2)創新教育新價值：對學生而言，教材是新的、歷程是新的、完成的作品也是新的；用新教材教學生產出新作品，創新教育新價值；(3)創新知識生命新價值：知識生命的軌跡，進出人身，然後長在作品身上。人的知能創價，也在創新知

識生命新價值；(4)創新人的事功價值：教育用知識幫助人知能創價，知能創價的範圍，含括進升人本身的知能素養，知能素養永續開展人的新生命價值，創新人的事功價值。

「新師道教育」的實踐作為，就教師本身而言，指教師要善盡前述的七大「角色責任」，就學校（組織）及學生（受教者）的立場來看，應再「創新進升」為「行四道・達至德」，作者經與博士生討論後，繪製新師道教育的實踐作為如圖 8-1 所示：行四道指行素養四道：「人道、師道、學道、識道」的教育，達至德指「智慧人、做創客、新領導、優教師、能家長、行國民」六至德。原本的七大角色責任，整併為六個「創新進升」使力焦點，並命名為「學識六能」：「能傳道、能授業、能解惑、能領航、能創價、能進升」。

圖 8-1 新師道教育的實踐作為：素養四道與學識六能

資料來源：作者依學理繪製

## 第二節　新師道的培育政策

21 世紀的教育，20 年之間由「能力取向教育」進升為「素養取向教育」，師道的意涵也隨著時代的需求，而不斷地創新與進升。本章第一節已明確詮釋：師道的時代意涵與新師道的特質：師道的時代意涵，指好老師能教給學生什麼？好老師須能教給學生七種知識：經驗、知識、能力、素養、智慧、創客、價值；新師道的特質，指教師職能素養（角色責任）的七大特質：傳道、授業、解惑、領航、構築、遞移、創價。這樣的績效成果，來自進升教育 4.0 系列叢書（四本書）的發現與統整，有興趣的讀者可以參閱原典論述的軌跡。

本節接續論述新師道的培育政策。作者主張用「新目標」、「新素養」、「碩士化」、「智慧化」、「創客化」、「價值化」、「認識學」、「動能論」，來規劃 21 世紀「新師道」的培育政策。逐一闡述說明如下。

### 一、師資培育「新目標」：智慧人、做創客

21 世紀教育的共同新目標是「智慧人、做創客」，師資培育的核心目標也應強調此一新目標。教育的主要目標在培育有智慧的人，直接會用智慧學習的人，以及有作品產出的學生。智慧彩繪生命，作品定位人生，共同演繹人的適配幸福人生。

### 二、教育學程「新素養」：KTAV 課程模組設計

鄭崇趁（2020，頁 319）的「中小學師資教育學程課程科目及學分表（KTAV 模組範例）」，將中小學師資培育的教育學程必選修學分，採用「KTAV 課程模組設計」，提列 24 門課（48 學分），期能有效培育「素養取向教育」的「新素養師資」。該設計具有六大特質：(1)KTAV 模組代表「學程課程」四大層面：K 指教育專業知識、T 指課程教學技術、A 指實踐素養能力、V 指智德共好價值，每一層面推薦 6 門課（12 學分）；(2)每一層面至少修 8 學分，其中 2～4 學分必

修，由各校自主規定；(3)修畢表定必選修 32 學分取得參加教檢資格；(4)教育實習 8 學分，另以公費碩士學分培育，兼取領域教學證照；(5)新素養教育學門科目約占百分之四十，例如：知識教育學、教育經營學、素養教育解碼學、數位教學與價值評量、知識遞移與知能創價、順性揚才與優勢學習、教師學、智慧教育與創客教育、適配教育與全人發展、知識價值論、自我實現與智慧資本、世界新文明、多元文化教育、進升領導與築梯論教育等；(6)KTAV模組課程具有知識生命小循環軌跡：知識生命小循環是知識遞移優先教與學知能，師生知識遞移成功，才能共同知能創價。

## 三、教育實習「碩士化」：公費制，兼取領域學科教學證照

教育實習課程已調整至教檢之後，通過教檢的師資生才得以修習教育實習課程。作者建議，教育實習課程應再進升其品質，調整為 8 學分，集中由師範教育校院，以公費制、碩士學分培育，兼取一門領域學科教學證照。教育實習碩士學分，得抵免教育學門碩士班專門學分至少 4 學分，並銜接教育碩士班課程，促進中小學師資全面碩士化。

## 四、課程教學「智慧化」：實施智慧創客，智德融合教育

師資生的課程教學參採「智慧創客教學模式」：「用智慧（KTAV）」→「做中學（操作體驗）」→「有作品（做創客）」→「論價值（價值評量）」，實施正確版本的智慧創客教育，實施價值融合智德的教育，課程教學智慧化，智慧教育和創客教育不再分開教，智育和德育也合流實踐。學生本人就是「有智慧」的學習者。

## 五、學習表現「創客化」：畢業生展出10件智慧創客代表作品

創客化乃「作品化」之意，師資生的學科修習與教育實習活動，儘量留下作品，用作品表現習得的「知識」及「技術」，也用作品詮釋「能力」及「價值」。實物作品含括四大類：立體實物作品、平面圖表作品、動能展演作品、價值對話作品。師資生大學畢業時展出的10件智慧創客作品，應有教材教具方面的作品，用作品表現自己的教育性向。

## 六、教學評量「價值化」：適性評量進升價值評量

教學評量是單元教學的收尾工作，素養取向教育強調新五倫價值教育、新四維情境教育、用價值實踐來融合智育及德育，用價值評量來優化品格風範及態度情操的形塑。教師單元教學結束前的評量活動，可以採行「價值評量」，用「價值評量」整合「多元、適性、實物」評量。

## 七、專業進修「認識學」：知識價值成智慧，師生創客新素養

認識知識生命滋長軌跡循環的系統知識，稱之為「認識學」，認識學意味著認識論的再進升。鄭崇趁（2017，2018，2020）已發現認識學的六大基礎：(1)知識是有生命的，知識進出人的身體，只要著床成功，知識就會附隨著人的生命，而滋長知識自己的生命；(2)師生之間的「知識遞移」，教師用知識創新學生的知識，是知識生命的小循環歷程：「新知識（真）」→「含技術（善）」→「組能力（美）」→「展價值（慧）」；(3)師生知識遞移成功後的「知能創價」，是知識生命的大循環歷程：「真・新知識」→「善・含技術」→「美・組能力」→「慧・展價值」→「力・成智慧」→「行・達創客」→「教・行道德」→「育・通素養」；(4)人「認識知識」的感官功能及歷程已有更明

確的軌跡：感→知→覺→識→悟→達；(5)認識到的知識有更好的命名：感覺而來的知識（感）→知覺而成的知識（知）→概念建構的知識（覺）→現象詮釋的知識（識）→領悟進升的知識（悟）→物我合一的知識（達）；(6)「識道」與「學道」的建構：「識道」為元素構築→知識遞移→知能創價→全人發展；「學道」為學習遷移→學習地圖→學習食譜→學習羅盤。

### 八、品保機制「動能論」：德行、作品、事功檢核自我品質保證

教師與教育人員的考績與評鑑，朝向自我品質保證機制發展。績效檢核、進級升遷，均充分尊重當事人意願，個人智慧動能的事實表現（動能論），成為品保機制的核心檢核指標。是以，「德行（共好群組動能）」、「作品（教育事業產品）」、「事功（教育績效價值）」三者，其年度累積成果成為具體的自我品質保證檢核指標。

## 第三節　教師對學生的「典範論」領導

師道者，師之所以為師之道。為師之難，難在教師是學生的示範楷模，難在教師是學生的主要學習對象，也難在教師的典範作用往往影響學生一輩子的發展。是以，常有人論述：師道難為，不論也罷！「教師」不就是教育行業從事者的職稱而已，哪來的師道？一輩子沒討論過什麼是師道的「大學教授」大有人在，他們的薪水與退休待遇似乎也不受影響。師道難為終須為，師道有道能築梯；師生典範循梯上，遞移創價高素養。教師對學生的「典範論」領導，得以下列六項優先實踐，逐一說明如下。

### 一、揭示教育創新生命的事實

有了「新育」之後，「創新人的生命」是教育最深層的本質。教師每天的

教學活動中，要適時揭示教育創新生命的事實，唯有讓學生當下感受到學習中的知能，真的更新了生命中的「重要元素」，學生才會有「生命被教育創新」的質感，也才會進一步感念老師的教導。創新生命的事實，通常出現在下列契機：(1)聽懂了、知道了：如新名詞，以前沒學過，不知道；現在知道了，聽懂了，生命中從此有此一新名詞（新知識），就是創新人的心理生命；(2)明白了、想通了：如新理論或新原理，學生雖識得理論原理的單字，但不知其實際意涵與操作方法，經老師講解與示範操作之後，學生明白了理論原理的真實定義及操作方法步驟，想通了字與字之間的關係，以及新理論與其他原理之間的關係，學生內在的「知能模組」是全新的，人的生命是被創新的；(3)得到（道）了、進升了：學生知道了操作學習的方法軌道，知識能量模組往長、寬、高、深進升，生命的豐富度同時被創新；(4)達成了、達標了：人的生活與學習都在拿物做事，任務完成了，學習目標達成了，作品完成了，都代表自己的人生生命是新的，生命完成新任務新作品。

## 二、詮釋知識生命流動的軌跡

當教師指導學生用新知識（含技術）完成新學習作品時，教師可以拿著學生的作品，說明新知識如何由教師身上遞移到學生身上，再從學生身上遞移到完成的任務作品身上。前段知識流動的軌跡，稱為知識遞移；後段知識流動的軌跡，就稱為知能創價。知識遞移是知識生命的小循環，指教師用知識創新學生的「新知識（真）」→「含技術（善）」→「組能力（美）」→「展價值（慧）」，展現「智慧人・做創客」的價值行為。知能創價指師生知識遞移成功之後的「知識＋能力」創新「生命＋教育」價值，是知識生命軌跡的大循環：「真・新知識」→「善・含技術」→「美・組能力」→「慧・展價值」→「力・成智慧」→「行・達創客」→「教・行道德」→「育・通素養」。創新人的生命價值，同時也創新教育的價值。

## 三、示範優勢專長的知能運用

教育的神聖使命之一，在逐次誘發學生「優勢智能明朗化」。是以，在一般教學歷程中，教師應適度地示範優勢專長的知能運用，讓學生看到亮點知能的光輝與價值，誘發學生模仿學習的意願，進而開展自己的專長優勢。示範的要領可採下列方式：(1)講案例：講教師自己的創意點子，或優勢專長助人解決問題的故事；(2)秀才藝：琴棋書畫、球類技藝適時地展現給學生欣賞模仿；(3)帶比賽：熱心帶學生參加各種才藝、語文、科展、數學、球類、社團競賽，用參與比賽示範指導專長發揮；(4)論價值：講案例、秀才藝、帶比賽的同時，也要適時向學生分析「才藝本身」的「知識、技術、能力、價值」，尤其是其運用到的「核心知識」及「核心技術」之功能價值分析。論價值激勵學生的意願與動能。

## 四、教導學科知能的智慧學習

運用「KTAV 教學模式」及「KTAV 單元學習食譜」帶領學生，直接「智慧學習」各學科知能。學習食譜的四個欄位，代表「知識、技術、能力、價值」四位一體的智慧教育，也代表「真、善、美、慧」四位一體的智慧學習。智慧學習是參照知識生命滋長史的學習，對照人「新知能模組」的內構外築（螺旋重組），較容易理解，能進升學會各種新知識、新能量、新素養的效益。

## 五、產出德行作品的創客表現

智慧學習與創客表現是一體的，智慧學習乃「知識遞移說」的實踐，學生知識遞移流量大，身上學會很多新知識、新能量、新素養，這些新知能素養累增到一定的量能，就會想要外顯化。教師引導學生「創客表現」，用具體的作品（含德行），來表達自己的學習成果（智慧人、做創客），成為教育與學習最為高明的產出策略。是以，教師也要適時地在學生面前，展現自己的新智慧創客作品，或產出型的服務助人價值行為表現（檔案、案例呈現）。示範帶動「師生共同知能創價」。

### 六、實施價值實踐的素養評量

共好價值（慧）、行動意願（力）、德行作品（行）三大元素，是建構態度、品格、道德、素養（含才智）最關鍵的元素；促成這三大元素有效融合的教育是價值教育，是價值實踐教育，是價值評量教育。是以，推動中的「價值教育」含括四大重點：價值論述→價值回饋→價值評量→價值實踐（鄭崇趁，2018）。教師平時的單元教學，直接實施價值實踐的素養評量，績效價值最即時，學生價值的體認與實踐最具體。價值實踐的操作要領有四：揭示價值→體認價值→實踐價值→創新價值。價值評量含括：作品的價值→學習的價值→教學的價值→教育的價值，得運用「對話式」或「學習單」進行價值評量。

## 第四節　校長對教師的「典範論」領導

校長對教師的「典範論」領導，進升為新教育世代的經營實踐。校長最需在教師面前專業示範「素養取向」世代的關鍵經營教育典範，含括以下七項「典範論」領導：(1)「活教育・有生命」的校長；(2)「教素養・能實踐」的校長；(3)「論價值・展慧能」的校長；(4)「能演繹・高境界」的校長；(5)「演新育・新六育」的校長；(6)「用羅盤・創效能」的校長；(7)「行四道・達至德」的校長。逐一說明如下。

### 一、「活教育・有生命」的校長

校長對教師的第一項「典範論」領導，要讓教師們感受到：您是一位「活教育・有生命」的校長。校長辦的教育是活的，教育是有生命的，校長用他的教育專業知識（知能素養），辦活了教育；人是有生命的，知識也是有生命的，教育更是有生命的，「人、知識、教育」三者都是活的。

校長要在教師面前指出「活教育」的例證：(1)人用「知識」創新「學生生命」及「教育生命」的事實；(2)知識進出人的身心，邁向人的「知能素養」，其生命滋長的歷程是：「新知識（真）」→「含技術（善）」→「組能力（美）」→「展價值（慧）」→「成智慧（力）」→「達創客（行）」→「行道德（教）」→「通素養（育）」，是「活知識→活教育→活人」的歷程軌跡；(3)教師每天對學生教學（教育）的主題，對學生而言都是新的、活的、有生命的；(4)學校每年的定期教育活動，例如：開學典禮、親師教學日、校慶運動會、智慧創客嘉年華會、畢業典禮等，對學生而言也都是新的、活的、有生命的；(5)新學制、新目標、新課綱、新政策、新計畫、新課程、新教材、新方法、新標準、新特色、新品牌等永續循環，說明教育是活的，教育有它自己的生命，看師生如何實踐它。

## 二、「教素養・能實踐」的校長

2019 年起開始實施新課綱，稱為「素養取向」教育。是以，校長對教師的第二項「典範論」領導是，要讓教師們認為您是一位「教素養・能實踐」的校長。校長不但知道九項素養是什麼，還會示範九項素養直接教學，可參照鄭崇趁（2020，頁 141-280）之九項素養直接教的 KTAV 學習食譜內容，編撰校本特色課程與教材，能完整實踐「十二年國民基本教育課程綱要」。

校長能夠實踐下列「素養教育」的重點事項：(1)素養是知識的生命（教育元素）建構而成的，是八個核心元素（真、善、美、慧、力、行、教、育）及其次級系統（$6 \times 8 = 48$）共同建構而成的；(2)素養的學習可以遵循「識道」的教學模式：元素構築→知識遞移→知能創價→全人發展，這四個步驟都是素養教育的核心技術；(3)九大素養直接教要善用 KTAV 教學模式，找出每一素養的「新知識（K・真）」→「含技術（T・善）」→「組能力（A・美）」→「展價值（V・慧）」；(4)根據發展出來「九項素養直接教的 KTAV 學習食譜」，編製校本特色課程與教材，就能直接強化學生個別項目的素養；(5)發展「師本學習羅盤」及「生本學習羅盤」能夠有效強化師生基礎素養，並開展個人的優勢專長，培育卓越亮點。

## 三、「論價值・展慧能」的校長

「價值」是德育、智育、情意、態度、智慧、素養共同的根，是以素養取向教育特別重視「價值教育」與「價值評量」。「價值」的基本定義是：人類共好的生活品質曰價值，共好價值是一種「慧能」（共好意願的能量）。因此，校長對教師的第三項「典範論」領導是，要讓教師們覺得您是一位：「論價值・展慧能」的校長。

校長要習慣於「價值論述」，才能滋養學校「共好慧能」的組織文化。校長的「價值論述」要優先實踐下列事項：(1)開會時的主席致詞：學校的重要會議均由校長主持，開會致詞就要揭示會議的核心價值，讓參與會議的人員充分掌握會議的目的、價值，以及決議對學校發展的影響（價值）；(2)重要慶典教育活動的講話：如開學典禮、畢業典禮、運動會、校慶典禮、競技比賽開幕等致詞講話，要優先揭示典禮賽會的核心價值、教育目的及重要的經營策略要領；(3)校本課程的規劃討論會議：學校都要發展校本課程，學校要發展的校本課程是什麼？為什麼要發展這樣的校本課程？它的核心價值是什麼？這樣的核心價值對師生的價值意義又在哪裡？用價值導引校本課程及教育特色的規劃；(4)團隊的組成及各種競賽的參與講話：校長要優先論述團隊的目的與價值、參與競技的意義價值、得獎對學生優勢專長的肯定、參與作品的價值意涵，激勵組隊成員及參賽者士氣；(5)師生競賽研習成果分享的評論：無論師生是否有得名，分享的成果績效如何？校長都要揭示當下成就的價值意涵，激勵師生再接再厲，永續經營，更要指出最具價值的「創新進升」經營力點。

## 四、「能演繹・高境界」的校長

工業有 4.0，教育有沒有 4.0？教育界的觀點尚不一致，但多數教師更崇拜王國維（1982）《人間詞話》的〈人生三境界〉，大家都期待有「高境界」的校長出現。若 4.0 轉換成四境界，「3.0 能力化（第三境界）」及「4.0 素養化（第四境界）」就是高境界的校長。人生的境界是知識演繹來的，教育的境界也是知識演繹來的，是以校長對教師的第四項「典範論」領導是：「能演繹・高境界」的校長。

「能演繹」指能用「演繹法」辦教育，演繹進升教育歷程與品質，邁向高境界的學校（3.0 或 4.0 的學校）。校長可專業示範下列事項：(1)教學「人生三境界」及「教育 4.0」：尤其是正確版本，與兩者的價值連結；(2)善用「統整命名法（演易法），命名「校本課程」、「重要建物」、「主題教育」、「班名系統」等；(3)重視「溝通傳譯法（演譯法）」，加強學校多元語言教育，提高國語、英語、程式語言、第二外語及母語的學習標準；(4)運用「尋根探源法（演意法）」，激勵師生進行行動研究、規劃學習步道、完成價值對話類作品、參加各類競賽活動；(5)論述事務「核心價值法（演義法）」，帶領師生學會「價值論述」→「價值回饋」→「價值評量」→「價值實踐」；(6)激勵師生採用「永續深耕法（演毅法）」，深耕自己優勢專長的「智慧創客」作品，經營自己亮點的「知能創價」；(7)示範演繹教育事務「系統結構法（演繹法）」，例如：系統思考的要領（四步驟）、進升型主題計畫系統結構、素養教育解碼學三大核心技術的系統結構、新育及演繹法「同音異字」演繹法等。

## 五、「演新育・新六育」的校長

演繹法用來演「新育」，也可找到四個「同音異字」：「新、心、欣、馨」的教育。有新育的教育，成為新六育的教育；新育與新六育「交互作用・整合發展」，成為全新的「德、智、體、群、美、新」六育教育（3.0 六育）；新育與新六育永續「系統重組・創新進升」，成為「新五倫、新四維、新教育、新臺灣」（4.0 六育）。是以，校長對教師的第五項「典範論」領導是：「演新育・新六育」的校長。

為使「新育與新六育」永續「系統重組・創新進升」，校長需優先專業示範下列事項：(1)教學「新育」及新育的「演繹」：對全校教師教學「新、心、欣、馨」的教育，暨其 16 項實踐事項；(2)指出「新德育」進升力點及實踐事項：新五倫（價值論）、新四維（情境論）、價值教育（實踐論）；(3)指出「新智育」進升力點及實踐事項：知識教育（認識論）、智慧教育（動能論）、創客教育（作品論）；(4)指出「新體育」進升力點及實踐事項：人道教育（適配論）、適能教育（習慣論）、運動教育（遞移論）；(5)指出「新群育」進升力點及實踐事項：團隊教育（協作論）、創新教育（模組論）、師道教育（典範論）；(6)指出「新美育」進升力點及實踐事項：藝能教育（美學論）、知能教育（生命論）、進升教育（築梯論）；(7)指出「新新育」進升力點及實踐事項：素養教育（創價論）、4.0 教育（進升論）、新育教育（六育論）。

## 六、「用羅盤・創效能」的校長

「臺灣版學習羅盤」（鄭崇趁設計、呂紹弘美編，2021）已研發成功，運用「展新育、能演繹、行四道、達至德」之教育學理，建構其指標系統。校長指導師生運用羅盤操作學習，有助於各種學理的學習，暨校本、師本、生本學習羅盤的建置，運作「立體知識」操作學習，創新進升教育績效價值。是以，校長對教師的第六項「典範論」領導是：「用羅盤・創效能」的校長。

校長要專業示範下列事項：(1)說明「臺灣版學習羅盤」指針與四個迴圈命名學理：指針採用核心素養的八大元素（真、善、美、慧、力、行、教、育），是知識生命系統的大循環；四個迴圈命名為「元素構築策略」→「知識遞移策略」→「知能創價策略」→「全人發展策略」，是狹義的「識道」；也是廣義的「行四道」（人道、師道、學道、識道）；(2)指出羅盤的操作功能在，引導找出教育的精粹元素，增進內構外築效果；(3)指出羅盤聚焦知識遞移的核心知能，引導九項素養直接教；(4)指出羅盤可以調整師生知能創價的方向與使力焦點；(5)指出羅盤可以永續登錄學生「智慧創客作品」，觀察優勢專長發展，校準全人發展內涵。

## 七、「行四道・達至德」的校長

具有道德風範的人，一直是學校校長的代名詞，社會大眾對校長的共同期待是：行道達德的人。本書業已開展「新教育四道」暨「全人發展六至德」，是以校長對教師的第七項「典範論」領導是：「行四道・達至德」的校長。校長行的道有四道：人道、師道、學道、識道；校長達的德稱至德，有六至德：智慧人、做創客、新領導、優教師、能家長、行國民。

校長需專業示範下列事項：(1)繪圖展示四道和至德的關係：如本書圖 5-4；(2)揭示開展人道教育的核心技術：順性揚才說、自我實現說、智慧資本說、全人發展說；(3)詮釋師道教育的核心技術：傳道、授業、解惑、領航、構築、遞移、創價七大角色責任，在教師身上和校長身上的進升意涵；(4)註解學道的學習工具與要領：學習遷移→學習地圖（含學習步道）→學習食譜→學習羅盤；(5)示範「識道」（學習羅盤）操作要領與運用擴能：羅盤演繹知識新價值，師生知識遞移成巨流；新育構築六育新動能，進升知能創價高素養；(6)詮釋 12 達德與 6 至德：全人發展的 12 個角色責任為 12 達德（成熟人、知識人、社會人、獨特人、價值人、永續人、智慧人、做創客、新領導、優教師、能家長、行國民）；後面 6 個為 6 至德。基本教育階段為 8 達德 2 至德（智慧人、做創客），高等教育階段則為 12 達德 6 至德。

# 第九章　新「新育」教育暨「六育論」領導

「新育」的發現，來自作者於《素養教育解碼學：元素構築・知識遞移・知能創價》（鄭崇趁，2020）一書的「元素構築篇」，該書用「知識的生命」解碼素養的教育元素。素養係由56個教育元素建構而成的，第三大元素（美）之次級系統元素，宜由「德、智、體、群、美、新」六個元素「解碼・循環」形成。是以，原本的五育之教，應再增加一育「新育」，成為六育之教。

用「同音異字」法演繹新育的教育意涵，蓋指「新、心、欣、馨」的教育，核心意涵有四：新的教育、心的教育、欣的教育、馨的教育。新的教育指，新的教育政策、計畫、理論、策略。心的教育指，從心開始的教育，先內構後外築；知識遞移成功，才能知能創價。欣的教育指，欣欣向榮、生生不息的教育，知識源頭生生不息，知識遞移生生不息，知能創價生生不息，智慧創客也生生不息。馨的教育指，教育的建構元素（構、築、遞、移、創、價→知、識、能、量、素、養）都是友善溫馨的，新（馨）育的實踐事項（智慧創客教育）也都是友善溫馨、創新進升的。是以，「新育」的教育意涵是：「新、心、欣、馨」的教育。

本章分四節論述說明：第一節、新育的教育意涵與特質，揭示「新、心、欣、馨」的教育意涵及其實踐事項，並論述「新」教育元素的特質。第二節、新育的學校實踐作為，作者示範擬訂「新育・新教育」運動實踐計畫【綱要・範例】，供教育行政機關及學校實踐的參照。第三節、教師對學生的「六育論」領導，敘述「新育」與「新六育」所產生「交互作用，整合發展」後，教師對學生的「六育論」領導。第四節、校長對教師的「六育論」領導，論述「新育」

與「新六育」所產出「系統重組、創新進升」後，校長對教師的「六育論」領導。

## 導論

本章探討第六育「新育」，新育存有之後，對原本「五育」的影響，帶動形成「新六育」暨「新教育」的可能風貌，論述主軸仍在「創新的新育教育」及「進升的六育論領導」。本章的「重要發現」及具有創新進升的「價值論述」，摘述如下：

1. 揭示「新育」發現的緣由：鄭崇趁（2020）研發「知識的生命及素養的教育元素」圖解時，發現第三個核心元素「美（實踐能力）」之次級系統元素「德→智→體→群→美→新」，才得以完成「群組系統循環」，更能完整詮釋教育的本質功能：教育在「育人之德」→「育人之智」→「育人之體」→「育人之群」→「育人之美」→更在「育人之新」，教育從此有了「六育」。
2. 定位「新育」的教育意涵與特質：新育有四義（意）：「新、心、欣、馨」的教育，完整唸它是「新的教育」、「心的教育」、「欣的教育」、「馨的教育」。新育具有六大特質：(1)第六大教育元素；(2)六育系統重組的核心元素；(3)六育創新進升的使力焦點；(4)創新教育產業新境界的智慧火石；(5)師生知識遞移成功的教育生命；(6)師生知能創價的具體實踐。
3. 演繹「新育」的實踐事項及其對「新六育」的價值啟示：「新、心、欣、馨」的教育共有十六項具體實踐事項；「新六育」的發展趨勢也有十八條「創新進升」教育軸線。
4. 策訂「新育・新教育」運動實踐計畫【綱要・範例】：(1)明確的目標設定：四個「小策略」和兩個「小目的」，六句話具有旋律感；(2)銜接的經營策略：四個經營策略有效銜接目標的小策略，均兩句完成，前因後果，四策略本身也具邏輯系統；(3)完整實踐策略的執行項目：每一經營策略均有六個具體執行項目，完整實踐之，整體計畫共 24 個執行項目；(4)整體計畫呈現系統結構：「計畫目標」、「經營策略」、「執行項目」三者，可繪製圖表呈現其系統結構；(5)學校實踐本計畫，每一策略選擇 3～4 個執行項目最佳。

5. 教師對學生的「六育論」領導，得優先闡明與「新六育」攸關的 24 個新教育專有名詞：「新五倫」→「新四維」→「新動能」→「新價值」→「新教育」→「新臺灣」。
6. 校長對教師的「六育論」領導，得優先專業示範下列事項：(1)情意價值教育暨「實踐論」領導（新德育）；(2)智慧動能教育暨「創客論」領導（新智育）；(3)適能遞移教育暨「知能論」領導（新體育）；(4)團隊協作教育暨「使命論」領導（新群育）；(5)藝能美學教育暨「風格論」領導（新美育）；(6)生命創價教育暨「素養論」領導（新新育）。

## 第一節　新育的教育意涵與特質

「新」係一個教育元素，係建構「素養」的 56 個教育元素之一。「新」此一元素，與同一系統元素（德、智、體、群、美）並列時，就成為五育之後的「第六育」：「新育」。用演繹法中的「同音異字」法來演繹「新育」，新育含有「新、心、欣、馨」的教育之意，分開讀它，即為「新」的教育、「心」的教育、「欣」的教育、「馨」的教育。本節循此脈絡，演繹新育的教育意涵與特質。

### 一、「新」的教育

新的教育指，新的教育政策、計畫、理論、策略，例如：(1)素養取向教育：

元素構築、知識遞移、知能創價；(2)邁向 4.0 教育：新五倫、智慧創客學校；(3)知識教育學：智慧人、做創客；(4)創新領導、創客教師、創意經營的教育。

從師生每天實踐「教育」與「教學」的事實來看「新的教育」，廣義的「新的教育」指：教師使用新教材、新方法、新主題、新進度、新理論、新原理、新價值教學生，都稱之為「新的教育」；教師使用自己研發的單元主題教材，每年一循環教給同年級的不同學生，也稱之為「新的教育」；再從學生每天接受不同教師、不同單元的主題教學來看，只要是學生還沒學過或者還沒學會的知識，都稱之為「新的教育」。是以，「政策、計畫、理論」領航的「新的教育」，要串連至教師日常教學的「新單元、新主題、新教材、新方法、新價值」，才是真正「新的教育」的實踐。

## 二、「心」的教育

心的教育指：從心開始的教育，先內構（知能模組）再外築（價值行為），知識遞移成功，才能知能創價，例如：(1)「創新生命、全人發展」的教育；(2)「順性揚才、優勢築梯」的教育；(3)「自我實現、專長亮點」的教育；(4)「智慧資本、動能貢獻」的教育。

廣義的「心的教育」指，教師教學時，先教學生修習「內功」（思考新知能模組的重組建構），讓內心「知道→明白→體會→認同」新知識，進而與內心既有的能量（知識）「統整→融合→成新模組→有新創能」，新能瀛滿外溢→能外顯化→表現價值行為。學生能表現的價值行為以「德行・作品」為主軸：德行乃助人服務的智慧價值行為（智慧人），作品指用習得的新知能完成新作品的創客價值行為（做創客）。「從心開始著力」的教育，並讓人成為「智慧人・做創客」的教育，稱之為「心的教育」（新育的第一種別稱）。

## 三、「欣」的教育

欣的教育指，欣欣向榮、生生不息的教育；知識源頭生生不息、知識遞移生生不息、知能創價生生不息、智慧創客也生生不息，例如：(1)認識「知識」之欣的教育；(2)認識「價值」之欣的教育；(3)認識「智慧」之欣的教育；(4)認識「創客」之欣的教育。

認識「知識之欣」的教育指，學會「新的知識・真」，並了解它「含技術・善→組能力・美→展價值・慧」知識生命系統小循環，知道「知識」是有生命的，並且生生不息、欣欣向榮，內心的喜悅滿足也欣欣向榮。認識「價值之欣」的教育指，知道知識的生命價值化歷程（小循環與大循環），小大循環生生不息、欣欣向榮，學習者內心的喜悅滿足也欣欣向榮。認識「智慧之欣」的教育指，認識知識生命的滋長「真、善、美、慧」四位一體，建構成人的智慧，KTAV學習食譜幫助師生直接習得知識與智慧，內心的喜悅滿足也欣欣向榮。認識「創客之欣」的教育指：了解「創客、作品」是學會「知識、能量」的出口，學習者完成了單元學習的創客作品，代表能用「作品（含德行）」表達學會並運用該學習單元的核心知識及技術，其內心的喜悅與滿足更是欣欣向榮。

## 四、「馨」的教育

馨的教育指，友善溫馨、創新進升的教育；建構「教」與「育」的元素都是友善溫馨的：「教」的元素：構、築、遞、移、創、價；「育」的元素：知、識、能、量、素、養。教育的實踐更是友善溫馨的，例如：(1)畢業生每人展出10 件「智慧創客」代表作品的教育；(2)學校每年舉辦一次「智慧創客嘉年華會」，每年選出師生「百大作品」的教育；(3)每個領域（學科）運作「KTAV學習食譜」，規劃產出 3～5 件智慧創客作品的教育；(4)每個處室配合教育活動，規劃產出 3～5 件學生合作智慧創客作品的教育（註：本節內容在界定「新育」之「概念型定義」及「操作型定義」，核心文字參照鄭崇趁，2020，頁 419 的表 24-7 重組完成）。

廣義的「馨的教育」概指「一個都不少」的教育（受【正義論】影響帶動下的【新育】）。「一個都不少」的教育，已成為明確的「教育政策」，它來自「教育 111」標竿學校的實踐。「教育 111」的三個 1 指：「一校一特色、一生一專長、一個都不少」（吳清山，2008）。「一個都不少」的教育具有下列四大意涵：(1)「三生六零」都不少到「支持系統」都不少；(2)「特色參與」都不少到「專長亮點」都不少；(3)「知能創價」都不少到「智慧創客」都不少；(4)「適配教育」都不少到「幸福教育」都不少（鄭崇趁，2018）。「一個都不少的教育」實踐實質的「教育公平與正義」，是最「友善溫馨・創新進升」（馨）的教育。

「新育」的定義概如前述，其具有六大教育特質：(1)第六大教育元素：新育是教育新元素，是繼「德育、智育、體育、群育、美育」五育之後的第六大元素，象徵教育從此有六育；(2)六育系統重組的核心元素：教育有六育之後，「德、智、體、群、美、新」六育具有「系統模組循環」效應，「新育」創新「人與教育」的生命，是六育系統重組的核心元素；(3)六育創新進升的使力焦點：改變要具有創新及進升，才有實質價值意涵，「新育」加入原來的「五育」一齊營運，帶動六育全面創新進升，而成為六育創新進升的使力焦點；(4)創新教育產業「新境界」的智慧火石：「新育」創新「人、知識、教育」三者的生命，創新教育產業進升 3.0 及 4.0 新境界，是點活教育產業的智慧火石；(5)師生「知識遞移」成功的教育生命：師生知識遞移成功，建構完成的「新知能模組」，是人的新生命，同時也是教育（知識）的新生命。教育有生命，是活的；(6)師生「知能創價」的具體實踐：師生知識遞移成功後，要能共同知能創價，創新生命價值（智慧人），創新教育價值（做創客），「知能創價」完整實踐教育的深層本質；師生都有新的知識、新的作品、新的價值、新的教育、新的人生。

# 第二節　新育的學校實踐作為

本章第一節已詮釋「新育」的教育意涵，新育含括「新、心、欣、馨」的教育，賦予「新的教育」、「心的教育」、「欣的教育」、「馨的教育」之概念型定義及操作型定義，並論述「新育」元素在「六育論」中扮演的六大特質（角色功能）。第二節接續論述說明「新育的學校實踐作為」，「新育」加入營運後，原來的「五育」與「新育」產生「交互作用、整合發展」效應，產出「新六育」的「新教育」；「新育」再與「六育」產生「系統重組、創新進升」效應，再產出「創新進升型」的「新六育」，讓「新六育」成為全新的教育。

## 一、「新育」的價值暨其對新六育的啟示

用「創新教育」及「進升領導」兩大元素，作為「新六育」發展方向。盤整當前「教育措施」，演繹揭示「新教育」具體事項（新六育 18 項）如下（鄭崇趁，2020，頁 420）。

### （一）新德育：創新道德、進升品格，育人之德

1. 新「五倫」教育暨「價值論」領導。
2. 新「四維」教育暨「情境論」領導。
3. 新「價值」教育暨「實踐論」領導。

### （二）新智育：創新生命、進升智慧，育人之智

4. 新「知識」教育暨「認識論」領導。
5. 新「智慧」教育暨「動能論」領導。
6. 新「創客」教育暨「作品論」領導。

### （三）新體育：創新身心、進升素質，育人之體

7. 新「人道」教育暨「適配論」領導。
8. 新「適能」教育暨「習慣論」領導。

9. 新「運動」教育暨「遞移論」領導。

### （四）新群育：創新團隊、進升動能，育人之群

10. 新「團隊」教育暨「協作論」領導。
11. 新「創新」教育暨「模組論」領導。
12. 新「師道」教育暨「典範論」領導。

### （五）新美育：創新美藝、進升美學，育人之美

13. 新「藝能」教育暨「美學論」領導。
14. 新「知能」教育暨「生命論」領導。
15. 新「進升」教育暨「築梯論」領導。

### （六）新新育：創新知能、進升素養，育人之新

16. 新「素養」教育暨「創價論」領導。
17. 新「4.0」教育暨「進升論」領導。
18. 新「新育」教育暨「六育論」領導。

## 二、「新育・新教育」運動實踐計畫【綱要・範例】

### （一）計畫目標

演繹新育新知識，開展六育新動能，構築新教育知能模組；
擘建學識新軌道，創化教育新價值，進升新人類智慧創客。

### （二）經營策略

1. 新心欣馨新元素，活化教育新生命。
2. 六育重組新能量，優化學習新動能。
3. 人師學識新四道，深化師生新覺識。
4. 羅盤演繹新教學，創化教育新價值。

## （三）執行項目

甲.新心欣馨新元素，活化教育新生命

1. 推動「新育・素養教育」工作坊研習。
2. 實行新「新育」教育暨「六育論」領導。
3. 實施新「知識」教育暨「認識論」領導。
4. 實踐新「價值」教育暨「實踐論」領導。
5. 施行新「知能」教育暨「生命論」領導。
6. 開展新「適能」教育暨「習慣論」領導。

乙.六育重組新能量，優化學習新動能

7. 推動「教育 4.0 ・進升領導」工作坊研習。
8. 實行新「五倫」教育暨「價值論」領導。
9. 實施新「創新」教育暨「模組論」領導。
10. 實踐新「進升」教育暨「築梯論」領導。
11. 施行新「遞移」教育暨「創價論」領導。
12. 開展新「四維」教育暨「情境論」領導。

丙.人師學識新四道，深化師生新覺識

13. 推動「人師學識四道・學習羅盤」工作坊研習。
14. 實行新「人道」教育暨「適配論」領導。
15. 實施新「學道」教育暨「系統論」領導。
16. 實踐新「識道」教育暨「羅盤論」領導。
17. 施行新「師道」教育暨「典範論」領導。
18. 開展新「團隊」教育暨「協作論」領導。

丁.羅盤演繹新教學，創化教育新價值

19. 推動「知能創價・智慧創客」工作坊研習。
20. 實行新「全人」教育暨「幸福論」領導。

21. 實施新「智慧」教育暨「動能論」領導。
22. 實踐新「創客」教育暨「作品論」領導。
23. 施行新「美藝」教育暨「美學論」領導。
24. 開展新「素養」教育暨「慧能論」領導。

### （四）績效價值

1. 教師全面參與研習，創新新育知能，進升六育素養。
2. 學校實施新育四道，暢旺知識遞移，豐沛知能創價。
3. 學生善用食譜羅盤，聚焦元素構築，實踐智慧創客。
4. 師生演繹知識生命，拓展教育價值，經營適配幸福。

「新育・新教育」運動實踐計畫之「計畫目標」、「經營策略」、「執行項目」，呈現「系統結構」如表 9-1 所示。目標中的四個小策略與「經營策略」銜接，每一個經營策略皆有六項實踐力點來「創新進升」新的教育。

## 第三節　教師對學生的「六育論」領導

本章第一節敘述「新育」的教育意涵與特質，第二節示範撰寫「新育・新教育」實踐計畫綱要。本節為第三節，接續論述教師對學生的「六育論」領導。教育原本僅有五育（德、智、體、群、美），加入新育以後，學校的教育實踐成為六育，新育與六育之間的關係，會產生「交互作用、整合發展」效應，成為全新的「六育論」：「德育、智育、體育、群育、美育、新育」六育的內涵與外延都有新的發展、新的定位。不僅是原來的五育加新育「表象」的累加，六育均以新的風貌，在整體教育機制中扮演新的角色責任，彩繪新人類適配幸福人生。

教師對學生的「六育論」領導，焦點在「新六育」的個別意涵，及其產出「新名詞」教育意涵。是以，本節針對「新六育」暨其所屬四個次級系統名詞（共 6 ＋ 4×6 ＝ 30 個新名詞，有新的名詞），說明其教育意涵、本質與功能。

表 9-1　「新育・新教育」運動實踐計畫〔綱要範例〕

| 計畫目標 | 經營策略 | 執行項目 |
|---|---|---|
| 演繹新育新知識，開展六育新動能，構築新教育知能模組；<br><br>擘建學識新軌道，創化教育新價值，進升新人類智慧創客。 | 一、<br>新心欣馨新元素，活化教育新生命。 | 1. 推動「新育・素養教育」工作坊研習。<br>2. 實行新「新育」教育暨「六育論」領導。<br>3. 實施新「知識」教育暨「認識論」領導。<br>4. 實踐新「價值」教育暨「實踐論」領導。<br>5. 施行新「知能」教育暨「生命論」領導。<br>6. 開展新「適能」教育暨「習慣論」領導。 |
| | 二、<br>六育重組新能量，優化學習新動能。 | 7. 推動「教育 4.0・進升領導」工作坊研習。<br>8. 實行新「五倫」教育暨「價值論」領導。<br>9. 實施新「創新」教育暨「模組論」領導。<br>10. 實踐新「進升」教育暨「築梯論」領導。<br>11. 施行新「遞移」教育暨「創價論」領導。<br>12. 開展新「四維」教育暨「情境論」領導。 |
| | 三、<br>人師學識新四道，深化師生新覺識。 | 13. 推動「人師學識四道・學習羅盤」工作坊研習。<br>14. 實行新「人道」教育暨「適配論」領導。<br>15. 實施新「學道」教育暨「系統論」領導。<br>16. 實踐新「識道」教育暨「羅盤論」領導。<br>17. 施行新「師道」教育暨「典範論」領導。<br>18. 開展新「團隊」教育暨「協作論」領導。 |
| | 四、<br>羅盤演繹新教學，創化教育新價值。 | 19. 推動「知能創價・智慧創客」工作坊研習。<br>20. 實行新「全人」教育暨「幸福論」領導。<br>21. 實施新「智慧」教育暨「動能論」領導。<br>22. 實踐新「創客」教育暨「作品論」領導。<br>23. 施行新「美藝」教育暨「美學論」領導。<br>24. 開展新「素養」教育暨「慧能論」領導。 |

## 一、新德育：新五倫、新四維、新價值、新實踐

1. 新德育：有新育之後的新道德教育，稱之為新德育，其主要內涵包括：新五倫教育、新四維教育、新價值教育、新實踐教育。

2. 新五倫暨新五倫教育：「新五倫」指新的五倫類別：第一倫「家人關係」，第二倫「同儕關係」，第三倫「師生關係」，第四倫「主顧關係」，第五倫「群己關係」，係作者撰寫《教師學：鐸聲五曲》（鄭崇趁，2014）一書時所提出。新五倫教育指：「新五倫價值教育」或「新五倫價值實踐」的教育；新五倫 20 個核心價值的實踐教育。
3. 新四維暨新四維教育：新四維指四維的新版本，包括新四維 2.0 版：「仁、義、禮、法」、新四維 3.0 版「知、能、創、價」、新四維 4.0 版：「真、善、美、慧」。仁：愛人惜物、義：公平正義、禮：秩序謙卑、法：克責尊嚴。知：知識技能、能：能力素養、創：創新作品、價：價值永續。真：致用知識・K、善：經營技術・T、美：實踐能力・A、慧：共好價值・V。
4. 新價值暨新價值教育：人類的共好生活品質曰價值，狹義的新價值指「新五倫」及「新四維」的核心價值。新五倫的核心價值有 20 個：親密、關照、支持、依存（家人關係）；認同、互助、合作、共榮（同儕關係）；責任、創新、永續、智慧（師生關係）；專業、傳承、擴能、創價（主顧關係）；包容、尊重、公義、博愛（群己關係）。新四維的核心價值有三個版本：仁、義、禮、法（2.0 版）；知、能、創、價（3.0 版）；真、善、美、慧（4.0 版）。廣義的新價值指：「人、知識、教育」三者之間共好的新價值，也含括「人的價值化（1.0→4.0）」、「知識的價值化（1.0→4.0）」、「教育價值化（1.0→4.0）」產出的新價值。最廣義的新價值指：「人、事、時、地、物、空」六者之間共好的價值。新價值教育則指，找出狹義到廣義之間的新價值所實施的價值教育。價值教育含括四大步驟：價值論述→價值回饋→價值實踐→價值評量。
5. 新實踐暨新實踐教育：狹義的新實踐指：新五倫及新四維「核心價值」的實踐力行（價值實踐教育）；廣義的新實踐指：有新育之後，「新六育」教育機制運作與實踐。是以，「新實踐教育」也有狹義及廣義：狹義的新實踐教育指：「價值實踐」教育的實施；廣義的新實踐教育指：整體新教育機制（含新目標、新課程、新教材、新主題、新方法、新理論、新模式、新工具）的實踐力行教育。價值實踐教育有四個步驟：揭示價值→體認價值→實踐價值→創新價值。

## 二、新智育：新智慧、新動能、新創客、新作品

1. 新智育：有新育之後的新「知識智慧」教育，稱之為新智育，又稱之為「知識成智慧」的教育及「知識達創客」的教育。主要內容含括：新智慧教育、新動能教育、新創客教育、新作品教育。
2. 新智慧及新智慧教育：新智慧指：對智慧元素的新註解，智慧是由「新知識（K・真）→含技術（T・善）→組能力（A・美）→展價值（V・慧）」四大元素建構而成的。新智慧教育則指：實施「新知識、含技術、組能力、展價值」四位一體的「新智慧教育」；或實施「真、善、美、慧」四位一體的「新智慧教育」；或者使用 KTAV 學習食譜的教與學，也稱之為「新智慧教育」。
3. 新動能及新動能教育：動能者，行動意願的能量也。新動能具有廣狹兩義：狹義的新動能指：實施新的「智慧教育」所產生的智慧動能，含括「新知識、含技術、組能力、展價值」四位一體所產生的智慧動能，以及「真、善、美、慧」四位一體所產生的智慧動能。廣義的新動能含括：智慧動能、創客動能、新育動能、新六育動能、創新進升動能等。新動能教育也有廣狹兩義：狹義的新動能教育指：善用智慧動能來經營教育事務的教與學；廣義的新動能教育指：善用各種新能量來經營教育事業的教育。
4. 新創客及新創客教育：創客有四義：(1)創新知識的人；(2)會操作知識裡技術的人；(3)有作品的師生；(4)人生人（生生不息的人）。新創客指：人生四業（學業、事業、家業、共業）都力行創客四義的人。新創客教

育指：研發有創意的學習食譜→教導能創造的操作學習→建構再創新的知能模組→完成做創客的實物作品。四大教學步驟，簡稱四創一體的創客教育。

5. 新作品及新作品教育：作品分成四大類：立體實物作品、平面圖表作品、動能展演作品、價值對話作品。廣義的新作品指：人生四業都關注四類新作品的產出，用作品定位人生；狹義的新作品指：實施新創客教育所完成的新作品，尤其是單元學習結果師生產出的新作品，以及畢業生展出的畢業 10 件「智慧創客」代表作品。

## 三、新體育：新運動、新遞移、新適能、新習慣

1. 新體育：有「新育」暨「素養教育」實施之後的體育新風貌，稱之為新體育，其核心內涵含括：新運動、新遞移、新適能、新習慣。
2. 新運動及新運動教育：依據素養取向課程綱要所實施的新運動技藝主題教學，稱之為新運動（名稱、類別、方法都是新的）。受到「新育」及「素養取向」課程綱要影響，所實施的體育運動教育，則稱之為新運動教育。
3. 新遞移及新遞移教育：運用「知識遞移理論（KTAV 學習食譜）」的運動學科教學，增進運動知能的流量，稱之為新遞移（有效遞移該運動項目的「新知識→含技術→組能力→展價值」，完整知能的遞移）。所有體育運動課程都力求「完整知能遞移」的教育，稱之為新遞移教育。
4. 新適能及新適能教育：創新生命的體適能，稱之為新適能。新適能教育指：有新育之後，重視「生命創新」（更符合「人道‧人之所以為人」的教育）的體適能教育。
5. 新習慣及新習慣教育：人類習得的慣性行為表現，稱之為習慣。對人身心有共好價值發展的慣性行為，稱為好的習慣；反之，對人身心沒有共好價值發展的慣性行為，就稱為不好的習慣。人的一生習得的好習慣與

不好的習慣都非常多，同時在人的身上，人幾乎每天都在用它，例如：我們每天用「食衣住行育樂」，但每個人的習慣都不一樣。臺灣的心理學大師柯永河先生主張：「好的習慣多於不好的習慣，就是健康的人」，已成為世界的經典名言。本書定名為《新校長學：創新進升九論》，「新習慣」採狹義的觀點，專指本書「創新教育、進升領導」演繹而來的「新六育、新體育、新運動、新遞移、新適能」，其所產生之新習慣。新習慣教育也專指：「新六育、新體育、新運動、新遞移、新適能、新習慣」所產出的新習慣教育。

## 四、新群育：新團隊、新任務、新群組、新標準

1. 新群育：人與人的互動人倫之德，稱之為群育。新群育指：有新育之後的群育，稱之為新群育。群育屬人倫綱常的知識，原本係德育的一部分，例如：「五倫、新五倫」、「四維、新四維」既是「德育」，更是「群育」。傳統的分界點將私德列為德育，將公德列為群育。本書「新群育」的核心內涵含括：新團隊、新任務、新群組、新標準。
2. 新團隊及新團隊教育：自發或受命實踐共同任務的群組，稱之為團隊。有新育之後，新群育所成立的「新團隊」，執行新任務均具有「創新生命價值及創新教育（任務）的價值意涵」，則稱之為新團隊教育。新團隊教育的進升領導在「生命論、協作論、價值論」。
3. 新任務及新任務教育：群組或團隊組成的主要目的，稱之為任務。新任務有廣狹兩義：廣義的新任務泛指一般組織或團隊的新任務；狹義的新任務專指：元素構築理論的「內構新知能模組」→「外築新任務指標」中的「新任務指標（新價值行為）。「新任務教育」在本書中也採狹義的觀點，專指「行四道、達至德」的新任務教育；行四道指實施「人道、師道、學道、識道」的教育，達至德指達成「全人發展」的至德。全人發展的至德指：智慧人、做創客、新領導、優教師、能家長、行國民。

4. 新群祖及新群組教育：群育的對象有三，從大到小為「族群」→「群組」→「團隊」。族群的教育指民族主義教育，群組的教育及團隊的教育已成為新群育的主軸。新群組指：當前的「教育機制」都是一種大大小小的「群組教學」，例如：班級、班內分組、年級、年段、學科、領域、社團、兩班三組、特教班、資優班、潛能班等都是新群組教育。廣義的群組教育還含括當代的學制，如幼兒園→國小→國中→高中→大學→碩士班→博士班，社會教育場館、永續教育機制及視訊群組教學等。新群組教育的進升領導也在「價值論、協作論、實踐論、生命論、動能論」。
5. 新標準及新標準教育：傳統的教育標準，因為關注教育基本建設的有無，關注教育基本的公平正義，多採單一、統一標準，例如：學制、目標、設校標準、設備標準、課程標準、課本教材、品格標準等。當代的教育標準，關注學生的個殊性及差異性，關注順性揚才開潛能、優勢智能明朗化，逐步發展多元標準、多軌標準、等級標準、創新標準、進升標準等，稱為新標準。依據新標準實施的教育，稱之為新標準教育。

## 五、新美育：新藝能、新演藝、新美學、新美識

1. 新美育：成人之美的教育稱為美育，有新育之後的美育則稱為新美育。新美育的核心內涵含括：新藝能、新演藝、新美學、新美識。
2. 新藝能及新藝能教育：藝術、繪畫、音樂、美術、運動、技藝的教與學，稱之為藝能教育。藝能教育受到「新育」、「素養取向教育」、「演繹法」、「教育 4.0」等元素加入的影響，其所產生的新藝術能量（含新元素的藝能），稱之為新藝能。新藝能的教與學活動（如使用 KTAV 的智慧創客藝能教育），稱之為新藝能教育。
3. 新演藝及新演藝教育：演繹法在藝能教育上的運用，稱為新演藝；演藝者，演「藝能美學」，繪「藝趣人生」也。人生四業（學業、事業、家

業、共業）能同時結合「藝能美學」的經營，稱為新演藝教育。演繹（藝）法廣泛使用在「新藝能教育」上的教與學，也稱為新演藝教育。

4. 新美學及新美學教育：藝能教育美化人生的系統知識，稱為美學。美學的發展已成為藝術家們的「專業知能與素養」，一般人也需要基本的美學素養，是以政府也推動「美育」教育，將「藝術涵養與美感素養」列為九大核心素養之一。美學的觀照點以「人」為主軸，新美學的觀照點進升為以「人、事、時、地、物、空」整體「實相」為主軸。實施新美學的課程教學暨教育活動，稱之為新美學教育。
5. 新美識及新美識教育：對於藝能美學的知能，具有深層的見解與洞識，稱為美識。有新育、教育 4.0、演繹法、素養教育加入「美育」營運以後所產生的新美識，稱之為新美識教育。

## 六、新「新育」：新「新」育、新「心」育、新「欣」育、新「馨」育

1. 新「新育」：五育（德、智、體、群、美）之後的第六育，稱為新「新育」。新「新育」有四大意涵：「新、心、欣、馨」的教育，分開來唸它，「新育」含括：新的教育、心的教育、欣的教育、馨的教育。
2. 新「新」育及新的教育：新的教育指：新的教育「政策、計畫、理論、理念、策略、作為」，例如：「素養取向教育」、「教育 4.0」、「知識教育學」、「創新領導」、「創客教師」、「創意經營」、「進升領導」、「築梯論」、「新五倫教育」、「智慧創客教育」、「價值教育」等，都是新的教育。
3. 新「心」育及心的教育：心的教育指：「從心開始」的教育，就素養教育而言，要先「內構」才能「外築」；內構心（新）知能模組成功，才能外築新價值行為。師生「知識遞移（內構）」成功，才能共同「知能創價（外築）」。是以，重視「創新生命、全人發展」的教育、重視「順

性揚才、優勢築梯」的教育、重視「自我實現、專長亮點」的教育、重視「智慧資本，動能貢獻」的教育。

4. 新「欣」育及欣的教育：欣的教育指：「欣」是教育的本質之一，具有「欣欣向榮、生生不息」的特質：知識來源生生不息、內構外築生生不息、知識遞移生生不息、知能創價也生生不息、智慧創客更生生不息。是以重視：發現「知識」之欣的教育、發現「價值」之欣的教育、發現「智慧」之欣的教育、發現「創客」之欣的教育。

5. 新「馨」育及馨的教育：馨的教育指：「馨」也是教育的本質之一，具有「友善溫馨、創新進升」的特質：建構「教・育」的次級系統元素，都是友善溫馨、創新進升的；教→構、築、遞、移、創、價，育→知、識、能、量、素、養。教育的績效價值實踐，也都是友善溫馨、創新進升的，例如：「智慧教育」、「創客教育」、「價值教育」都是；師生的具體實踐更是，例如：「畢業生展出10件智慧創客代表作品」、「學校每年舉辦一次智慧創客嘉年華會，選出師生百大作品」、「領域（學科）教師每年指導學生，產出3～5件學生智慧創客作品」、「各處室配合主管年度教育主題計畫，指導學生合作產出 3～5 件大型智慧創客作品」。這些智慧創客作品本身，也都是「友善溫馨、創新進升」的教育實踐（產品、學生知能表達的出口）。對學生而言，是「新育」，同時也是新「馨的教育」。

## 第四節　校長對教師的「六育論」領導

本章第三節教師對學生的「六育論」領導，關注的焦點在於「新育」與原來的「五育」，產生「交互作用、整合發展」所開展「新六育」的風貌，是以用約3,600字的篇幅，扼要詮釋了與「新六育」攸關的30個新教育名詞。第四節繼續論述校長對教師的「六育論」領導，關注的焦點在於「新育」與「新六育」，產生「系統重組、創新進升」所拓展「新六育」的境界，用4.0的六育論領導學校教師辦學。依循本書基調「創新教育、進升領導」，校長對教師的「六育論」領導，大要如下。

## 一、新德育：情意價值教育與實踐論領導

新德育的核心內容含括：新五倫、新四維、新價值、新實踐。統整而言，校長要實施：「情意價值教育與實踐論領導」，探討情意價值化教育歷程，喚醒師生熱愛「德行・作品」的行動意願（實踐論）。校長領導教師應優先實踐下列事項：(1)定義「情意教育」的意涵：開展學生「情緒→情感→情操→品行」的教育，稱之為情意教育；(2)詮釋「情意價值化」的教育歷程為：處理「七情俱」的情緒→發展「致中和」的情感→孕育「成風範」的情操→陶鑄「全人格」的性情；(3)重視「價值教育」的實施：人類共好的生活品質曰「價值」，價值是一種「慧能」，價值教育就是「共好慧能」的誘發；價值教育的核心歷程為：價值論述→價值回饋→價值評量→價值實踐；(4)界定「價值實踐」的主要步驟為：揭示價值→認同價值→實踐價值→創新價值；(5)策訂並實踐「新德育暨情意教學價值實踐計畫」：統整「新五倫・新四維」核心價值、情意價值化、「德行・作品」行動意願之旨趣，策訂施行「新德育暨情意教學價值實踐計畫」。

## 二、新智育：智慧動能教育與創客論領導

「知識成智慧、知識達創客」是知識生命滋長最深層的價值（鄭崇趁，2017）。此一發現，建構了21世紀教育新目標：「智慧人、做創客」；同時也發現了「新育」，進升了「新智育」的主軸內涵為：新智慧、新動能、新創客、新作品。是以，校長對教師的「六育論」領導，第二項（新智育）為：智慧動能教育與創客論領導。

校長應優先領航下列事項：(1)定義「智慧教育」的四大元素：智慧由「真、善、美、慧」四大教育元素所建構；完整的定義是「新知識（K・真）→含技術

（T・善）→組能力（A・美）→展價值（V・慧）」四位一體的教育，稱之為智慧教育；(2)詮釋「智慧動能」的領導意涵：實施「智慧教育」的主要目的在誘發個人及集體的「智慧資本」，產出「智慧動能」貢獻；(3)定位「創客教育」的實踐版本：研發有創意學習食譜→教導能創造操作學習→建構再創新知能模組→完成做創客實物作品，簡稱四創一體的創客教育；(4)揭示「作品定位人生」的教育意涵及四大類作品：立體實物作品、平面圖表作品、動能展演作品、價值對話作品；(5)推動「智慧創客教育」及「價值教育」的整合實踐模式：用智慧（KTAV）→做中學（操作體驗）→有作品（做創客）→論價值（價值評量）。

## 三、新體育：適能遞移教育與知能論領導

智慧創客教育、價值教育、新育普遍實施之後，將帶動「新體育」的形成與實踐，其核心內涵含括：新運動、新遞移、新適能、新習慣，其整體焦點在於：適能遞移教育與知能論領導。校長應優先領航下列事項：(1)體育教學採用KTAV 學習食譜：讓運動技能教育與智慧創客教育結合，體育學門更能「用智慧→做中學→有作品→論價值」，培育「智慧人、做創客」；(2)激勵運動教練用KTAV編寫專項運動教材：教給學生各專項運動完整的「知識、技術、能力、價值」，並產出多元「智慧創客」作品；(3)輔導教師實施價值評量：用價值評量檢核知識遞移流量，詮釋「知識技能」創新「生命、教育」價值的事實；(4)規劃各級學校學生「運動習慣參考標準」：養成「運動習慣」對人的健康幫助最大，教育部體育署應配合各級學校體育課綱，編定學生「運動習慣參考標準」，並列入課綱主題、融入教學，養成學生定期運動習慣；(5)運用「知能論」解析體適能教育：唯有師生理解「體適能」的「知識、技術、能力、價值」發展脈絡，才會真正關照自己的體適能。

## 四、新群育：團隊協作教育與使命論領導

有新育之後的群育，重視「新、心、欣、馨」的團隊使命教育，稱之為新群育，其核心意涵含括：新團隊、新任務、新群組、新標準。統整而言，校長對教師的「六育論」領導，第四項（新群育）之使力焦點為：團隊協作教育與使命論領導。校長應優先領航下列事項：(1)訂定團隊組成任務目標與明確實施計畫：目標、策略、執行項目三者之間要具「系統結構」；(2)規範參與成員明確責任義務：讓每位成員發揮「亮點貢獻」，並學習「創新進升」；(3)引進諮詢顧問：輔導有效「協作事項」實踐作為，解析「完成使命」使力焦點；(4)實施價值回饋與評量：每次協作活動均排定價值回饋（價值討論），計畫完竣時要有價值評量，檢核使命的達成程度與真實的績效價值；(5)獎勵團隊完成「智慧創客作品」：用創客作品表達「個人・團隊」的智慧動能貢獻。

## 五、新美育：藝能美學教育與風格論領導

有新育之後的藝能美學教育，稱之為新美育，其核心意涵含括：新藝能、新演藝（繹）、新美學、新美識。整體而言，校長對教師的「六育論」領導，第五項為藝能美學教育與風格論領導。校長應優先領航下列事項：(1)藝能教學使用 KTAV 學習食譜：教給學生完整的「知識、技術、能力、價值」（單元知識），師生能用「真、善、美、慧」元素，了解各種藝能組成與發展；(2)推動「藝能美學」智慧創客教育：藝術系所及社團學生，規劃年度產出 3～5 件「智慧創客」學習作品；(3)編撰各級學校「藝能美學通論」（藝術教育概論）：作為各級學校「美感、美知、美能、美藝、美識、美才」的基本教材；(4)激勵各級學校畢業生展出 10 件「智慧創客」代表作品，含括 1～3 件「藝能美學」作品：表達學生「藝術涵養與美感素養」的程度；(5)師生運用「學習羅盤」登錄學習年度智慧創客作品，以及畢業展出的代表作品：作品詮釋全人發展內涵，作品定位人生，作品表達適配幸福程度。

## 六、新新育：生命創價教育與素養論領導

「新育」被發現（鄭崇趁，2020）之後，「新育」成為臺灣教育的第六育，新育與原來的五育（德育、智育、體育、群育、美育），產生「交互作用、整合發展」暨「系統重組、創新進升」的新風貌，稱之為「新六育」；新六育中的新育，則稱之為「新新育」。新新育的核心意涵含括：「新、心、欣、馨」的教育，統整而言在於生命創價教育與素養論領導。校長應優先領航下列事項：(1)揭示「人、知識、教育」三者皆有生命的事實：活人→用活知識→辦好活教育；(2)素養由 56 個教育元素構築而成：內構新知能模組（創新人的生命）→外築新價值行為（完成新任務指標・創新教育價值）；(3)活教育就是有生命的教育：元素構築是教育知識（生命）的活水；知識遞移是師生教育知識（生命）的流動；知能創價是師生教育知識（生命）的再生；(4)素養來自知識生命的小循環與大循環：小循環是師生的知識遞移（前段），大循環是師生共同知能創價（前段加後段）；大循環的主軸為：真（新知識）→善（含技術）→美（組能力）→慧（展價值）→力（成智慧）→行（達創客）→教（行道德）→育（通素養）；(5)「新育」成就「六育育人」的功能價值與永續循環：教育在「育人之德→育人之智→育人之體→育人之群→育人之美→育人之新」（永續循環）。

# ✿ 參考文獻 ✿


## 中文部分

中國教育學會（主編）（2018）。**邁向教育 4.0：智慧學校的想像與建構**。臺北市：學富。

王國維（1982）。**人間詞話**。臺北市：學海。

吳清山（2008）。**臺北市教育 111 推動委員會第一次會議（2008.12.18）紀錄**。

吳清山（2017）。**未來教育發展**。臺北市：高等教育。

吳清山（2018）。**幸福教育的實踐**。臺北市：智勝。

林新發、朱子君（主編）（2019）。**教育領導的新議題**。臺北市：高等教育。

教育部（2000）。**國民中小學九年一貫課程綱要**。臺北市：作者。

教育部（2012）。**中華民國師資培育白皮書：發揚師道，百年樹人**。臺北市：作者。

教育部（2014）。**十二年國民基本教育課程綱要總綱**。臺北市：作者。

教育部（2016）。**中華民國教師專業標準指引**。臺北市：作者。

臺北市政府教育局（2017）。**優質學校 4.0 評選指標系統**。臺北市：作者。

劉真（1991）。教書匠與教育家。載於梁尚勇（主編），**豎立教師的新形象**（頁 31-50）。臺北市：臺灣書局。

鄭崇趁（2011）。**教育經營學導論：理念、策略、實踐**。臺北市：心理。

鄭崇趁（2012）。**教育經營學：六說、七略、八要**。臺北市：心理。

鄭崇趁（2013）。**校長學：成人旺校九論**。臺北市：心理。

鄭崇趁（2014）。**教師學：鐸聲五曲**。臺北市：心理。

鄭崇趁（2015）。**家長教育學：「順性揚才」一路發**。臺北市：心理。

鄭崇趁（2016）。**教育經營學個論：創新、創客、創意**。新北市：心理。

鄭崇趁（2017）。**知識教育學：智慧人・做創客**。新北市：心理。

鄭崇趁（2018）。**教育 4.0：新五倫・智慧創客學校**。新北市：心理。

鄭崇趁（2019）。校長領導新境界：三軸・三鑰。**教育政策與管理，4**，143-168。

鄭崇趁（2020）。**素養教育解碼學：元素構築・知識遷移・知能創價**。新北市：心理。

鄭崇趁（設計）、呂紹弘（美編）（2021）。**學生學習羅盤**。（未出版）

鄭崇趁、鄭依萍（2021）。展新育、能演繹、行四道、達至德：建構「學習羅盤」的教育學理與指標系統。載於蔡進雄（主編），**邁向未來教育創新**（頁 21-40）。新北市：111 教育發展協進會。

## 英文部分

Gardner, H. (1983). *Frames of mind: The theory of multiple intelligence*. New York, NY: Basic Books.

Organization for Economic Co-operation and Development. [OECD] (2019). *OECD future of education and skills*. Retrieved from https://www.oecd.org/education/2030-project/

筆記欄

國家圖書館出版品預行編目（CIP）資料

新校長學：創新進升九論／鄭崇趁著. --初版.--
新北市：心理出版社股份有限公司, 2022.04
面；　公分. --（校長學系列；41710）
ISBN 978-986-0744-77-4（平裝）

1. CST: 校長　2. CST: 領導　3. CST: 學校管理

526.42　　　111004147

校長學系列 41710

新校長學：創新進升九論

作　　者：鄭崇趁
總 編 輯：林敬堯
發 行 人：洪有義
出 版 者：心理出版社股份有限公司
地　　址：231026 新北市新店區光明街 288 號 7 樓
電　　話：(02) 29150566
傳　　真：(02) 29152928
郵撥帳號：19293172　心理出版社股份有限公司
網　　址：https://www.psy.com.tw
電子信箱：psychoco@ms15.hinet.net
排 版 者：辰皓國際出版製作有限公司
印 刷 者：辰皓國際出版製作有限公司
初版一刷：2022 年 4 月
I S B N：978-986-0744-77-4
定　　價：新台幣 300 元